安徽省互联网金融行业发展报告
（2018）

安徽省互联网金融协会
安 徽 大 学 经 济 学 院　编著
合肥工业大学经济学院

合肥工业大学出版社

图书在版编目(CIP)数据

安徽省互联网金融行业发展报告.2018/安徽省互联网金融协会,安徽大学经济学院,合肥工业大学经济学院编著.—合肥:合肥工业大学出版社,2019.12

ISBN 978-7-5650-4702-2

Ⅰ.①安… Ⅱ.①安…②安…③合… Ⅲ.互联网络—应用—金融业—研究报告—安徽—2018 Ⅳ.①F832.29

中国版本图书馆CIP数据核字(2019)第261477号

安徽省互联网金融行业发展报告(2018)

安徽省互联网金融协会
安徽大学经济学院 编著
合肥工业大学经济学院

责任编辑 刘 露

出 版	合肥工业大学出版社	版 次	2019年12月第1版
地 址	合肥市屯溪路193号	印 次	2019年12月第1次印刷
邮 编	230009	开 本	889毫米×1194毫米 1/16
电 话	综合编辑部:0551-62903028	印 张	10.75
	市场营销部:0551-62903198	字 数	246千字
网 址	www.hfutpress.com.cn	印 刷	安徽联众印刷有限公司
E-mail	hfutpress@163.com	发 行	全国新华书店

ISBN 978-7-5650-4702-2 定价:68.00元

编 委 会

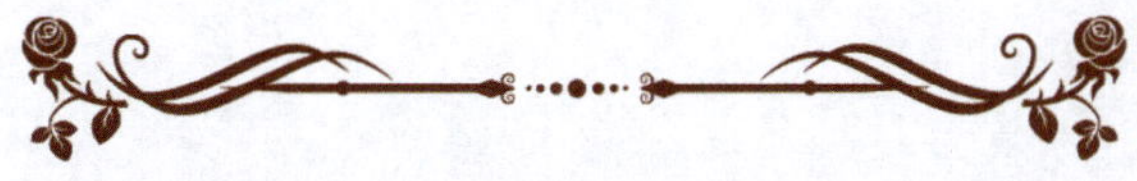

序

凡是过往，皆为序章。

2018 年对安徽省互联网金融行业来说是极不平凡的一年：在风起云涌中展开画卷，在砥砺前行中坚守初心，在波澜起伏中重构生态，在坚持不懈中续写华章。2018 年，监管变革、资管新规、合规检查、网贷雷潮、智慧金融、直销银行、智能投资、无感支付……这些行业关键词牵动着每一位互联网金融从业者的心弦，也改写着安徽省互联网金融行业发展的历史。

2018 年，安徽省互联网金融行业整体进入深度调整期，各业态发展进程快慢不一。不断提速发展的金融科技推动着金融与科技纵深融合，为银行、证券、保险等持牌金融机构注入生机，互联网金融产品日益丰富，金融服务不断优化，普惠金融、消费金融、供应链金融进入快速发展的轨道。无论是徽商银行和国元证券在互联网金融领域的频频获奖，还是华安证券“徽赢 APP”和安徽省农金系统“金农信 e 付”的成功升级，都在表明持牌金融机构已经成为安徽省互联网金融市场的绝对主力军。与此同时，新兴互联网金融业态却呈现出完全不同的发展态势。经过 2016—2017 年的风险专项整治，省内股权众筹平台已经悉数退出，曾经昙花一现的股权众筹市场就此沉寂。经过数年的发展，省内第三方支付市场的竞争格局趋于稳定，支付宝和微信两大寡头牢牢占据了市场主动权。在不断趋严的监管规范下，第三方支付市场的发展趋于成熟，增速放缓。相比之下，省内 P2P 网络借贷行业却在 2018 年留下了浓墨重彩的一笔：从年初平台冲刺备案、加速洗牌，到年中平台频频“爆雷”、跑路不断，到年末平台合规检查、迎接大考，整个行业经历了一场前所未有的、大范围、大强度的风险出清过程。伴随着正常运营平台的数量缩减和成交量下滑，P2P 网络借贷行业陷入低迷期。

唯有经历过钻心磨砺，方能真正领悟生之喜悦。风险是所有金融活动的内在属性，互联网金融并未改变金融活动的本质。事实上，在金融科技的助推下，我们需要面临的技术、数据、信息安全等风险反而更加突出。无论是数百年的传统金融发展历史，还是短短十余年的互联网金融发展历程，都告诉我们，要常怀敬畏风险之心。2018 年是打好防范化解重大风险攻坚战的开局之年，防范化解互联网金融风险是其中重要内容之一。随着“一行一委两会”监管新格局的形成，互联网金融监管的思路更加清晰，政策措施更加有力。2018 年 5 月，中国人民银行等多部委印发的《“十三五”（2016—2020 年）现代金融体系规划》明确将互联网金融活动纳入宏观审慎政策框架。12 月 8 日，在第二届中国互联网金融论坛上，中国人民银行副行长、国家外汇管理局局长潘功胜明确表示，“任何金融活动都不能脱离监管体系，要严格遵守法律法规，不能以技术之名掩盖金融活动的本质”。

舟至中流需奋进，风好正是扬帆时。让敬畏风险、合规发展成为每一位互联网金融从业人员的坚定信念，让回归实体、普惠金融成为安徽省互联网金融行业发展的主旋律，让我们共同期待安徽省互联网金融行业的明天越来越好！

中国人民银行合肥中心支行行长：

前　　言

在安徽省地方金融监督管理局、中国人民银行合肥中心支行、中国银行保险监督管理委员会、中国证券监督管理委员会等金融管理部门的指导下，由安徽省互联网金融协会牵头安徽大学经济学院、合肥工业大学经济学院，共同完成了《安徽省互联网金融行业发展报告(2018)》的编写工作。

在历时半年之久的编写过程中，编写组走访调研了20余家安徽省互联网金融协会会员单位与省外互联网金融机构，获得了许多宝贵的一手资料；同时也多次与安徽省地方金融监督管理局、中国人民银行合肥中心支行、中国银行保险监督管理委员会安徽监管局、中国证券监督管理委员会安徽监督局等金融管理部门进行探讨沟通，以期能够真实且全面地展现出安徽省互联网金融行业2018年的市场发展状况。报告阐述了安徽省互联网金融行业的发展环境与现状，归纳总结了相关问题与挑战，并对行业未来趋势与前景进行展望，从而为监管部门、从业机构和社会公众深入了解安徽省互联网金融行业发展情况提供决策支持和资料参考。

本报告各篇的编写工作具体分工如下：第一章、第四章由杨璐、余怀东撰写；第二章由杨璐、周志翔、黄志诚撰写；第三章由杨璐、周志翔、余怀东撰写；第五章由杨璐撰写；第六章由陈燕玲、吴诺天、黄志诚、吴晓楠撰写；第七章由陈燕玲、路畅、凌峰撰写；第八章由陈燕玲、韩艺撰写；第九章由陈燕玲、周志翔、叶诗怡撰写；第十章由陈燕玲、郑思雨撰写；第十一章由杨璐、吴诺天撰写；案例一由郑思雨撰写；案例二由韩艺、叶诗怡撰写；案例三由余怀东撰写；案例四由凌峰、黄志诚撰写。

限于作者水平及时间，报告中不足和错误之处在所难免，敬请读者批评指正。

目 录

背景篇

业务发展篇

监管与自律篇

案　例　篇

背　景　篇

第一章　全国互联网金融各业态发展概况

互联网金融作为网络技术与传统金融融合发展的新生事物，在实践中发展出两种基本类型：一类是在金融监管体系内，由传统金融机构基于互联网开发的创新金融业务；另一类是传统金融以外的机构或主体开发的网络金融服务。互联网金融发展以来，业态纷繁复杂，各业态发展特点及水平各不相同，本章按照《中国互联网金融年报2018》中对各业态的分类，从互联网支付、互联网银行及直销银行、互联网证券、互联网保险、互联网基金销售、P2P网络借贷、互联网消费金融和互联网股权融资等八个方面介绍2018年全国互联网金融各业态的发展概况。

第一节　互联网支付

2018年，随着国家普惠金融及减税降费政策的落地实施，公众可支配收入增幅明显，互联网支付业务有明显增长。从事互联网支付业务的主要为传统金融机构和新兴的互联网金融企业，具体情况如下。

在传统金融机构中，银行互联网支付业务仍占据主导地位。根据中国支付清算协会统计数据显示，2018年，银行业金融机构共处理网络支付业务1751.92亿笔，金额2539.70万亿元，同比增长4.98%，相较于2017年来说，增速转负为正。从业务占比情况来看，网上支付业务比重仍然最高，2018年网上支付业务金额占总金额的83.72%；移动支付业务快速增长，占比逐步增加，由2014年的1.61%增加到2018年的10.92%；而电话支付业务逐渐萎缩，近三年均大幅下滑。2018年，商业银行在移动支付领域的发力主要集中在两个方面，一是技术不断提升，支付终端加速向手机、手表等穿戴设备以及手持POS机等移动设备上迁移，认证手段日益多样，指纹支付、刷脸支付、无感支付等技术应用范围不断拓展，支付的移动化、智能化特征日益明显；二是支付方式更加灵活多样，例如中国农业银行打造的农银e管家"超级收银台"可以为客户提供包括农银快e付、快捷支付、聚合支付、微信支付、扫码支付、授权支付、合并支付、拆分支付、POS支付、智付通支付等十余种支付方式。再如中国工商银行为商户收单提供的支付方式包括工银e缴费、二维码扫码支付、APP移动在线支付、微信公众号/支付宝生活号聚合支付、小额免密（协议支付）、H5移动在线支付、生物识别支付、Apple Pay支付、企业B2C退款、无感支付等。

非银行支付机构支付业务量遥遥领先，支付总额也在不断增长。2018年，非银行支付机构发生网络支付业务5306.10亿笔，金额208.07万亿元，同比增长45.23%，与银行互联网支付相比，呈现出业务量大、单笔交易金额小的特点。随着监管趋严，市场进入有序发展阶段，非银行支付中一个重要组成部分——第三方支付市场交易规模的增长速度也逐步趋于稳定。易观数据显示，截至 2018 年末，我国第三方支付市场交易规模为 63108.2 亿元，环比降低 3.48%。

2018 年互联网支付领域有两个重要的政策进入并实施，一是“断直连”，要求支付机构在 2018 年 7 月前切断网络支付业务与银行的直连，通过网联或银联实现集中统一的跨行转接清算；二是“交备付”，要求非银支付机构于 2019 年 1 月 14 日之前，对开立在商业银行的“备付金交存专户”完成销户，将客户备付金 100%交至央行。这两个政策的实施对整个行业的影响深远。

2018 年我国互联网金融风险整治进入深水区，也是对支付机构的处罚力度空前的一年。据统计，全年中国人民银行各地分支机构开出的罚单近 140 张，罚额超过 2 亿元，是 2017 年的近 7 倍。同时大额罚单频频出现，千万元级以上罚单 6 起。

纵观互联网支付行业，业务量在不断变化，对于线下场景的拓展仍在继续，众多支付机构与大型电商、商旅公司不断合作，深耕“支付+”领域。例如，2018 年末，快钱以综合化支付解决方案持续拓展 TOB 市场，在线下收单市场联合商户推出多种营销活动，贴近场景的活动使交易量上升明显；中国银行、招商银行等也在 2018 年与城市公交合作，借助“一分钱乘公交”活动，推广移动支付业务。

第二节　互联网银行及直销银行

商业银行互联网金融业务的发展主要打造了两种模式，即互联网银行和直销银行。在经营模式上，两者都未设实体网点，主要业务都是在线上销售金融产品与服务，2018 年，互联网银行及直销银行整体发展向好，用户认可度进一步提高，具体情况如下。

互联网银行高速发展，截至 2018 年末，我国互联网银行共有 8 家，包括微众银行、网商银行、苏宁银行、新网银行、亿联银行、中关村银行、华通银行、众邦银行，前 6 家由大型互联网公司参股，主要基于互联网技术、数据、平台来开展中小企业小额贷款业务以及消费金融业务。

坐拥“金融”“互联网”双基因，几家互联网银行初步形成了自己的特色和优势。微众银行的拳头产品“微粒贷”放款总量几乎呈指数增长，仅两年时间余额就破千亿元；网商银行重点聚焦小微商户，推出“网商贷”，相关数据显示，仅 2018 年，网商银行为小微企业经营者提供了超过 1 万亿元的资金支持，其中 96%发放给了贷款金额 100 万元以下的小微企业经营者；新网银行网贷存管彰显特色，截至 2018 年末，对接网贷平台数量最多，为 109 家，其 2018 年年报显示，2018 年营业收入较 2017 年增长 271.9%，实现扭亏为盈。

互联网直销银行优胜劣汰，总体质量逐步提升，创新化趋势明显。融 360 大数据研究院发布的《2018 中国直销银行发展分析报告》中指出，截至 2018 年 10 月，全国已经出现了超过110家直销银行，但在运营的直销银行略有减少，约96家，城市商业银行、农村商业银行仍是直销银行的主力军；从增量结构来看，直销银行增速明显放缓。

就直销银行自身来说，各家平台也有所创新，场景应用不断深入，主要体现在渠道和产品方面。渠道方面，2018年，随着手机银行纷纷放开Ⅱ、Ⅲ类账户注册，少数直销银行实现了手机银行与直销银行端口合并，例如，2018年4月，中国工商银行直销银行正式停止使用，用户逐步向工行手机银行“融e行”迁移，以提高客户认可度，减少运营成本，提高综合效应。各家直销银行产品迭代升级不断加速，发展路径也普遍采用“金融＋场景”方式，以满足行业端到客户端的金融需求。例如，民生银行直销银行作为直销银行开创者，发展五年来，产品及服务不断完善，2018年，成功迭代直销银行2.0模式，以“自有渠道＋三方输出”的双轮驱动模式辐射影响大型企业、中小企业、产业链上下游企业及个人客户，进一步拓展服务的广度及深度，并推出“财富云”“网贷云”“支付云”和“数据云”。江苏银行直销银行依托“爱健康”平台、“车生活”平台、“爱学习”平台分别构建“金融＋医疗”场景、“金融＋交通”场景、“金融＋教育”场景。除此之外，各家银行对直销银行的科技赋能仍在继续。2018年5月，徽商银行直销银行启动有别于他行的“外包＋云部署”IT模式建设。9月，直销银行实现科技能力输出，形成资金生成—资金投放的闭环把控能力。

第三节　互联网证券

2018年，受金融监管去杠杆、股权质押风险加大、外围市场大幅度回调等因素影响，互联网证券市场用户的活跃度不高。易观千帆统计数据显示，截至2018年末，证券类应用活跃用户约10851万人，相较于年初增幅仅为3%。从证券自营APP来看，华泰证券的涨乐财富通以810.8万活跃用户蝉联第一，这归功于它最早布局互联网金融业务，因此其无论在互联网战略布局上还是战略执行上都遥遥领先。

虽然证券市场低迷，但并没有阻碍各家券商推进数字化转型的步伐，无论是移动端APP的迭代升级，还是产品上新的步伐，都没有放慢。在移动端APP迭代升级方面，2018年，更新速度惊人，头部券商APP平均每月迭代均超过1次，例如，平安证券累计迭代17次，涨乐财富通累计迭代22次，国泰君安君弘累计迭代28次。客户端的每一次迭代升级，相应的产品和服务也在不断地变化。综合来看，“智能化”被广泛推进，2018年，平安证券以“智能投顾＋财富管理”为核心业务双引擎，向客户提供一站式和全方位的全球资产配置服务，实现了约8100万港元年度总收入，且全部来自金融服务业务，较上年同期的2700万港元大幅增长了两倍；广发证券易淘金“智能语音助手”实现通过语音输入即可查询股票行情；国信证券研发“鑫财富”投顾服务生产线，通过智能化为投顾和客户赋能；方正证券智能客服“小方必应”新增业务办理、投资顾问、产品购买、投资者教育等多个沟通情景。

各券商在加速数字化转型的同时，第三方证券类应用也在飞速发展。在活跃用户规模方面，第三方证券类应用用户规模远远超过券商自营 APP，易观千帆统计数据显示，截至2018年末，同花顺活跃用户规模达4164万，位居行业第一，东方财富网、大智慧分别以1463.9万、890.5万位居第二、第三。在产品方面，第三方证券类应用也在探索数字化转型，例如，同花顺四季度在移动端新增短线精灵功能、K线样式、语音播报功能，优化了首页信息流内容和走势预测优化，提升功能体验；东方财富新增超级复盘、一键还原个股分时走势、股吧社区首页、多空看盘、股吧指数等功能，实时洞悉市场形势。

监管政策的变化直接影响着券商互联网业务的发展。2018年7月，中国证券业协会向部分券商下发《关于有序规范证券公司互联网证券试点业务的函》，对券商理财账户进行规范，要求券商不得新增开立理财账户，存量理财账户资金要逐步纳入三方存管体系，55家券商曾拥有的创新试点业务被终结。该文件的发布，意味着券商失去了通过理财业务获得的沉淀资金，在一定程度上影响了其互联网业务的收入。

第四节　互联网保险

2018年，我国互联网保险业务规模有所收缩，据 Wind 数据显示，截至2018年12月，我国经营互联网保险业务的公司仅62家，比2017年末117家的数量减少了近一半。与此同时，互联网保险保费收入增长停滞，2018年互联网保险保费收入仅增加了13亿元。互联网保险渗透率[①]连年下滑，2018年渗透率仅有5%（图1-1）。从行业格局来看，主要是互联

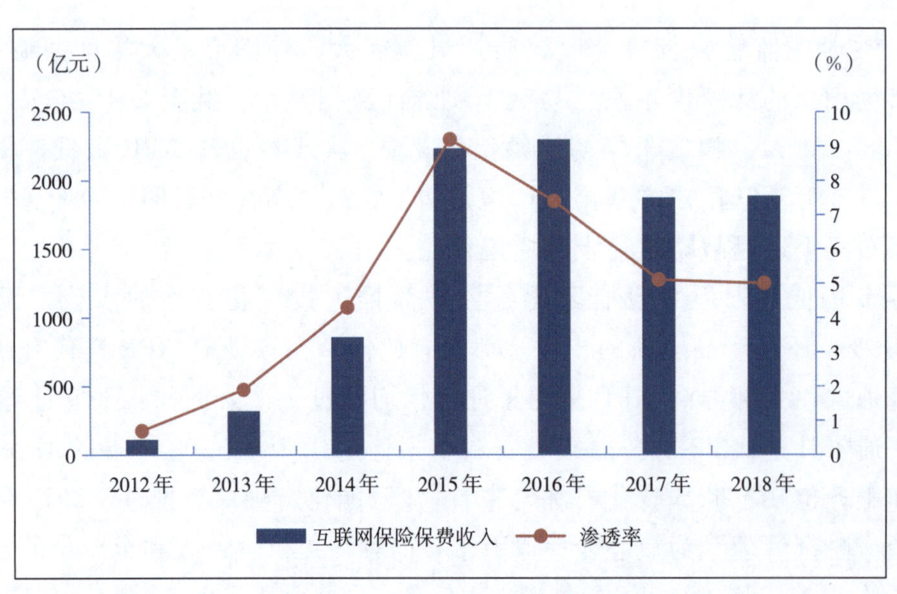

图1-1　2012—2018年中国互联网保险保费收入及渗透率

数据来源：中国保险行业协会

① 互联网保险渗透率=互联网保险保费收入/保险行业保费收入。

网人身险和财产险两大险种，其中互联网人身险占绝对优势，2018 年上半年，互联网人身险保费收入占总保费收入的 72%，主要是银行系的保险公司占据行业龙头。互联网保险业务收缩的主要原因在于中国银行保险监督管理委员会（以下简称银保监会）对互联网保险的监管趋严，自 2017 年开始，保监会相继出台了各类管理办法，暂停了多家缺乏资质的保险公司的互联网保险业务，例如，2018 年 2 月，四川的人保、平安、太平以及福建的太保产险四家公司均因为参与了与互联网平台公司合作的积分抵扣商业车险保费的活动而被银保监会暂停业务。2018 年 6 月，银保监会下发《关于开展 2018 年保险中介机构现场检查的通知》，内容之一就是对违规经营互联网保险业务进行检查，监管对互联网保险的态度已经发生了重大的变化。

互联网保险市场的发展离不开与互联网公司的合作，互联网公司凭借其强大的客户流量，代销保险产品，取得了一定的成绩。由微保和腾讯共同编制的《2018 年互联网保险年度报告》中指出，互联网保险的销售渠道排位前三的分别为支付工具（微信钱包、支付宝）、保险公司官网以及第三方平台。一般来说，产品设计在保险公司，互联网公司提供销售平台，两者共同合作，推进互联网保险业务的发展。据统计，蚂蚁合作的保险公司最多，有 35 家；腾讯、京东和百度合作的保险公司数量分别为 18 家、14 家和 12 家。部分保险公司会根据自身生态环境的需要，结合自身数据和保险公司共同设计保险产品，例如，易安保险设计了航空旅程延误保险微保专用版，众安在线为支付宝设计了 9 款不同的医疗险、轻重疾保险。

第五节　互联网基金销售

受到市场大环境的影响，2018 年我国互联网基金销售规模增速减缓。根据东方财富网数据显示，2018 年我国网销基金规模为 106098 亿元，增速从 2017 年的 24.19%降至 2018 年的 8.52%，其中，占据市场份额较大的货币型基金销售规模增速大幅降低，由 2017 年的 54.01%降至 2018 年的 11.03%，出现较大波动。主要原因是监管政策趋严，2018 年 6 月，证监会与央行联合出台了货币基金新规——《关于进一步规范货币市场基金互联网销售、赎回相关服务的指导意见》，规定提现金额设定不高于 1 万元的上限，除具有基金销售业务资格的商业银行外，任何机构不得使用基金销售结算资金为“T+0 赎回提现业务”提供垫支，严格规范“T+0 赎回提现业务”的宣传推介，对互联网货币型基金销售造成了一定的影响。2018 年，互联网基金市场也呈现了一些特点，具体如下：

互联网基金销售市场竞争加剧，基金销售以直销为主变为第三方代销和直销并重。2018 年 8 月，百度金融获基金销售业务资格，至此 BATJ（百度、阿里巴巴、腾讯、京东四大互联网公司简称）全部入局基金销售市场；基金业务的直销模式也彻底转变，呈现出基金公司、银行、券商、互联网企业等多类型机构共同营销、相互竞争的格局。

互联网基金销售智能化运营越发明显。自 2016 年招商银行“摩羯智投”推出以来，智能投顾在互联网基金销售业务中作用凸显，各大代销机构纷纷开发智能投顾系统，为互联网基金销售提供多元化服务。例如，2018 年 1 月，京东金融推出“京东众智”；2018 年 10 月，嘉实基金与彭博建立全球战略伙伴关系，在智能投研、研究管理以及数据管理等方面展开多方位合作。

第六节　P2P 网络借贷

2018 年是 P2P 网络借贷行业发展过程中极为重要的一个节点，行业爆发重大危机、监管介入重启备案、多家大平台瞬间跑路，P2P 网络借贷发生了滑铁卢。网贷之家数据显示，2018 年全国新上线的平台数量仅 70 家，7 月后再无上新平台，且借贷余额连续 15 个月呈下降趋势，行业问题重重。截至 2018 年末，全国正常运营平台 1021 家，相比 2017 年底减少了 1219 家；正常运营平台数量排名前三位的是广东、北京、上海，数量分别为 236 家、211 家、114 家；浙江紧随其后，正常运营平台数量为 79 家。四地占全国总平台数量的 62.68％，P2P 网络借贷行业区域集中度仍然较高。

在成交量上，2018 年 P2P 网络借贷行业成交量约 17948.01 亿元，同比减少 36.01％，同时，行业历史累计成交量突破 8 万亿元大关，单月成交量呈现上半年高、下半年低的走势。在成交额下降的同时，行业总体贷款余额也在逐步下降，截至 2018 年末，P2P 网络借贷行业总体贷款余额为 7889.65 亿元，同比下降 24.27％，这与部分大中型平台出现问题密不可分。行业问题的不断爆发，投资人信心也逐渐降低，2018 年，部分平台为吸引客户进行了加息活动，使得行业总体综合收益率有所提高，约为 9.81％，这也是自 2013 年以来，综合收益率出现首次升高。然而，综合收益率的提高，也不能留住风险厌恶型的投资者，2018 年 P2P 网络借贷行业投资人数与借款人数都在下降，分别约为 1331 万人和 1992 万人，较 2017 年分别下降 22.30％和 11.19％。行业经过一轮洗牌，一些不合规的平台逐渐清退，现存的平台更倾向于发布长期标的项目，2018 年 P2P 网络借贷行业平均借款期限为 12.65 个月，相比 2017 年拉长了 3.49 个月。

2018 年 P2P 网络借贷行业政策的密集出台和问题事件的频发穿插着全年，据统计数据显示，截至 2018 年末，国内 P2P 网络借贷行业有三百余件涉刑案件，涉案价值达百亿元，给行业带来了巨大影响。相信经过风雨的洗礼，P2P 网络借贷行业将会朝着小而精的方向进一步发展。

第七节　互联网消费金融

据《2018 年国民经济和社会发展统计公报》显示，2018 年我国居民人均消费支出 19853 元，同比增长 8.4％；居民消费价格同比增长 2.1％，消费市场持续发展。随着居民房贷持续转移以及金融理念的渗透，互联网消费金融放贷规模持续走高，艾瑞前瞻产业研究院发布数据显示，2018 年我国互联网消费金融放贷规模约 9.78 万亿元，同比增长 122.9%，互联网消费金融渗透率不断增加。

从行业细分市场来看，从事互联网消费金融业务的平台主要有电商、银行、P2P、持牌消费金融机构、消费分期平台和其他消费金融平台。截至 2018 年末，我国共有 23 家持牌消费金融机构，在经历 2017 年的“现金贷”整治后，持牌消费金融“正规军”呈现快速发展态势，多家持牌消费金融公司扭亏为盈；P2P 网贷平台的陆续出清，使得该行业互联网消费金融业务规模大幅降低；电商巨头充分利用其客户流量，深耕场景，互联网消费金融业务一直遥遥领先，例如，2018 年“6·18”期间，京东白条活跃用户同比增长 167%。与此同时，互联网公司也纷纷入场消费金融领域，2018 年，滴滴、今日头条分别上线滴滴金融、放心贷产品，其多年积攒的流量与客户得到了充分利用。

监管趋紧也进一步指明了消费金融的发展方向，明确了持牌消费金融机构的市场主体地位。2018 年 10 月，“中国银行业协会消费金融专业委员会”成立，22 家持牌消费金融公司成为会员单位，该委员会将加强消费金融市场的风险违规问题管制，促使我国消费金融业务符合监管规定，实现健康有序发展。与此同时，政策的利好也使互联网消费金融业务发展出现新的生命力，2018 年国家相继出台多项促进消费的相关政策细则，如 9 月下发的《中共中央国务院关于完善促进消费体制机制　进一步激发居民消费潜力的若干意见》和 10 月下发的《完善促进消费体制机制实施方案（2018—2020 年）》，进一步促进居民消费水平稳步提升，也为互联网消费金融提供了广阔的发展前景。

第八节　互联网股权融资

随着互联网金融专项整治工作的不断推进，互联网股权融资业务也日渐合规，互联网股权融资平台优胜劣汰，部分平台下线转型，根据众筹家信息披露数据显示，截至 2018 年末，我国在运营互联网股权融资型平台共有 55 家，占众筹平台总数的 34.59%；与 2017 年末相比，股权型平台总数减少了 34 家，但股权型平台占比仍然最高。此外，2018 年上半年股权型总项目数有所增加，不过成功项目数、实际总融资额、总投资人次均有所减少。成功项目数减少了 181 个，同比下降 41.71%；成功项目实际总融资额减少了 2.51 亿元，同比下降 16.22%；成功项目总投资人次减少了 1.84 万人次，同比下降 54.74%。

作为直接融资模式，互联网股权融资业务政策支持力度也在不断加大。2018 年初，《股权众筹试点管理办法》纳入证监会年度立法工作计划，股权众筹的合法地位逐渐被承认；6 月，全国首例股权众筹居间违约案“股权众筹平台原始会项目‘巨峰竹木业’某投资者起诉原始会和网信众筹”宣判，法院认为原始会未尽到融资项目审查义务、风险提示义务以及未保持中立态度，对其进行了处罚，这标志着股权众筹平台义务和责任的法律认定；11 月，由中国互联网金融协会等起草的《互联网非公开股权融资信息披露团体标准》经协会第一届常务理事会 2018 年第二次会议审议通过并发布，该标准规定了互联网非公开股权融资活动各参与方信息披露的基本原则、具体内容和要求，填补了我国互联网非公开股权融资领域信息披露标准的空白，有利于防范互联网非公开股权融资的风险，避免信息披露不完整、延迟披露、异常披露等问题，有利于保护投资者的合法权益，加强行业自律，促进行业长期稳健发展，使互联网非公开股权融资得到进一步规范。

第二章 安徽互联网金融行业发展环境

从全国范围来看，经济发达地区的互联网金融发展水平普遍高于欠发达地区，互联网金融行业发展呈现出显著的区域性差异。究其原因，经济增长、金融市场运行、金融监管、科技水平、政策支持等诸多因素在互联网金融行业发展中均发挥着重要的作用。研究互联网金融行业发展，就必须关注其外部环境的改变。本章从经济、金融、技术及政策四个方面具体分析 2018 年安徽互联网金融行业的发展环境。

第一节 经济环境

2018 年安徽省经济运行保持总体平稳、稳中有进的态势。安徽省全年 GDP 为 30006.82 亿元，首次突破三万亿大关；经济增速为 8.02%，远高于 6.6%的全国平均水平。在全省各市 GDP 占比中，合肥、芜湖两市的经济体量最大，这两个地区同样也是省内互联网金融行业的“领头羊”（图 2-1）。

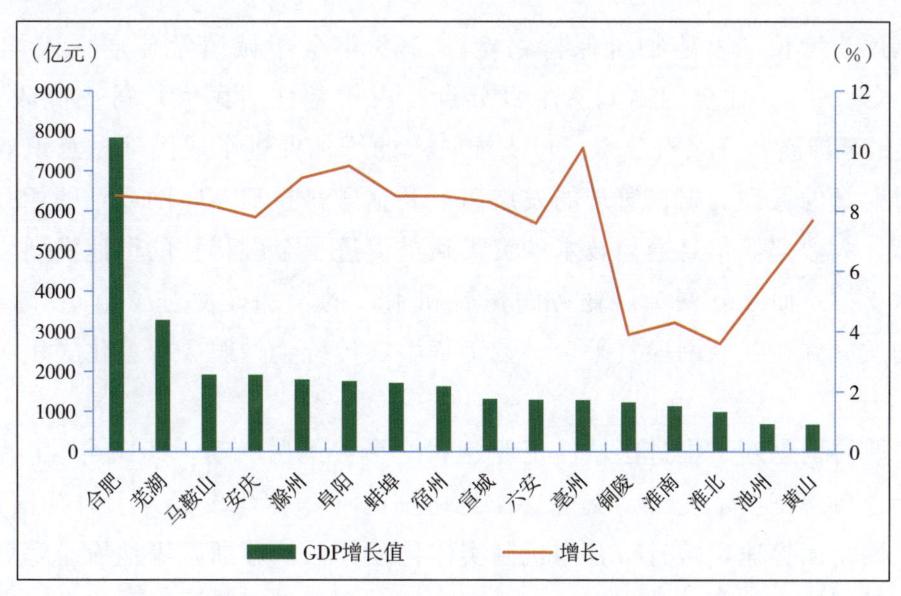

图 2-1 2018 年安徽省各市 GDP 及增长情况

数据来源：安徽省统计局

产业结构持续优化。党的十九大报告提出，“推动经济发展质量变革、效率变革、动力变革，提高全要素生产率，着力加快建设实体经济、科技创新、现代金融、人力资源协同发展的产业体系”。近年来，安徽省促进新兴主导产业快速发展，推动传统产业转型升级，并促进云计算、物联网、大数据为代表的新一代信息技术与现代制造业、生产性服务业融合创新，为“大众创业、万众创新”提供平台与环境，为产业智能化提供支撑，增强经济发展新引擎。伴随着安徽省加强大数据、云计算、人工智能、物联网等技术在产业中的普及应用，使得第三产业增加值占 GDP 比重不断增加，也促进了互联网金融的发展（图 2-2）。

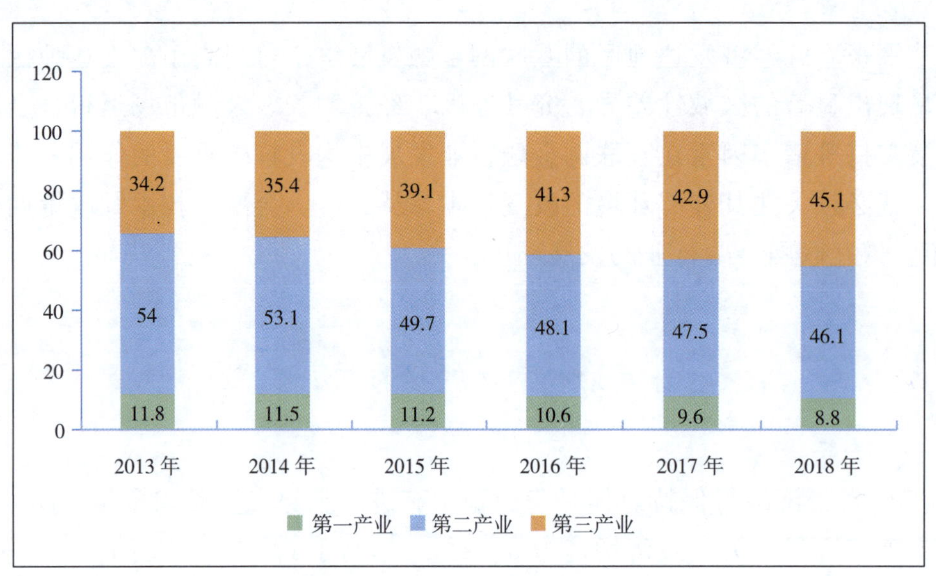

图 2-2 2013—2018 年三次产业增加值占 GDP 比重

数据来源：安徽省统计发展公报

居民收入逐步增长，就业物价保持稳定。2018 年全年城镇常住居民人均可支配收入 34393 元，增长 8.7%，比全国高 0.9 个百分点；农村常住居民人均可支配收入 13996 元，增长 9.7%，比全国高 0.9 个百分点。可支配收入的增加促进了居民理财意识的提升，使居民更加注重对财富的管理。财富管理的发展离不开金融科技与互联网金融的相互促进，移动互联、云计算、大数据等信息通信技术的突飞猛进促进了金融科技的迅速发展，为互联网金融提供了技术支撑，而互联网金融业务的拓展和用户的增加又促进了金融科技的进一步发展，两者协同发展并在互联网融资平台、数字货币、传统金融服务智慧化等领域取得了长足的进步。

长三角产业协同创新、推进区域性工业互联网平台集群联动。2018 年 11 月，习近平在首届中国国际进口博览会上提出“支持长江三角洲区域一体化发展并上升为国家战略”，长三角一体化发展全面提速，跨省市合作机制实体化运作，沪苏浙皖等地纷纷筹划出台一系列对接政策，如区域协同创新、基础设施互联互通等。安徽省互联网金融协会秘书长刘庆太指出，“长三角城市群作为中国在经济上最具活力、开放程度最高、创新能力最强的区域之一，是‘一带一路’与长江经济带重要的交汇点，在中国现代化建设大局和全方位开放的格局中具有举足轻重的地位”。据安徽省发展和改革委员会的数据显示，2018 年前 11 个月，沪苏浙在皖投资在建亿元以上项目 2826 个，实际到位资金 5291.2 亿元，占全省比重 47.6%。

长三角作为中国经济发展最迅速、自主创新最活跃的三大经济圈之一，其金融服务能力和效率处于全国领先地位，长三角城市群科技金融的产业链融合和协同创新亦促进了安徽省互联网金融的发展。

第二节　金融环境

互联网金融的发展离不开良好的金融环境。2018年安徽省金融运行情况总体稳健，货币信贷和社会融资规模合理增长，全年全省财政收入达5363.3亿元，全年社会融资规模增量累计5382.2亿元，年末全省金融机构人民币各项存款余额50677.3亿元。2018年安徽省金融市场取得较好的成绩。全年上市公司通过境内市场累计筹资535.1亿元，比上年增加71.7亿元。企业发行短期融资券570.4亿元，全省境内证券经营机构证券代理成交额43400亿元，期货经营机构代理交易量205500亿元，保险业原保险保费收入1209.7亿元。随着证券期货业较快发展，保险服务领域拓宽，金融基础设施建设进一步完善，为全省互联网金融发展营造了良好的货币金融环境。

金融监管体制改革进行时。2018年11月，安徽省组建省地方金融监督管理局，作为省政府直属机构，并保留省政府金融工作办公室牌子。2018年12月17日，中国银行保险监督管理委员会安徽监管局正式挂牌。本次机构改革合并后，各地方银保监局将按照省、市两级划分，在大部分县里设置监管办，体现了安徽省金融监管半径延伸、监管力量进一步下沉的工作方针。互联网金融作为传统金融与互联网科技结合的新兴产业，一直以来，都处于地方金融监管部门负责登记、备案、风险处置，国务院银行业监管部门负责编制部门规章，中国人民银行负责统筹管理的多头监管状态中。如今，银监会和保监会合并，是将穿透式监管进一步普及经济金融领域的重要举措，也是维护投资者权益的大好事，互联网金融企业的跨平台、跨大类交易监管主体也将得到明确。

整治互联网金融风险，坚决遏制非法集资。2018年8月2日，银保监会发布了《关于银行业和保险业做好扫黑除恶专项斗争有关工作的通知》，重点打击银行业领域非法设立的从事或主要从事发放贷款业务的机构或非法以发放贷款为日常业务活动与保险业领域有组织的保险诈骗活动。近年来，在“互联网＋金融”快速发展的同时，各种金融领域的诈骗手法、擦边球模式逐渐进入公众视野，从传统的以信用卡代办、小额贷款办理为由骗取小额手续费，到各种期货交易、荐股类诈骗等，如非法集资、非法外汇交易、非法贵金属交易等，多种手法层出不穷。安徽省积极推动打击整治触角延伸到“套路贷”“校园贷”等社会治安乱点，深入开展“守护平安”系列行动，加强犯罪输出地挂牌整治，打击“套路贷”黑恶犯罪团伙。2018年安徽互联网金融风险专项整治工作稳步推进，互联网金融机构合规建设不断提速，数据显示，安徽正常运营P2P网贷平台数量已经从2018年1月份的49家，下降到2018年12月底的40家；正常运营P2P网贷平台累计待收也由2018年初的65.40亿元下降到12月底的25.80亿元，平台数量和规模的双降趋势非常明显。

第三节　技术环境

互联网金融的发展与金融科技创新息息相关。互联网金融服务于实体经济，满足于长尾人群的金融需求，需要以金融科技为手段把零散的、小额的客户整合在一起，形成较好的规模效应，最终发挥普惠金融的作用。互联网金融的发展，离不开不断成长的金融科技公司、雄厚的科技基础以及快速发展的金融科技。

安徽省拥有良好的技术环境，省会合肥科技实力优势显现。安徽省正高标准推进合肥综合性国家科学中心建设，整合所有相关资源和力量，聚焦信息、能源、健康、环境等四大领域，把合肥打造成世界一流重大科技基础设施集群地和世界一流交叉创新研究平台，提升国家科技体系基础平台的创新能力，并努力提高合肥对省内其他地区的辐射带动作用。目前，综合性国家科学中心只有三个，分别是上海张江综合性国家科学中心、合肥综合性国家科学中心和北京怀柔综合性国家科学中心。在优质的科技沃土上，安徽省互联网金融为自身发展在 2018 年做出了诸多努力：①2018 年 1 月 31 日，安徽省互联网金融协会召开网络借贷行业自律规范工作 2018 年的第一次会议，就 2018 年安徽省互联网金融协会筹建网贷委员会的工作进行了计划和分工，进一步明确了安徽省网贷机构依法合规的经营思路；②2018年 5 月 30 日，安徽省科学界企业家协会成功举办金融科技创新峰会；③2018 年 10 月 15 日，科大讯飞与中国农业银行安徽省分行深化合作签订智慧金融合作协议，在普惠金融领域联合开展智慧金融科技创新，以人工智能和大数据为依托在智慧金融的产品、营销、风控和定制等方面开展合作，实现金融与人工智能领域的跨界深度融合，打造“AI＋金融”新业态，开拓创新科技金融生态圈。

金融科技发力互联网金融，促进省内互联网金融业务发展。截至 2018 年末，安徽省高新技术企业达 4710 家，创新能力连续 7 年位居全国第一方阵。新建省级科技企业孵化器 23 个、众创空间 47 个。芜湖、马鞍山入列国家创新型试点城市，界首、宁国、巢湖入选全国首批创新型县（市），淮南高新区升格为国家高新技术开发区。分类推进人才评价机制改革，实施新时代“江淮英才计划”，引进扶持 50 个高层次科技人才团队。在安徽省大力推动科技发展的浪潮中，互联网金融行业积极将人工智能、大数据、云计算等手段应用到自己的借贷业务中，并在风险识别效率上也得到进一步提升。比如科讯金服的“金融超脑”服务平台已经应用于省内外多家银行；薪火科技提出“区块链＋互联网”金融解决方案；国元网金荣获国家“高新技术企业”认定证书；徽商银行直销银行的“天机智投”基于大数据和机器算法，实现了客户的精准画像、组合配置和动态再平衡、一键跟投、一键调仓、一键定投及个性化的收益分析。

第四节　政策环境

互联网金融的发展离不开监管政策的助力。近年来，各类新兴金融产品不断涌现，如第三方支付、P2P 网络贷款、众筹融资、数字货币等一经出现就成为市场热点，但与此同时，互联网金融“野蛮式”的发展也产生了诸多问题。党中央与国务院高度重视互联网金融的健康与可持续发展，国务院政府工作报告连续五年提到“规范发展互联网金融的任务”。《2018 年国务院政府工作报告》提出推动重大风险防范化解，要强化金融监管统筹协调，健全对影子银行、互联网金融、金融控股公司等的监管，进一步完善金融监管，提升监管效能。

整治互联网金融乱象，化解行业运行风险。互联网金融债务催收问题复杂严峻，引导和规范互联网金融债务催收行为已成为行业发展的当务之急。2018 年，各监管部门相互配合，中央和地方相互协调，发布一系列互联网金融政策（表 2－1），国家 P2P 网络借贷风险专项整治工作领导小组办公室已向各省（市、自治区）网贷整治办下发《关于开展 P2P 网络借贷机构合规检查工作的通知》，安徽省各单位、各平台为实现成功备案也不断加强自身合规检查，使得行业合规程度大幅提高。

表 2－1　2018 年出台的主要政策

时　间	文　件	要　点
2 月 26 日	《关于做好 P2P 网络借贷风险专项整治整改验收工作的通知》	要求网贷机构对照整改要求实施整改，形成整改工作报告和整改验收工作指引自查表
3 月 12 日	《关于印发合肥市规范整顿“现金贷”业务实施方案的通知》	明确了开展“现金贷”业务的原则底线，推出了有针对性的清理整顿措施
3 月 28 日	《互联网金融逾期债务催收自律公约（试行）》	明确了债务催收行为的正负面清单，设定了执行与惩戒机制
3 月 28 日	《关于加大通过互联网开展资产管理业务整治力度及开展验收工作的通知》	对互联网开展资产管理业务进行整治和验收；未经许可依托互联网发行销售资产管理产品的行为，须立即停止，存量业务应当最迟于 2018 年 6 月底前压缩至零
4 月 9 日	《国务院办公厅关于全面推进金融业综合统计工作的意见》	加快建立覆盖所有金融机构、金融基础设施和金融活动的金融业综合统计体系。其中，互联网金融也被纳入金融业综合统计重点任务
8 月 3 日	《安徽省网络借贷退出指引（试行）》	规范安徽省网络借贷信息中介机构平稳退出网贷行业机制，保护出借人、借款人、网贷机构等各方的合法权益，维护安徽省网贷行业规范、稳健的发展环境
8 月 8 日	《关于报送 P2P 平台借款人逃废债信息的通知》	要求各地根据前期掌握的信息，上报本次风险事件恶意逃废债的借款人名单
8 月 18 日	《关于开展 P2P 网络借贷机构合规检查工作的通知》和 108 条问题清单	要求督促网贷机构合规经营，加强风险管控，回归信息中介本质定位

（续表）

时　间	文　件	要　点
12月2日	《商业银行理财子公司管理办法》	在业务运营层面给予理财子公司更大的自主性，同时也参照同类机构的监管制度设置，在风险防控层面提出更高的要求，避免出现新的风险点
12月19日	《关于做好网贷机构分类处置和风险防范工作的意见》	坚持以机构退出为主要工作方向，除部分严格合规的在营机构外，其余机构能退尽退，应关尽关，加大整治工作的力度和速度。同时，稳妥有序推进风险处置，分类施策、突出重点、精准拆弹，确保行业风险出清过程有序可控，守住不发生系统性风险和大规模群体性事件的底线

总体来说，2018年安徽省监管部门对虚拟货币、现金贷、校园贷等互联网金融机构的不法行为进行了持续重拳打击，对于P2P网贷行业等进行了专项整治行动，对移动支付开展“断直连”和备付金集中交存工作，对互联网金融各领域进行了穿透性监管，使安徽省互联网金融“野蛮生长”的势头得到了很好的遏制，互联网金融平台合规性、规范性发展得到了很大程度的提升，互联网金融风险整体明显下降。

业务发展篇

第三章 安徽银行业互联网金融业务发展情况

2018 年，不断提速的金融科技成为年度关注热点。科技与金融的融合持续为银行业注入生机，促使金融产品日益丰富，服务渠道不断优化，有力地推动了银行互联网金融业务的发展。纵观安徽市场，各家银行纷纷转变经营理念、调整组织架构、加大人力物力投入，大力推动互联网金融业务发展，无论是客户流量还是产品质量都得到了显著提升，亮点频现，市场竞争也日趋激烈。

从市场主体来看，以中国工商银行和中国建设银行为代表的大型商业银行凭借其雄厚的实力、统一的规划、强劲的技术支撑和有利的市场条件，全方位、快速地推进互联网金融业务。2018 年，中国工商银行安徽分行以总行的“三大平台、一中心”[①] 战略为核心，大力发展互联网金融业务，持续推进公共基础设施类、政务类互联网金融场景建设，取得了显著成绩。截至 2018 年末，在安徽市场上，“融 e 行”“融 e 联”和“融 e 购”的累计客户数分别为 891.4 万户、571 万户和 236.5 万户，全年新增有效互联网场景项目 37 个，场景获客 53.23 万户。2018 年 1 月，中国建设银行安徽分行与安徽省信息产业投资控股有限公司、浙江触角科技有限公司签约战略合作协议，共同打造“智慧政采”政府采购云计算服务平台；8 月，成功打造出“合肥火车站无感支付项目”，合肥火车站停车场实现“秒进秒出”。以招商银行为代表的股份制商业银行充分发挥其机制灵活的优势，采取重点突破的战略，频频发力互联网金融业务。2018 年，招商银行首次提出以 MAU（月活跃用户）作为“北极星”指标，实行“移动优先”发展策略，以 APP 建设为核心抓手，通过组建集中式的市场直拓直营团队，推动用户和客户持续增长。2018 年招行 APP 省内客户新增 43 万户，累计下载用户突破 156 万户，同比增长 38.72%，当年新户渗透率达 89.13%，同比提升 4.93 个百分点，全客群 MAU（月活跃用户）达 84.4 万。面对强大的竞争对手，以徽商银行、亳州药都银行为代表的银行业法人机构（以下简称本土银行）的互联网金融业务发展情况到底如何？面临哪些主要问题？下一步的发展趋势如何？本章将围绕这些问题展开分析[②]。

---

① “三大平台、一中心”是中国工商银行在 2015 年推出的互联网金融发展战略，“三大平台”指“融 e 购”电商平台、“融 e 联”即时通信平台和“融 e 行”直销平台，“一中心”指网络融资中心。

② 本报告继续采用《安徽省互联网金融行业发展报告（2017）》的思路，以注册地在安徽境内的银行业法人机构为研究对象。

第一节　安徽银行业互联网金融业务发展现状

一、战略定位进一步明晰，业务发展动力显现

本土银行互联网化路径仍然是从战略上开始进行调整。一是进一步明确互联网金融业务的地位，将互联网金融与银行发展目标深度融合。例如，2018 年合肥科技农村商业银行围绕“二次转型”的总目标，全力打造“科技金融”品牌，以互联网、多媒体、高科技为基础打造智慧银行。以该行推出的“科行财富”品牌为例，以科技为支撑，围绕客户需求，搭建了涵盖存款、贷款、电子银行、理财等多种类型的“智能化”产品体系，从品牌融合、产品组合、渠道整合的角度出发，打造了全领域、全流程的财富管理模式。二是进一步优化组织架构，落实互联网金融业务的开展。例如，2018 年徽商银行成立了直销银行事业部，旨在通过事业部的形式使互联网金融业务发展能够采取更加独立的运营机制、明晰的市场定位以及灵活的业务模式；同时，还成立了大数据部，统筹全行数据资产管理，积极布局金融科技。

互联网金融战略地位的明晰也给业务发展带来了动力，纵观 2018 年本土银行互联网金融业务数据，各家银行互联网用户数和交易规模仍在快速增长。在用户规模方面，部分银行电子银行和直销银行客户数突破千万，亮点凸显。2018 年 6 月，安徽农金手机银行客户数突破 1000 万。2018 年 10 月，徽商银行“徽常有财”账户数突破 1500 万，年末账户数达 1559 万。随着客户规模的不断增加，各家银行业务规模也在快速增长。数据显示，截至 2018 年末，安徽省农商银行系统电子银行累计交易金额接近万亿元，徽商银行的“徽常有财”交易规模也达到了 1917.6 亿元。

二、产品日益丰富，产品体系逐渐形成

在互联网银行的产品与服务上，我们可以看到产品类型也在日益丰富，服务趋于智能，银行业务的互联网化转型正在加速。2018 年，本土银行互联网金融产品体系逐步形成，例如，安徽省农村信用社联合社（以下简称“安徽省联社”）以亳州药都银行“金农易贷”产品为模板，将互联网贷款业务在全省进行推广，2018 年，安徽省联社启动“金农信 e 贷”项目建设，与“金农信 e 付”“金农信 e 家”形成“信 e”产品生态体系（图 3－1）。

2018 年，省内几家银行在互联网支付业务方面也有所进步，聚合支付成为互联网支付市场的主要发展方向。省内较早从事聚合支付业务的安徽省联社在 2018 年也对其产品“金农信 e 付”进行了优化升级。2018 年 2 月，将到账时间“T＋1”日升级为“D＋1”日，使得到账时间不再受周末、节假日的影响。2018 年 12 月，银联二维码聚合功能成功上线，将之前的“三码合一”升级为“四码合一”，实现了安徽农金手机银行、银联、微信、支付宝四码聚合，截至 2019 年 1 月，安徽省 83 家农商银行已发展商户数突破 129 万户，累计交易

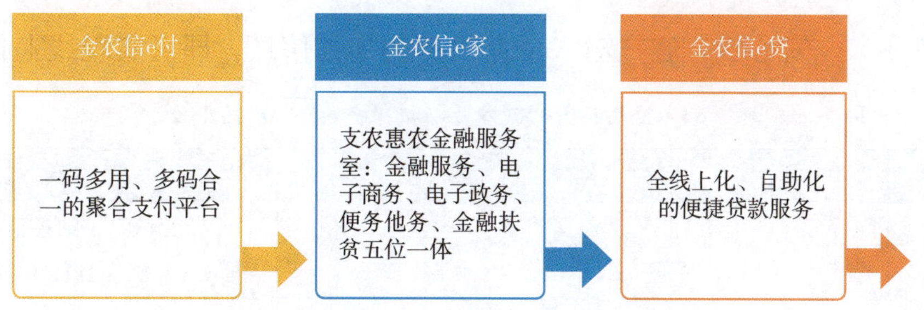

图 3-1　安徽省联社“信 e”产品生态体系

金额突破 500 亿元。2018 年，徽商银行针对商户推出“徽银 e 付”APP，该产品为商户提供融合微信、支付宝等多个支付渠道以及一站式资金结算功能，而且能够支持商家自主创建营销活动、语音播报、对账等特色服务；2018 年 11 月，徽商银行又在“徽银 e 付”平台推出“徽银 e 付”线上贷款，为符合条件的“徽银 e 付”商户提供线上信贷服务（图 3-2）。

图 3-2　“徽银 e 付”产品介绍

在互联网贷款业务方面，本土银行也在不断升级、上新产品。亳州药都银行对“金农易贷”系统进行了升级，2018 年 1 月，对“金农易贷”界面进行了改进，新增“借据信息”“授信查询”和“我的担保”三大信息查询功能，在贷款发放账号方面，将专属的易贷卡改为亳州药都银行储蓄卡，使用户更加便利；2018 年 9 月，将个人在亳州药都银行的存款情况纳入客户评级标准中，存款的高低能够直接影响授信的额度及利率。徽商银行针对小微企业用户，推出“微网贷”和“信 e 贷”产品，实现了贷款线上受理、线上自动审批和自助提款；其中“微网贷”门槛相对较低，企业法人代表个人即可申请；“信 e 贷”主要面向经营稳定、纳税信用等级为 B 级（含）以上且信用良好的小微企业。两种产品用户只需通过“信诺网 · 银企互动”平台选择产品，填写申请资料，经过平台初审及银行授信，一笔贷款申请即可完成（表 3-1）。在互联网贷款方面，安徽省首家民营银行——新安银行在 2018 年也积极筹备线上信贷产品——安心贷，客户输入个人房产的详细信息，即可实现线上贷款的申请。

表 3-1 徽商银行“微网贷”和“信 e 贷”产品比较

产 品	“微网贷”	“信 e 贷”
发放对象	小微企业	经营稳定、纳税信用等级为 B 级（含）以上且信用良好的小微企业
额度	最高 100 万元	最高 500 万元
期限	额度内循环使用，单笔不超过最长 12 个月	12 个月
利率	每月 0.75%～0.84%	每日 0.01%～0.02%
特色	法人代表个人即可申请，随借随还，最快三分钟到账	全线上、纯信用、高额度

资料来源：徽商银行微信公众号。

在 P2P 网贷存管业务方面，根据中国互联网金融协会披露的数据显示，安徽省从事该业务的有徽商银行和新安银行，两家银行系统均已通过中国互联网金融协会测评。截至 2018 年末，徽商银行资金存管系统已升级到 3.0 版本，对接 P2P 网络借贷平台 20 家，均已全量业务上线；新安银行资金存管系统为 1.0 版本，存管 P2P 网络借贷平台 34 家，其中 24 家平台未全量上线业务。

2018 年，本土银行的互联网金融业务范围进一步拓展，从单一的零售金融业务拓展到公司金融业务。2018 年，徽商银行交易银行部正式成立，下设 11 个职能团队，明确将互联网金融作为其业务前端，以“互联网＋”为核心，以“线上＋场景＋平台”的模式深度拓展公司金融业务，最终实现“四个转变”，即：从“以产品为中心”到“以客户为中心”，最终实现从“客户”到“用户”的转变；从“单一产品运用”到“金融综合服务方案”，最终实现企业生产经营全链条服务的转变；从“跟随式被动服务”到“嵌入式主动服务”，最终实现金融服务与场景融合的转变；从“线下封闭式服务”到“线上开放式服务”，最终实现科技赋能金融服务智能化的转变。

三、全面运用场景，获客活客能力增强

“金融＋场景”是银行获客活客的一个重要方式，国内众多商业银行先后牵手 BATJ，运用场景，发展互联网金融业务，相较于以前，2018 年本土银行在“场景＋”方面成绩显著。在支付方面，省内多家徽商银行和银联安徽分公司均先后与地方公交集团合作，推出手机银行付款码“1 分钱乘公交”活动，实现了低成本获客与活客。2018 年末，徽商银行与京东优品合作，通过手机银行“生活板块”，添加京东优品平台入口，用户使用徽商银行手机银行支付能够享受满减优惠，购物完成还能获得现金红包奖励，极大地吸引了众多客户积极参与。徽商银行互联网金融场景也越来越丰富，通过与物业公司、房产中介等合作，开发万科业主贷款、房租贷等产品，而且场景金融合作模式也从原来的“1＋C”拓展为“1＋N＋C”，例如，与汽车厂商、汽车经销商形成三方关系，开发汽车按揭贷款产品。新安银行也

与京东金融合作，通过京东金融平台销售理财产品，增加获客渠道。中国工商银行安徽分行也在 2018 年推出税务场景经营快贷（税务贷）项目，该产品通过税银“双认证、双授权”模式制订技术实施方案，以纳税小微企业或自然人连续一年的纳税信息为基础，在纳税小微企业或自然人充分授权并通过身份实名认证的前提下，由纳税小微企业或自然人授权银行查询其纳税信息，通过总行模型测试客户授信额度，对于准入客户自动导入白名单库，白名单库中的客户可通过中国工商银行手机银行方便快捷地发起融资提款申请。

专栏 3－1　亳州药都银行移动支付便民示范工程——公交智慧快捷支付

2018 年，亳州药都银行引入专业第三方机构，对当地公交乘车支付系统软硬件进行了全面升级，为亳州市区 480 辆公交车开通了智慧快捷支付功能。该市居民乘坐公交车既可以通过银联云闪付、微信、支付宝等各种二维码扫码支付，还能通过各类银联银行卡免密免签挥卡闪付。亳州公交智慧支付新体系的建成，不仅省去了现金找零，有效遏制了假币流通，每年为公交公司减少损失近 5 万元，还提高了居民乘车的通行速度，扫码支付、挥卡闪付一般只需 0.5 秒即可完成。

四、科技投入持续加码，发展金融科技更加理性

本土银行为发展互联网金融业务在科技投入方面也在持续加码。2018 年 4 月，徽商银行发布了新一代个人移动门户 4.0 版，该版本以客户关系管理为脉络，从用户体验入手，提升客户金融生活品质。2018 年 5 月，徽商银行“新一代核心平台建设项目”（826 工程）成功上线，该平台实现了全行所有渠道间数据共享、应用系统间数据分享和产品营销统一，提高了业务办理效率和风险防范能力，使客户体验进一步提升。2018 年 10 月，安徽省联社新核心业务系统和滨湖数据中心机房成功投产，新核心业务系统综合运用云计算、大数据、移动互联网等技术，实现了“传统银行＋互联网金融”双核驱动，囊括互联网金融核心、产品创服等 6 套新建系统以及 64 套配套改造系统、82 套农商银行地方特色中间业务接口改造，意味着安徽农商银行信息科技能力的质的飞跃，以及业务拓展能力明显提升。亳州药都银行年报显示，2018 年该行在建工程中软件开发项目余额已经达到了 1277 万元，其中，2018 年在“大数据定量管理平台”项目中新增投入约 399.3 万元。本土银行对科技投入的持续加大，进一步指明了互联网化的方向，也为互联网金融业务的发展提供了良好的技术支撑。

此外，在发展金融科技的同时，本土银行不再一味地追求技术上的独创，发展金融科技也正在变得更加理性。例如，徽商银行经过近年来的不断探索，结合自身的实际条件，突破了原有完全自主开发科技系统的固有思维，通过与外部机构合作，实现风控技术的合作，深耕业务场景，科学设计业务模式，打造出更加完善的风控系统。通过借力发展，徽商银行不仅能够节省资金和人力的投入，更重要的是，节省了时间，能够迅速采用相对成熟的技术占领市场。

专栏3-2 安徽省联社新一代核心系统及新机房项目建设

2018年10月29日，安徽全省农商银行新核心暨新机房成功投产发布会在安徽省联社滨湖数据中心举行。

安徽农信新核心项目群涵盖“1（银行核心）＋5（配套新建系统）＋64（配套改造系统）”体系，作为提升全省农商银行系统核心竞争力的强力引擎，新一代核心业务系统具有三大显著特点：一是以客户为中心。引入了平台化、流程化、组件化、参数化的设计理念，强调产品、定价和多法人的灵活性，围绕客户需求打造了功能强大、界面友好、运行高效、操作便捷的业务办理平台。二是功能先进。综合利用云计算、大数据、移动互联网等高新技术，实现了“传统银行＋互联网金融”双核驱动，支持实体账户与电子账户的账务互转，可以提供更加全面、便捷、优质、安全的金融服务。三是产品丰富。项目建设包括传统银行核心、互联网金融核心、综合前端、客户信息、统一影像、产品创服等6个新建系统，64套配套改造系统和82套农商银行地方特色中间业务接口改造，涵盖了传统银行和互联网金融的典型业务种类和产品体系。

作为全省农商银行系统数据战略的基础支撑，新机房整体按照国家《电子信息系统机房设计规范》（GB 50174—2008）A级机房标准，并参考国际TIA－94标准T3＋等级要求设计建造。机房及附属设施总面积达17000平方米，IT设备区域满足1100台标准机柜的装机容量。园区供电采用1万千瓦双路带载模式，机房电气系统高压进线、变压器、UPS和蓄电池均具有两套独立回路，另配置3台高压柴油发电机组，组成多重电力保障。空调系统按照“2＋1”冗余模式，部署3台冷水机组，并配置15个蓄冷罐用于应急制冷。核心机房区部署21台双冷源精密空调机组，实现风冷、水冷自由切换。整体机房采用人工智能技术，运行绿色节能，PUE＜1.6，处于中东部地区先进行列。

第二节 安徽银行业互联网金融业务发展面临的主要问题

2018年，本土银行互联网金融业务在产品和服务上都取得了丰硕的成果，各家银行也逐步依托互联网技术发展金融业务，但是相较于同业机构及互联网企业，本土银行的互联网金融业务仍存在巨大的发展空间，部分问题亟须解决。

一、对金融科技定位不够清晰，缺乏长期部署

传统银行自身缺乏互联网基因，互联网思维创新机制落后。本土银行发展互联网金融也

是由于互联网企业业务的不断侵蚀，由外而内地倒逼发展，而不是自然而然地主动改变。在互联网金融业务发展过程中，照葫芦画瓢现象严重，没有自上而下地推动。本土银行只是把金融科技作为一种业务发展的辅助手段，大部分业务还是依靠线下开展，对互联网金融仍抱有可有可无的想法。而国内部分商业银行如招商银行、平安银行等都对外声称要打造金融科技银行，民生银行、华夏银行在2018年成立金融科技子公司，他们的业务发展都以科技支撑为主线，其互联网金融业务越做越大。客观地看，造成这个现象的主要原因也在于本土银行体量较小，对金融科技长期的部署缺乏必要的人力和财力支持，业务转型只能一点一点积累。招商银行年报显示，2018年信息科技投入65.02亿元，该项支出远远超过了本土银行的承受能力。

虽说本土银行的互联网思维意识已经初步形成，但是对金融科技的定位不够清晰，导致互联网文化理念并未深入人心，全行上下未形成统一的互联网文化价值观，限制了互联网金融业务的进一步发展。

二、过于重视产品开发，互联网服务能力弱

互联网金融并不是一系列互联网金融产品的简单堆砌，而是以客户为中心，重新洞察用户的真实需求，借助金融科技的力量驱动银行服务方式与业务模式的重塑和升级。本土银行的互联网金融发展路径仍然以完善产品为主，存在“求全不求专”的现象，运用互联网提升服务能力的意识还未形成。一是表现在线下网点的布局，本土银行几乎未实现网点轻型化改造，自助设备投放率低、种类少，很多业务仍然依靠人工办理。中国工商银行、平安银行等银行的很多网点均投放了一些智能机器人充当大堂经理，它们不仅能提供迎宾接待服务，还能从事业务咨询、宣传讲解、娱乐互动、主动营销、投诉处理等服务。二是移动客户端的智能化服务水平不高，本土银行无论是手机银行还是直销银行均为上线智能语音系统，人机交互能力尚未实现。2018年11月，中信银行手机银行在银行业内率先推出“点击按键”和“语言交流”两种不同的操作体验，打造以“有用（effective）、有趣（enjoyable）、有情（emotional）”为核心的“有温度”服务新范式。

三、配套机制尚未跟上，科技人才匮乏

发展金融科技需要大量的技术人员，通过自主研发，形成核心竞争力。本土银行的技术团队多数以外包为主，在竞争中相对来说较为被动，创新引领能力较弱，发展互联网金融的思维意识水平不高，人员、系统等配套机制跟不上互联网金融在银行业的疯狂增长。举例来说，围绕金融科技银行建设的招商银行近年来对金融科技持续输入，先后成立深圳、杭州、成都三个软件中心和深圳、上海两地数据中心，支撑全行业务发展；并加强金融科技人才的培养和储备，成立金融科技学院，启动金融科技人才全方位培养模式，2018年研发人员2003人，占员工总数的2.69%，可以说互联网金融的配套机制已经相当完善。对比来看，徽商银行直到2018年末才设立大数据部门，对软件和数据的管理仍停留在传统银行的运营模式中，人员的激励制度与传统业务人员的激励制度存在“一刀切”现象，不利于发挥科技

岗位人员的工作积极性，系统研发以外包为主的方式也很难对市场行情做出迅速判断，沉没成本相对较高。

四、监管政策及行业规范体系尚未形成

商业银行出于防范合规风险和保护金融消费者权益等考虑，往往不敢、不能、不愿充分开展金融科技创新。一是由于监管政策过严，提供给商业银行的试错容错空间较小，本土银行只能严守底线，但互联网是开放的环境，这就限制了银行互联网金融业务的发展。二是监管机构及自律组织桥梁纽带作用未充分发挥，近两年监管机构及自律组织对互联网金融的大部分工作都集中在 P2P 网络借贷行业的治理，对传统金融机构的引导能力不够强，监管政策“一刀切”的问题仍未解决。三是行业规范问题严重，易引起客户信任危机。随着 P2P 网络借贷平台的相继“爆雷”，整个行业的热度有所降低，客户对互联网金融业务的信任度降低，商业银行开展业务更加困难。因此，监管政策及行业规范体系的不完善对本土银行互联网金融业务的发展产生了一定的影响。

第三节　安徽银行业互联网金融业务发展趋势与展望

伴随着新兴技术在金融行业的深入应用，科技对于金融的作用被不断强化，创新性的金融解决方案层出不穷，金融科技发展进入新阶段。未来，本土银行也会紧跟趋势，大力拓展金融科技的服务边界，助力自身转型发展。结合发展现状及其存在的问题，本报告认为本土银行未来互联网金融业务发展将会围绕以下几个方面。

一、运营方式越来越多样化，产品创新速度将不断加快

2018 年，徽商银行直销银行事业部建成，是本土银行发展互联网金融业务在组织架构上的突破，标志着省内互联网金融业务独立化运营方式形成；加上传统的手机银行、网上银行等多类渠道，互联网金融业务的运营方式也逐渐多样化。一方面，多样化的运营方式能够满足不同产品与服务的需求，例如，某些产品的推出仅是传统业务的升级重塑，就可以从手机银行、网上银行渠道进行推广；而有些产品创新性强，独立化的运营方式就可以有效隔离风险，产品创新的边界将会扩大，效率和成本优势将更加凸显。另一方面，多样化的运营方式能够适应不同阶段的发展需求，能够根据市场动向适时而变，有效地提高产品的创新速度。

从国内商业银行互联网金融业务的发展趋势来看，近几年，各大商业银行均设立了直销银行或者互联网金融事业部，业务发展如火如荼。2018 年，各大银行纷纷设立金融科技子公司，以期向母行输入科技血液，例如，2018 年 4 月，中国建设银行宣布成立金融科技子公司；2018 年 5 月，民生银行成立民生科技有限公司；加上此前已成立金融科技子公司的兴业银行、平安银行、招商银行和光大银行，截至 2018 年末，拥有金融科技子公司的银行已达 6 家（图 3 - 3）。

图 3-3　商业银行成立金融科技子公司情况

资料来源：根据中国民生银行研究院资料整理

对于本土银行来说，未来在发展互联网金融业务时也会朝着多样化的运营方向转变，为产品创新打牢基础。然而，本土银行体量较小、业务发展还未遍布全国各地，科技建设方面不会像大型商业银行一样高资金投入，独立化的直销银行和事业部建设还有推广复制的可能，但是像金融科技子公司这种运营方式对于本土银行来说可操作性并不强，基于此，本土银行互联网金融业务的发展将会以传统的手机银行、网上银行等渠道为基础，外加直销银行，与外部机构进行技术合作，拓展多样化的运营方式。

二、跨界合作趋势明显，业务和科技边界将会弱化

随着大型商业银行及本土部分银行与科技、电商等企业的跨界合作的成效不断显现，银行业发展互联网金融也会朝着“走出去、引进来”的模式不断发展，通过建立场景实现跨界融合，将银行服务无形地嵌入人们日常生活的方方面面，让人们感知金融给生活带来的便利性，这一切也得力于金融与科技的深度融合。未来，本土银行将会继续加大对科技的投入，融入场景抑或自建场景，大力部署跨界融合，通过深挖行业特征，精准定位各行业与银行业务融合的关键环节，构筑“金融＋场景”的综合生态圈应用服务体系。因此，业务和科技的边界也会逐渐弱化，由信息科技支撑业务发展、信息科技引领业务发展到信息科技与业务深入融合的趋势将会逐渐形成。

三、建设自有生态体系，开放银行有望建成

2018 年被业内称之为“开放银行元年”，无论是基于大型互联网公司“异业竞争”的倒逼，还是自身转型的需要，银行业着力推进平台化服务建设，深度布局开放银行的决心凸显。从本土银行的发展路径来看，开放银行体系建设也是本土银行的发展趋势。在数字化浪潮下，驱动本土银行打造开放银行的原因不难理解，一是“异业竞争”所带来的压力，大型互联网公司和众多科技型初创公司正在寻找传统银行的替代方案；二是开放银行建设是本土银行实现转型的一大突破口，开放银行有助于本土银行优化客户体验、获得客户，实现新的收入来源。因此，未来本土银行将会拥抱趋势、大胆变革，探索自身开放之路，通过科技对外输出银行核心业务能力，通过融入生态、赋能生态，为用户提供无感、无缝、无界的全新金融服务体验。

第四章　安徽证券业互联网金融业务发展情况

2018 年，证券业经历了行业低迷期，各家券商净利润均大幅下滑，但在此背景下，各券商均未停止对互联网金融的投入，而是逆市推进，在互联网金融领域频频发力，积极推进金融科技应用，升级智能化金融服务，打造线上线下业务闭环，从而实现了互联网金融业务的快速发展。总体来看，移动化、智慧化是 2018 年券商互联网金融业务发展的两大核心方向。围绕移动化方向，券商重点打造 APP 平台，积极探索聚合多种功能，深挖客户需求、解决痛点，实现营销模式从粗放式的"圈粉丝、圈用户"向"重质量、重回报"转变。如中信证券通过对"中信证券信 e 投"的不断迭代升级，丰富非现场业务办理种类，提高客户服务效率，2018 年实现安徽市场上的移动端客户数及客户流量稳步提升；多家券商安徽分公司自建微信公众服务号，每天推送最新市场行情，内嵌一些标准化的业务办理板块，将移动端充分盘活，做到了轻松获客活客。如国泰君安证券安徽分公司在微信服务号上设置"i 账户"模块，可以实现极速开户、行情/自选、个股诊断及极速交易等功能，并附有业务指南，方便客户自行操作。围绕智慧化方向，券商重点推进以大数据分析、人工智能、区块链为代表的金融科技落地应用，如华泰证券凭借强化大数据分析与应用能力，打造了一体化的大数据、人工智能平台，向投研、财富管理等业务领域赋能，并实现了区块链在资产支持证券（ABS）发行上的应用。

由此可见，券商对互联网金融业务的探索并未跟随市场行情而变，而是不断推出和升级一系列数字化产品和平台，不断刷新客户服务体验和预期。考虑到资料及数据可获得性，本章内容我们仍然延续《安徽省互联网金融行业发展报告（2017）》的写作思路，以注册地在安徽省的券商法人机构为研究对象，从发展现状、发展中存在的问题以及趋势和展望三个部分，探讨券商法人机构互联网金融业务的发展情况。

第一节　安徽证券业互联网金融业务发展现状

一、坚持创新发展，强调科技赋能

当前，证券业科技创新已经完成了券商服务移动化的初级阶段，进入运用技术手段持续打造核心竞争力的第二个阶段，本土两家券商在 2018 年年报中均多次提及金融科技赋能，强调金融科技对券商经营的作用日益显著。例如，国元证券在 2018 年年报中披露，该公司

2019年度经营计划及拟采取的措施之一就是“推进证券科技建设、坚持科技创新理念、实现科技赋能”。此外，两家券商也不断推进后台业务集中化和网点轻型化改造，通过多种方式强调对金融科技的运用。2018年，华安证券通过调整组织架构，将原先的网络金融部改组为网络经纪部，并成立金融科技部，进一步调整互联网金融业务发展的战略。

二、升级迭代移动平台，智能金融引领方向

本土两家券商（国元证券、华安证券）发展互联网金融业务的主要渠道是移动APP，经过几年的发展，其客户流量及平台活跃度都得到了大幅的提升。在新浪财经2018券商APP风云榜中，两家券商均斩获大奖，国元证券的“国元点金”APP被评为“最佳财富管理APP”和“最具突破潜力APP”，华安证券的“徽赢APP”被评为“用户最喜爱APP”和“最具创新性APP”，这也充分体现了业内权威媒体、证券行业及广大投资者对两家券商APP的认可。

2018年，两家券商继续对APP进行升级迭代，智能化服务成为新版本的核心标签。2018年8月，“徽赢APP”5.0版本正式发布，智能投资服务系统成为该产品聚焦点。“徽赢APP”5.0版本推出的四大智能工具：大数据分析、持仓诊断功能、智能诊股和智能客服，从不同角度凸显了华安证券对人工智能版图的布局。2018年9月，国元证券推出“国元点金”6.0版本，AI语音智能投顾产品也是其亮点之一。它利用语音识别、自然语义理解等人工智能技术，与证券领域业务深度结合，基于全新语音交互技术的智能语音机器人——元宝，内嵌于“国元点金”6.0中，真正做到了全环节、全流程、全方位语音操作，从而主动为用户提供个性化服务，实现了金融场景服务升级，也标志着“国元点金”APP智能语音时代的到来。

除此之外，在移动平台建设方面，两家券商均对微信端进行了拓展。国元证券将其官方服务号进行升级改版，服务号新增“账户”“服务”两大模块，充分利用服务号的便捷性及客户流量，推进互联网金融业务的发展，2018年，国元证券官方服务号粉丝由2017年的2万多增加至7万多，官方服务号的影响力进一步增强。为多渠道宣传展示公司形象，提升用户体验与服务水平，2018年5月，华安证券借助微信小程序的无须安装、触手可及、用完即走等优势，上新“华安证券”微信小程序，该小程序具备三大功能模块，分别是营业部网点展示、“徽赢APP”特色功能介绍与公司简介，进一步宣传展示了公司形象，提升了用户体验与服务水平。

三、完善产品与服务，打造综合服务体系

APP是券商转型的重要载体，两家券商主要围绕APP不断推出或更新产品与服务，让APP成为连接公司资源和客户需求的主要平台，使交易型客户获得更好体验、财富管理型客户获得更多有价值的服务，从而打造综合服务体系。基于版本的更新迭代，2018年两家券商在产品与服务的创新方面也做了很多努力。“国元点金”APP 6.0新增了“智能选股”“形态选股”“历史回看”“今日机会”和“智能诊股”五大亮点功能，基于大数据、智能技

术和评价研究能力，不断提升前端零售客户自服务的能力，持续优化客户体验（图 4－1）。华安证券先是在 4.0 版本新增国债逆回购专属行情交易、可转债申购、涨跌宝趣味理财和首页一站式导航服务等功能，又在 5.0 版本上新 Level-2 行情功能，包括十档行情、买卖队列、逐笔明细、分价统计等多种升级数据，通过功能的增加和完善，不断优化客户体验，为客户提供更优质的交易和理财体验。

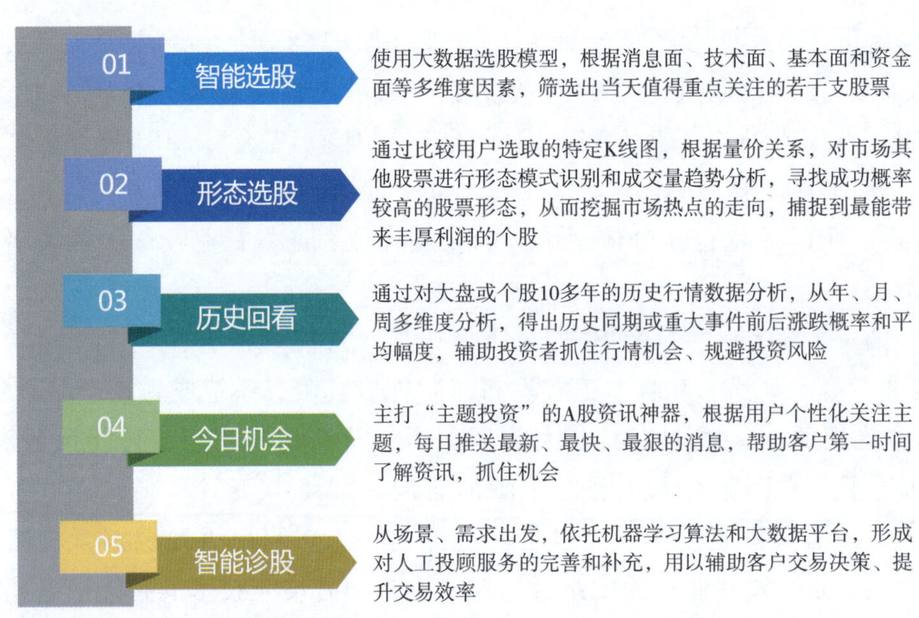

图 4－1 国元证券"国元点金"APP 6.0 新增功能

四、加大科技投入，注重长远发展

无科技不金融，在互联网技术高速发展的今天，省内两家券商也相当重视对科技的战略性投入，持续推进科技创新，金融科技应用成效明显。2018 年，国元证券研发人员数量比 2017 年增加一倍，信息科技投入总额为 1.27 亿元，其产品"信用业务综合管理软件"取得计算机软件著作权，自主研发的证券个性化服务关键技术与服务系统研究——"金数据"服务品牌荣获"安徽省科技进步三等奖"；在"国元点金"APP 6.0 发布会上，国元证券表示未来将继续发挥金融科技的巨大力量，发掘出更多的潜在客户需求。华安证券年报显示，2018 年，公司在信息技术方面投入 8235.3 万元，占上一年度营业收入的 4.68％。

两家券商为发展金融科技不断与外部科技企业合作，实现"金融＋科技"的协同效应。2018 年，国元证券携手科大讯飞、金证科技、金微蓝等科技企业，通过平台开放、合作创新、网络演进、迭代升级等方式，做强各自长板，强化生态协同，共享生态圈繁荣。2018 年 10 月，华安证券与哈工大机器人集团（HRG）签署了战略合作协议，根据协议，双方将发挥各自优势，共享平台资源，扩大合作外延，引领创新驱动，积极探索创新合作模式，共同推进双方在相关产业的深入合作，促进双方友好合作、健康发展。

第二节 安徽证券业互联网金融业务发展面临的主要问题

尽管本土两家券商对APP的建设已经取得一定的成效，但是还未能充分利用互联网技术实现线上线下资源的有机结合，业务转型动力相对不足，互联网金融业务发展还面临以下几个问题。

一、科技驱动能力较弱，业务协同效应不强

充分运用金融科技手段推动业务转型，是互联网高速发展时期券商业务发展最为重要的战略选择之一。本土券商发展金融科技主要体现在对手机APP功能的丰富上，运用金融科技也主要是为了促进经纪业务从传统通道业务向财富管理转型，并未在整个业务体系上运用，与国内其他券商相比，互联网在业务领域的应用范围较小，科技驱动能力有待加强。例如，在资产管理领域，华泰证券推出FoF/MoM投研一体化管理平台，并基于人工智能技术打造了信用评价系统；在投资领域，中信证券在自营的策略开发上，大量运用人工智能或机器学习的最新技术，把握市场出现的各种投资机会。可见国内龙头券商已经逐步将金融科技运用到了各类业务中，而本土券商现有应用场景大多围绕经纪业务展开，面向财富管理和全能型投资银行的应用尚未真正落地，在运用科技协同业务发展的能力方面还有待提升。

二、差异化发展尚未形成，品牌产品未建立

券商想做差异化竞争，就必须要打造自身的核心竞争力。以往券商依赖的是牌照经营，大家拿相同的牌照、做同质化的业务；但伴随金融科技的发展，券商在业务发展中能够利用的工具和策略越来越多，产品类型及服务方式也日益多样化。但是本土券商金融科技发展路径依然是追随主流券商，在业务创新方面突破较少，或者说创新产品竞争力不强，很难突破大众眼球，品牌产品依然未能建立。究其根本也还是前文所说的科技薄弱，部分技术还未全面运用到业务中；而另一方面原因在于外部合作匮乏，金融场景建立仍然以引流式单一合作方式为主，创新性不强。头部券商纷纷通过牵手科技公司、电商企业等，提升科技水平，丰富业务渠道，例如，2018年国泰君安和腾讯签订了金融科技战略合作协议，并与华为共建金融科技联合创新实验室，重构了金融科技的业务体系。2018年，华泰证券通过定增引入阿里巴巴、苏宁等战略投资者，阿里巴巴将助力华泰证券加快布局金融科技领域，积极构造开放式的金融服务生态和场景化的金融生活圈层，继续保持并加大在券商中的领先优势；苏宁作为国内领先的智慧零售企业，将有利于华泰证券和苏宁依托各自的产业优势，打开零售客户的营销及服务、金融产品发行销售、资管业务、资产证券化业务等方面合作的空间。

三、信息科技人才不足，高端业务和管理人才短缺

人才短缺也是本土券商不得不面临的问题之一，虽然两家券商都加大了对信息科技的投

人，但是信息科技人才、高端业务和管理人才都非常短缺，致使金融科技发展水平不高。根据两家券商 2018 年年报数据，国元证券 2018 年信息技术人员为 163 人，占员工总数的 4.85%；华安证券 2018 年信息技术人员为 174 人，占员工总数的 6.32%。截至 2019 年 3 月末，国内有 11 家 A 股上市券商在年报的员工情况中披露了与科技相关的信息技术岗位人员数量，但只有国元证券和华安证券两家券商信息技术人员占比降低，其中，国元证券降幅达到了 0.14%，华安证券降幅为 0.01%。剩余 9 家增长的券商中，广发证券变化引人注目，2018 年信息技术人员占比同比增加了 2.47%，从 3.66%直接增加到 6.13%，净增超过 300 人。或许是得益于人才投入显效，广发证券在信息科技方面的投入确实成效明显：其 2018 年手机证券用户数超过 2200 万人，同比增长 40%；易淘金电商平台的金融产品销售和转让金额达 2417 亿元；机器人投顾贝塔牛累计服务客户数超过 70 万，同时实现金融产品销售额达 186 亿元。

从另一方面来说，相对于北上广深等大城市的券商机构，本土券商在吸引人才方面能力较弱。一是由于安徽省经济发展水平不高，劳动力价值低，信息技术人才在安徽发展很难获得对等的薪酬；二是由于本土两家券商竞争力不强，限制了信息技术人才能力的发挥，高端人才及管理人才选择大型券商工作的趋势明显。

第三节　安徽证券业互联网金融业务发展趋势与展望

在互联网时代，从券商对科技的持续投入也能看出金融科技对证券业的未来发展至关重要，伴随着技术的日益成熟以及行业的发展，本土券商面临的问题也会逐步解决，未来发展可能的趋势如下：

一、智能化改造将会提速，智能金融概念凸显

人工智能的落地核心一方面是意图识别，另一方面是业务融合。2018 年开始，本土券商对人工智能的运用已经初显，从智能客服入手，逐步上新部分产品与服务，但是本土券商对人工智能的探索还处于意图识别环节，推出的产品和服务还偏浅，尚处于发展的初期。因此，未来本土券商有望继续对人工智能技术进行探索，将意图识别与业务融合有效地串联在一起，通过精准的意图识别为融合业务打下基础，利用融合业务形成服务闭环以及更多场景和数据，进一步强化机器人的学习效果和能力，从而通过人工智能打破传统服务瓶颈和压力，以全新服务和体验提升新开户活跃度和黏性，结合数据分析和用户画像，实现更精准服务和营销，不断提升市场竞争力。

随着人工智能效应的不断释放，以及人工智能与大数据相融合的业务更具多样化特点，本土券商对产品及服务的智能化改造有望不断提速，以人工智能为基础的科技应用将会更加广泛，智能金融概念也会越来越清晰。

二、业务协调效应将会增加，逐步迈向综合金融

由于通道业务的整体价值下降，本土券商都在积极推进经纪业务向财富管理业务转型，金融科技的运用也使得转型速度得到了明显的提升。但是金融科技应该是全面赋能，不仅包括财富管理，还包括机构服务、投资管理、国际业务等综合金融服务，而这些还没有具体数据体现。在未来，本土券商有望继续依托金融科技，搭建线上线下相配合的业务模式。从发展趋势上来说，本土券商也会按照从做大交易到满足客户需求并给客户提供综合金融服务，再到财富管理这条路径来走。

综合金融服务的实现则要求业务之间能够形成联动性，但是传统的线下模式效率低，业务之间存在壁垒，很难实现链条效应，而利用金融科技，能够打通各项业务的流程，实现两端资源的对接和闭环交互，构建一体化的运营体系。所以，未来券商也会持续提高 IT 投入，加速和流量平台的合作，提供导流以及利用流量平台海量数据协助机构做风控，实现综合金融服务。

三、数字化转型成为发展主流，有望形成科技金融生态圈

本土券商对科技投入比重在逐渐加大，开始探索数据化运营。随着技术的投入比重越来越大，金融科技的应用越来越普遍，越需要思考数字化与经营模式、风险防控与监管合规的关系。可以预见，下一阶段的本土券商数字化实践将不仅仅停留在互联网渠道建设、O2O 模式、账户体系智能化、行情资讯服务等方面。构建金融科技能力中心，运用数字化驱动各个板块全面升级，从而实现由金融机构向科技公司的转型，将会是未来本土券商的发展趋势。

随着数字化转型的不断深入，本土券商未来的商业模式一定会超越单个企业的界限，跨界合作、生态共赢将成为核心竞争力。在科技运用方面，也会逐步从单一的技术输入转向技术输入与输出相结合的局面，将金融科技运用于各个场景，从而逐渐形成一个以科技为平台，与客户共同协作、共同成长、相互赋能的科技金融生态圈。

第五章　安徽保险业互联网金融业务发展情况

根据银保监会2018年10月份下发的《互联网保险业务监管办法（草稿）》，互联网保险业务是指保险公司、保险中介机构依托互联网和移动通信等技术，通过自营网络平台、第三方网络平台等订立保险合同、提供保险服务的业务。因部分互联网保险展业不受区域限制，故本章所涉及的互联网保险业务及其经营主体不限于注册地在安徽的机构。

受政策收紧影响，2018年安徽市场上互联网财险尤其是车险业务出现大幅收缩，互联网人身保险业务则呈现出大规模的增长。尽管整体规模有所下降，但产品及服务品质均有较大提升，再加上人工智能、大数据、区块链等技术加速向保险行业渗透，保险业务的数字化转型迸发出蓬勃生机。

第一节　安徽保险业互联网金融业务发展现状

一、利用“互联网+”技术，提高客户服务水平

随着保险科技投入的快速增长，保险企业的数字化转型也在不断提速，市场上已经基本形成了从销售、理赔到服务的数字化链条。科技与保险的深度融合在提高效率的同时，也极大地提升了客户服务水平。

2018年5月14日，国元农业保险股份有限公司（以下简称“国元保险”）的医保通系统顺利与颍上县“农合”系统对接上线，开创了安徽省内保险公司通过自主研发系统实现多类型一站式结算的首例。“医保通”系统运用云计算、大数据、互联网等现代信息技术手段，为安徽省的医疗保险业务日常经办、便民服务、科学监管和精算分析等提供了有力的信息支撑。2018年该系统已与50个县区的“新农合”系统对接上线，服务人数超37万人，提高医保基金运行效率的同时，也有效增强了病历审核结果的权威性。

2018年11月，国元保险与平安医疗健康管理股份有限公司在上海签署战略合作，双方就风控管理、参保人服务和商保产品设计等方面的深入合作达成一致，同时探讨和推进在基金托管模式的创新协同，以持续提升彼此在相关合作领域的市场竞争力。此次合作旨在推动安徽省医疗健康保险服务向更高水平迈进，为患者提供更加多样化的保险服务。

除了国元保险，在安徽市场经营保险业务的其他公司也不断推出新型服务。APP功能不断多元化，能够为客户提供实时预约投保、保单管理、保单查询、保单变更、续期在线交费等服务。同时，多家公司也通过微信公众号为客户提供在线理赔、保金和保单贷款等功能。

二、业务场景化

随着互联网的普及，互联网保险市场上消费者的需求越来越呈现出多元化、碎片化的趋势，单纯的传统保险业务的线上化已远远不能满足客户的差异化需求，而互联网的普及和不断发展使得这些需求的实现有了可能，应运而生了很多碎片式的互联网保险产品，如“退货运费险”“手机碎屏险”“航班延误险”“账户安全险”等作为主险或附加险，这些基于特定场景的互联网保险满足了消费者短期的个性化的细分保险需求，同时也降低了保险的门槛，带来了互联网保险规模的快速增长。

三、第三方平台成为当前互联网保险市场的主流

随着移动互联网技术的不断进步，第三方平台成为保费收入增长的重要渠道。安徽市场上各大保险公司也纷纷寻找到互联网巨头展开合作。2018 年，中国人保与支付宝、微信、淘宝等大流量平台陆续合作。据该公司数据统计，截至 2018 年 12 月，中国人保安徽公司互联网车险保费收入中约 75％来自“第三方平台＋WAP 端”。

从全国范围来看，据不完全统计，目前国内有 150 家以上的保险公司和近 500 家保险经纪代理公司经营着互联网保险业务，在线销售的产品约 1.5 万个。在未来一段时间内通过第三方互联网保险平台选择保险产品和服务将是安徽省互联网保险市场的主流。

四、新型互联网保险机构发展迅猛，头部企业加速布局保险业务

截至 2018 年末，我国监管机构共批准设立了众安在线、安心财险、泰康在线、易安财险四家专业互联网保险公司。据各公司统计，2018 年前三个季度，四大互联网保险公司实现原保险保费收入 64.64 亿元，同比增长 133.77％，远高于行业平均增速。

除专业互联网保险公司外，各大互联网企业也纷纷看中了这块“蛋糕”，利用其自身技术等方面的天然优势大举进军互联网保险行业。2018 年 2 月 24 日，银保监会批复美团点评实际控制的重庆金诚互诺保险经纪有限公司获得保险中介机构牌照。2018 年 11 月 2 日，京东宣布获银保监会批准，安联财产保险（中国）有限公司获准更名为京东安联财产保险公司，成为继阿里、腾讯后拿到保险牌照的第三家互联网巨头。此外，百度、小米、美团、滴滴、今日头条、新浪、唯品会也在加速布局保险业务。新机构的出现为丰富安徽互联网保险市场增姿添色。

五、监管趋严，行业发展逐步规范化

作为新兴业务，互联网保险在兴起与快速发展的过程中，风险点不断暴露。2016 年 10 月，中国保监会联合中国人民银行等 14 个部门联合印发《互联网保险风险专项整治工作实施方案》正式拉开了互联网保险市场整治的序幕。

2018 年，监管延续了之前的严管态度，继续对互联网保险市场进行严格规范整治。2018 年 1 月 17 日，中国保监会印发关于《打赢保险业防范化解重大风险攻坚战的总体方

案》的通知，其中特别提到在重点领域风险防控与处置方面的新型保险业务风险即互联网保险业务风险，明确指出关注利用互联网技术推广的、影响客户信息安全的、互联网借贷相关的各类新型保险业务风险（财险部、人身险部）；关注财险公司、人身险公司、保险中介机构与第三方网络平台合作开展保险业务的风险隐患（财险部、人身险部、中介部），采取有效措施汇总并评估各类互联网保险业务风险，以及非法开展互联网保险业务的风险，推进互联网专项整治工作，及时处置业务风险。

此外，根据中国银保监会下发的《2018 年保险监管现场检查工作方案》，监管机构计划分三个阶段对包括财险公司分支机构、人身险公司分支机构、法人机构评估、中介法人及分支机构、法人机构综合等 5 个现场检查，其中在 2018 年 8—10 月份的第三阶段，监管机构开展了法人机构综合检查，强调财会部的偿付能力数据真实性全面检查、风险综合评级全面检查、资金部的保险资金运用现场检查，这些检查都强化了对互联网保险的监管。

互联网保险行业的监管规范接连出台，标志着监管部门持续加强对互联网保险行业的监管，安徽省互联网保险业务在行业创新和监管调试中稳步前行。

第二节　安徽保险业互联网金融业务发展中面临的主要问题

一、技术与人才制约

科技与保险的结合已从营销渠道互联网化向科技深度赋能保险演进。大数据、区块链、AI 等技术在精准营销、差异定价、风控与反欺诈等领域的运用，以及保险与场景的深度融合，日渐成为保险创新的主流模式。保险科技的迅猛发展是互联网保险业务飞升的重要推动力。然而，安徽省内保险科技市场发展慢于其他发达省份市场，以互联网渠道为基础的销售和比价平台是当前热门领域，而承保、理赔等环节多数还是集中在线下进行。同时受地域所限，相较于沿海及长三角区域的其他省份，对人才吸引力较弱，而互联网保险业务的发展又迫切需要大量既懂保险又懂金融科技的复合型人才。人才的匮乏与技术的欠缺，较大程度制约了行业的整体发展。

二、本土保险企业数量及规模有限，竞争力不强

目前，在安徽省内注册的保险公司仅有国元保险一家，受企业规模及业务的限制，其互联网保险业务相较于其他保险企业起步较晚，整体发展较为滞后。在互联网金融业务的线上化布局中，国元保险仅设立了微信服务号——国元保险 e，提供以车险为主的少数险种的线上投保、保单查询及理赔等基本服务，其自身网络平台建设、APP 等尚处于空缺。安徽省内其他保险企业受制于自身体量及总公司管理层决策等方面的约束，在科技方面相较于新型保险企业及第三方平台等尚存在较大差距。

企业自身的竞争力匮乏导致市场在一定程度上形成不均衡局面，头部企业的缺失使得无

法形成行业引领优势。这也是导致安徽省互联网保险市场发展相对滞后的不可忽略的因素之一。

三、从业者互联网思维尚未真正转变

互联网不仅带来了一种工具方法，更带来了一种有效的思维方式。互联网金融时代，用户结构从过去的70后，变成具备互联网意识的80后和90后；用户思想从过去的被动教育，转向积极规划和主动问询；用户行为从过去的被动接受，转向主动学习和独立思考；用户特点从过去的单纯买保险，变成主动寻找满足自身需求的保险。与北上广深等经济发达区域的同行业相比，安徽省互联网保险行业从业者的互联网思维尚未能真正构建，如多数保险公司仍沿用早期的风控系统，精准营销、差异定价未能在现实中得以实际应用，产品同质化现象严重，业务模式依旧集中在传统业务和流程的线上化。从业者尚未能从变革自己的思想观念入手来适应互联网时代的创新。这些问题和现象的存在在一定程度上制约了安徽省互联网保险行业的发展。

四、保险产品同质化严重、创新不足

尽管保费规模在以较高的速度增长，但安徽省的互联网保险市场有着明显的初级阶段特征，其特征主要体现为产品种类单一，局限于条款相对简单、责任义务明确、期限较短的产品。有时几项保险产品不仅名称相似，而且条款费率、保障范围、除外责任也都很相似。大量低质雷同的产品不仅会影响投保人对产品的认同度，更容易导致同质化产品的低水平市场竞争，不能针对性地满足客户需求。譬如，在退货运费险这一产品平台上，就有华泰财险、国寿财险、众安财险及人保财险等诸家公司共同瓜分市场；人身险产品平台上，重疾险一经推出即刻变身网红产品，几乎各家平台均有销售，而内容上却相差无几。产品同质化使得市场竞争陷入价格战，压缩利润空间，不利于互联网保险的发展。此外，现有的互联网保险产品还局限在标准化程度高、较为简易的产品范围内，例如车险、简单的理财类保险等标准化产品。从安徽省互联网保险市场上销售的险种分布来看，车险的热度一如既往，占据了安徽省互联网保险市场的绝对主导地位，而同样适合通过网络渠道销售的健康险等业务成交量相比之下寥寥无几。

五、互联网保险第三方平台风险

尽管在当前及未来的一段时间内，第三方平台都是互联网保险市场中保费收入的主要来源渠道，但其存在的风险一样不容小觑。近年来，有关互联网保险业务投诉的数量逐年上升，其中多数集中于第三方网络平台，消费者反映的问题主要集中在线上申请保险理赔后无人回复且等待时间长、因条款设计产生歧义导致理赔争议、线上线下理赔服务衔接不到位等。

导致互联网保险第三方平台存在的市场问题主要包括以下两点：一是部分平台信息披露存在较大欠缺。在通过第三方互联网平台销售保险产品过程中，部分平台未具体告知消费者承保公司或代理销售公司的名称；在保险订单确认环节，第三方互联网平台未具体披露消费者所投保的保险产品适用哪家公司条款及相应备案号。二是侵犯了消费者的选择权，如部分平台强制搭售保险产品，在流程安排、技术设置上也没有对消费者进行充分告知，或对消费者拒绝搭售服务设置了重重阻碍，侵害了消费者的知情权，剥夺了消费者的选择权。

由于第三方互联网保险平台在互联网保险销售市场上占据着重要份额，而保险公司相互间竞争非常激烈，往往对第三方合作机构存在一定的妥协，故而导致保险公司对第三方网络平台业务控制权弱化；而互联网保险业务量的急速膨胀，导致有效监管难以及时跟上，真空地带的存在也给予了风险一定的生存空间。

第三节　安徽保险业互联网金融业务发展趋势与展望

一、保险科技驱动行业加速发展

互联网保险是科技驱动的行业，未来保险公司必将大力发展大数据、云计算、人工智能、区块链等先进科学技术。例如，通过大数据、云计算等智能商业技术，推动公司拓宽销售渠道、扩大服务领域及提升服务水平，促进互联网保险经营模式深刻变革；通过互联网、物联网与大数据的融合让公司能更加精准地识别风险，实现动态核保、实时定价；通过大数据、物联网提供的健康管理动态监控手段，为慢性病患者投保创造条件；通过物联网技术，实时监测保险标的状态，有利于保险机构厘清赔偿责任、减少保险赔偿；通过区块链技术推动基于安全高效的互联网保险解决方案成为现实，为互联网保险在承保管理、运营风险管控、客户服务、信息安全、反欺诈，乃至商业模式等方面创新提供了不同的视角和全新的实现路径。新技术的发展和应用将为安徽省互联网保险市场带来持续高效的发展。

二、传统保险企业将加大投入自身平台建设

保险公司作为保险产品的设计者和提供者，通过官方网站可以和客户进行直接的沟通。保险公司官方网络平台设有留言区和讨论区，可以及时收集客户的需求信息，了解客户进而服务于客户，有利于增强客户对企业的认同感，能够在客户心中塑造较强的品牌意识。与第三方渠道相比，官方网站具有更强的自主性和灵活性，战略自由度大，能够按照产品形态设计承保流程，在续期交费和后续服务上具有天然优势。性能齐全的官方网站对于保险公司内部的员工培训及信息发布可以起到非常便利的作用。

尽管第三方网络平台拥有流量、场景、服务、技术四个方面的优势，但产品却是他们的弱项，而保险公司官方网络平台突出的优势却在于产品，因此，未来传统保险公司发展互联网保险的最终布局一定是对两种平台均实现充分的利用，进一步加强自身平台建设则是必然所在。

三、专业化互联网团队助力行业发展

互联网保险亟须培养一批年轻化、专业化的复合型人才，不仅拥有保险行业的专业知识，也要对互联网技术有较深入的了解，未来，互联网保险跨界复合型人才势必成为各大保险企业追逐的对象。企业将打造专业互联网团队，从客户运营、客户体验、企划调研等方面入手，成立新的组织架构，在组织架构中不断创新经营，深化客户的关注度，挖掘客户的需求，做好客户经营数据分析，同时以技术支持团队为依托，夯实网络建设基础，不断加强技术平台的核心技术建设，降低人为因素带来的影响。在各大保险机构安徽省公司及总公司层面也将成立互联网保险团队，与分支公司、各产品线合作开拓安徽省内互联网业务。

同时，高校及科研院校也将为适应市场发展需求，持续开展分层次、分体系、分专业的适应性培养，以提高保险业人才的精算、管理和营销能力，为互联网保险行业注入高质量的人力资源。第三方培训机构作为高校和企业之间的桥梁，也将大量开设此类课程，以适应互联网保险行业的人才需求。

四、产品和服务创新驱动行业升级

通常而言，保险产品标准化程度越低，越难以推广，而较为复杂的保险产品也不适于互联网“场景化、碎片化”的营销方式。因此，开发更具竞争力的保险产品以及便捷式服务，突破现有模式的桎梏，创造更为广阔的平台，是互联网保险当前面临的最大挑战，互联网保险的竞争将是基于用户体验的服务创新能力的竞争。

今后的互联网保险企业将会通过对市场和客户群的分析，一方面打造产品创新，另一方面，寻找服务创新，从服务创新里寻找发展策略，并加以复制推广。同时与周围发达区域和先进企业加强交流学习，引进消化吸收，结合安徽省的实际进行改造，把自主创新与引进吸收有机结合起来，完成系统、产品、流程升级再造，降低运营成本，提高效率，加速产品创新进程。实现客户需求推动的“被动”创新和场景开发推动的“主动”创新的结合，开发个性化产品，丰富产品种类，以不断满足消费者日益增长的风险保障需求。在未来的保费设计上，随着个人行为的全面数据化，每个人都能形成自己的风险档案，为产品定价时根据产品特征和消费者个人风险特征制定“千人千面”的保费，在整体上最大化保障消费者的利益和降低保险公司成本。

五、严监管态势持续，监管科技将进一步完善

互联网保险风险的暴露已引发监管层的高度关注，未来互联网保险的监管将体现“机构持牌、人员持证、线下线上统一监管、鼓励创新”等原则。

互联网保险的本质是保险，必须由持牌保险机构来参与，参与互联网保险销售人员也必须要持证；坚持监管审慎的原则，以适应数字化、场景化、智能化发展的保险业发展趋势，完善监管科技，同时监管范围也将拓展至保险科技相关领域，可以考虑将与保险相关的科技公司、数据提供公司纳入监管范畴；消费者权益日益得到尊重，监管层面将坚持保护消费者

利益原则，切实保护消费者的知情权、自主选择权、个人信息安全。要求科技保险公司或互联网销售渠道加强信息披露，确保条款显著位置可视性和理解的一致性；对互联网销售的保险产品进行前期测试，对可能引起歧义或误解的条款充分告知；制定针对保险业发展的数据安全法律，确保相关数据能够合理应用。

未来，对于创新，监管层将以规范发展为前提，对于促进互联网保险的发展要持包容态度，但对于第三方网络平台的不合规行为也将持续严密监管。此外，强化保险监管技术支撑也将成为未来互联网保险监管的发展方向，除了传统的信息系统建设外，监管科技已经成为新兴的研究和应用领域，利用机器学习、人工智能、分布式账本、生物识别技术、数字加密以及云计算等将大幅提升监管效能。

第六章　安徽互联网支付业务发展情况

作为核心金融基础设施之一，支付在一国金融业乃至整个国民经济运行的地位十分重要。近十几年来，随着互联网技术与金融业的不断融合，传统支付领域正在发生着翻天覆地的变化：从单一的银行支付到第三方支付，从业机构类型和数量显著增加，以支付宝、微信为代表的新兴支付机构为整个行业带来了许多革命性的改变；从银行卡到电子钱包，从刷卡支付到刷脸支付，从电子支付到快捷支付、移动支付、聚合支付，支付技术越来越先进，支付产品越来越丰富，服务越来越便捷；从单纯关注资金流到强调支付场景化、智能化，强调提供综合化解决方案，支付领域的市场边界越来越宽，作用越来越突出。从全球范围看，中国支付领域的发展令人瞩目①，尤其是在移动支付上已遥遥领先。

在这样的大背景下，安徽互联网支付业务也步入发展的快车道，支付场景日益丰富，移动支付、聚合支付快速发展，基础设施进一步完善，发展前景广阔。值得注意的是，当前安徽互联网支付业务发展在支付安全、机构合规经营、盈利模式可持续性及监管长效机制建立等方面仍存在着诸多亟待解决的问题。

第一节　安徽互联网支付业务发展现状

据中国人民银行合肥中心支行提供的数据，截至2018年末，安徽省境内取得支付业务许可证的法人支付机构为5家，均从事预付卡的发行与受理业务；外省支付机构在安徽省境内备案分支机构为38家。也就是说，由于省内第三方支付机构均未能取得互联网支付牌照，目前安徽互联网支付市场的从业机构除了传统的银行业金融机构外，其他均来自省外机构如银联商务、支付宝、微信等在安徽设立的分支机构。通过调研发现，无论是银行业金融机构还是新兴的第三方支付机构，近年来都纷纷把互联网支付业务发展上升到战略层面，在安徽境内的人力物力投入明显增加，从业者普遍反映省内支付市场的竞争越来越激烈。

从市场格局来看，在第三方支付市场上，随着移动支付的快速发展，支付宝和微信在C端市场上占据了绝对优势，形成寡头垄断。银联商务则凭借其多年省内市场深耕和100%的县域业务覆盖率，发力B端市场，优势日益突出。其他机构如京东支付、拉卡拉支付等也凭借各自的场景优势、技术优势，快速抢占市场。在传统的银行业支付市场上，各大商业银

---

① 2018年10月，咨询和技术服务公司凯捷（Capgemini）联合巴黎银行（BNP Paribas）发布了《2018年世界支付报告》。该报告显示，在2015—2016年的无现金支付总次数方面，中国仅次于美国和欧盟，位居第三，但非现金交易占总结算份额增速排名世界第二。

行正在快速推进自己的支付品牌，如工行的“工银 e 支付”、农行的“农银快 e 付”、建行的“龙支付”等。值得一提的是，由徽商银行打造的“徽银 e 付”和安徽省联社打造的“金农信 e 付”在 2018 年均取得了令人瞩目的成绩。

尽管由于条件所限，我们无法直接给出安徽省内互联网支付业务的具体数据，但通过银行卡业务的相关数据也可以间接反映出近年来省内互联网支付业务的发展情况。据中国人民银行合肥中心支行提供的数据，截至 2018 年末，安徽省银行卡在用发卡数量为 24856.96 万张，同比增长 8.54%；共发生银行卡交易 562365.13 万笔，金额达 261823.12 亿元，同比分别增长 41.07%和 11.63%。其中，银行卡消费业务笔数、金额分别占银行卡业务总量的 48.19%和 9.82%，占比分别较上年同期上升 11.93 个百分点和 1.96 个百分点。银行卡转账业务笔数占银行卡业务总量的 38.69%，占比较上年同期回落 2.42 个百分点，金额占银行卡业务总量的 73.78%，占比较上年同期上升 2.36 个百分点，业务增长趋势明显。

总体来看，安徽省互联网金融支付业务发展主要有以下特点。

一、互联网支付场景日益丰富

随着移动互联技术的迅速发展，支付与场景结合更加紧密。多样化的场景使得支付行为变得越来越“短、平、快”；反过来，支付技术的提高又催生了更多的场景得以高效实现。二者交互作用，共同推动社会进步。正是充分认识到这一点，安徽省政府部门打造出“安徽省统一公共支付平台”，整合线上线下缴款渠道，满足广大群众便捷办理政务服务缴费和非税收入缴款的需求。2018 年 9 月 26 日，省财政厅与中国银联、支付宝和微信支付分别签署协议，在原有银行柜面代收的基础上，提供 POS 刷卡、扫码支付和 APP 支付等多种现场办理渠道，缴费人可任意选择银联、支付宝和微信进行支付，极大地提高了政务效率和便民服务水平，同时更是极大地丰富了省内互联网支付的场景内容。从 2017 年 10 月 26 日上线试运营到 2018 年 8 月末，该平台累计完成交易资金 20 多亿元，日均交易突破 2 万笔。

在移动互联网时代，用户的所有行为，包括支付在内的金融服务与社交互动，都将融入具体的场景里。但人们不会为了使用支付而去购物，而是在某个具体的消费场景里自然而然地使用各种支付工具，支付最终都是为了满足消费者生活场景中的某个需求。基于此，发力场景建设正在成为各商业银行和支付机构的首要任务。2018 年，围绕民生刚需，银联依托“云闪付”发力打造包括菜场及 15 分钟周边生活圈、公交地铁、餐饮、超市便利、公共缴费、自助售货、校园、食堂、医疗健康、交通罚款等“十大场景”；安徽省联社打造的“社区 e 银行”电商平台，截止到 2018 年 6 月 24 日，已经吸引了全省 120 万商户入驻，销售总额达 54.98 亿元；建行打造的“合肥火车站无感支付项目”在 2018 年 8 月 10 日正式启动，合肥火车站停车场实现“秒进秒出”，这也是省内金融机构首个无感支付停车场项目；继 2017 年 9 月腾讯乘车码在合肥上线之后，银联和支付宝在 2018 年相继进入合肥公交系统，实现了“微信扫码”“银联手机闪付”和“支付宝扫码”全覆盖，一部智能手机就能逛遍合肥。日益丰富的支付场景有力地促进了安徽互联网支付业务的快速发展。

二、移动支付业务规模延续高速增长态势

据工业和信息化部统计，2018 年安徽省内手机用户规模超过 5500 万户，位居全国第十。如今，手机不再仅仅是联结人与人的通信工具，更是成为日益重要的支付载体。互联网时代，人们生活趋于碎片化，大量随机性交易随之而来，移动支付很好地满足了这一需求，更广阔地覆盖了用户生活轨迹和场景。据中国支付清算协会发布的《2018 年移动支付用户调研报告》统计分析，当前我国手机支付用户规模已达到 5.7 亿户，有 80.1%的用户每天使用移动支付，移动支付已广泛应用于日常生活的方方面面（图 6－1）。

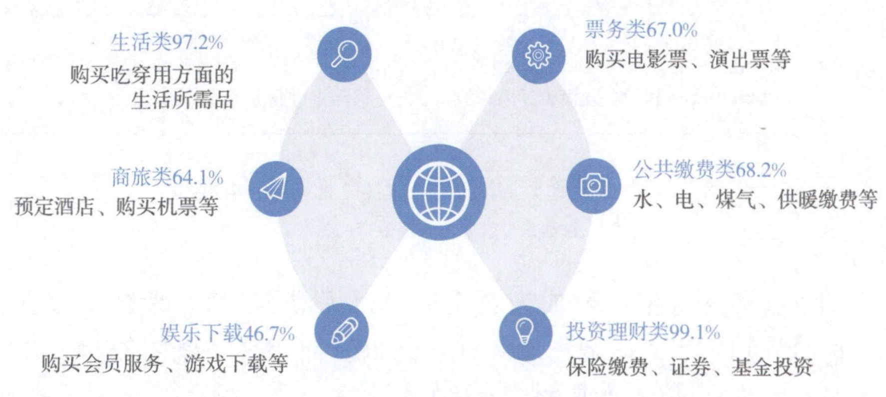

图 6－1　移动支付应用于居民日常生活的主要场景

数据来源：《2018 年移动支付用户调研报告》

据《中国支付清算发展报告（2019）》显示，2018 年中国第三方支付行业移动支付交易规模达到 207.1 万亿元，同比增长 72.2%。随着移动用户数量的快速增长，以及线下场景渗透衣食住行等多元化领域，移动支付已成为 C 端市场的主流。从市场份额来看，2018 年支付宝和微信支付合计占据 92.44%的市场份额，其中支付宝以 53.72%的占比居首位，微信支付的占比也高达 38.72%。其他如联动优势、易宝支付等机构的占比均在 1%以下。移动支付市场呈现寡头垄断格局。在场景方面，生活消费和投资理财是移动支付应用的两大主要场景，扫码支付、条码支付已为大多数消费者接受，并在零售、餐饮、公共交通等场景广泛应用。

银行业金融机构的移动支付业务增长势头同样显著。据中国人民银行总行的统计，2016—2018 年，银行业金融机构的移动支付业务笔数从 257.10 亿笔上升至 605.31 亿笔，交易金额从 157.55 万亿元上升至 277.39 万亿元，分别增长 135%和 76%。移动支付在电子支付中的占比显著提高，其中在电子支付总笔数中的占比从 35.63%提高到 51.43%，在电子支付总金额中的占比从 6.97%提高到 11.5%（图 6－2）。

三、市场竞争格局从 C 端转向 B 端

随着监管趋严、牌照收紧、备付金红利逐渐消失，第三方支付业务发展正面临新的转折。如前所述，凭借用户规模和支付场景，支付宝、微信占据着市场绝对份额。可以说在个

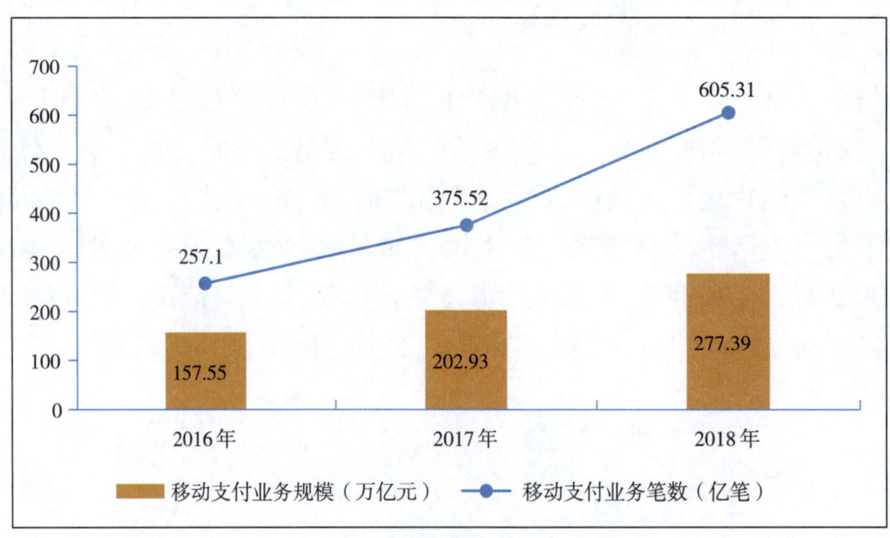

图 6－2　银行业金融机构移动支付业务发展情况

数据来源：中国人民银行网站

人移动支付领域，微信和支付宝已经成为真正的“巨无霸”，消费者账户端支付市场（即 C 端市场）几乎被它们分割殆尽。C 端市场的红利渐退，而服务于消费金融、P2P 借贷、第三方托管、供应链金融等领域的 B 端市场的价值开始凸显。

在这样的背景下，2018 年安徽省互联网支付市场的一个显著变化就是，B 端市场越来越受到支付机构的重视。例如，银联商务安徽分公司充分发挥其在 B 端上的优势，紧紧围绕 B 端产品，实现多种产品结合，包括支付、大数据、普惠金融，走综合化支付的路子。截至 2018 年末，服务商户 62 万户、累计布放各类终端 38 万台，年度实现各类收单业务交易额 6000 亿元。徽商银行通过将互联网支付与交易银行业务融合，以支付结算为基础，供应链金融、现金管理及跨境金融三大业务板块为主线，以“支付＋融资＋财资”为客户提供一站式综合金融服务解决方案，积极拓展 B 端市场。

四、农村市场与跨境市场成为支付机构关键布局点

近年来，城市区域互联网支付的市场竞争已经进入白炽化状态，广大农村地区的支付市场价值凸显。央行数据显示，2018 年，银行业金融机构为农村地区电子商务共提供收款服务 4.95 亿笔、金额达 5783.43 亿元，分别增长 7.68％、4.34％。非银行支付机构为农村地区网络商户提供收款 5.32 亿笔、金额达 2626.31 亿元，分别增长 92.53％、46.58％，尽管从交易金额来看，银行业金融机构仍占据明显优势，但从交易笔数和增长趋势来看，第三方支付机构在农村支付市场的发展势头十分迅猛。聚焦安徽，随着各银行和支付机构的业务下沉，传统金融手段难以满足的农村支付需求依托金融科技得以解决，广大的农村地区正在成为互联网支付业务的“蓝海区域”。

近几年，我国进出口贸易额的增速逐渐放缓，但是电子商务的交易额却增长迅速。2018 年 11 月，《安徽省人民政府办公厅关于印发支持跨境电子商务发展若干措施的通知》出台，

明确安徽要大力支持建设第三方跨境支付平台，对取得《支付业务许可证》并符合跨境支付标准、在安徽省开展跨境电子商务结算、年线上结算交易额超过 2 亿美元的第三方支付平台，给予一次性资金支持，单个支付平台可达 100 万元。在跨境电子商务的快速发展和政策的大力支持下，跨境支付正在成为机构争夺的重要领地。

五、监管的力度进一步加强

2018 年，对于支付机构，无论是事前风险防控还是事后行政处罚，无论是行政监管还是自律监管，监管机构都表现出积极主动的姿态，“客户备付金集中交存”和“断直连”两大举措进一步推进，其他相关政策密集出台。6 月 1 日，央行与证监会联合发布指导意见，要求非银行支付机构不得提供以货币市场基金份额直接进行支付的增值业务，不得从事或变相从事货币市场资金销售业务，不得为“T+0”赎回基金业务提供垫资。8 月底，中国人民银行办公厅又发布通知，要求排查客户端应用软件敏感信息保护、安全漏洞防护、信息传输安全等方面存在的隐患，切实防范支付业务安全风险。9 月 17 日，中国支付清算协会发布风险提示，要求各会员单位要严格按照相关法规制度和自律规范要求，切实加强对外包服务机构和受理终端管理，杜绝网上违规宣传和售卖受理终端行为。

2018 年，中国人民银行合肥中心支行针对安徽省内支付领域的违规行为共开出 21 张罚单，罚款金额达 124 万元，尽管罚单数较 2017 年略有下降，但罚款金额却明显上升（图 6-3）。其中，非银行支付机构被罚情况呈逐年上升态势，2016—2018 年，非银行支付机构接到的罚单数分别为 1 张、5 张和 9 张，被罚金额分别为 0 元、29 万元和 43 万元。

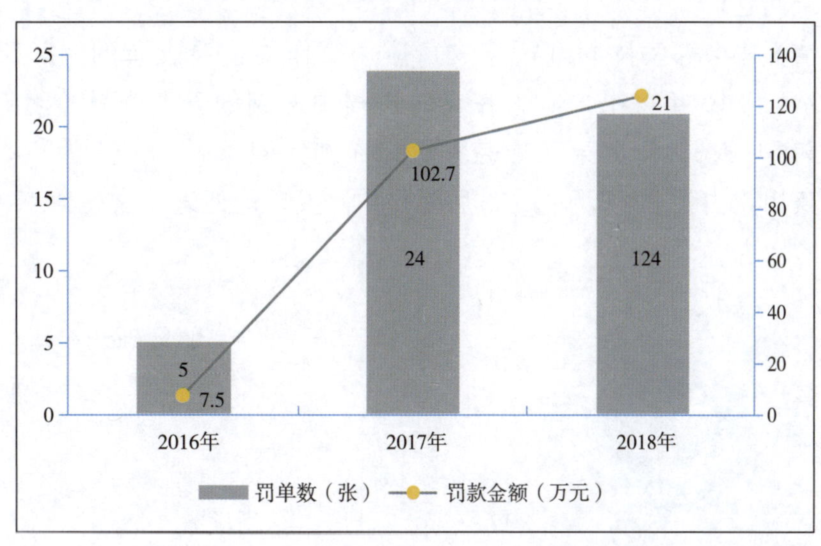

图 6-3　2016—2018 年安徽省支付领域的监管处罚情况

数据来源：根据中国人民银行合肥中心支行网站披露的信息进行整理

六、支付基础设施建设稳步推进

支付行业的长远发展离不开支付基础设施建设，2018 年，经过多方持续发力，支付基础设施建设稳步推进，特别是在认证和标准建设方面取得了突出进展。1月1日，中国支付清算协会制定的《支付技术产品认证自律管理规则》和《支付技术产品认证目录》正式实施。8月3日，全国金融标准化技术委员会发布《聚合支付安全技术规范》（征求意见稿），该规范提出了聚合技术平台的基本框架，规定了聚合支付系统实现、安全技术、安全管理、风险控制等要求，适用于从事聚合支付系统建设、服务运营的聚合技术服务商。11月，中国人民银行发布《云计算技术金融应用规范技术架构》《移动金融基于声纹识别的安全应用技术规范》等多个与移动支付相关的规范标准，标准是创新推广的桥梁，这些由银行、科技公司等多类型主体参与制定的标准，将为我国移动支付发展提供新助力。同时，中国人民银行也正在制定人脸识别、分布式账本、机器学习等多种标准。

第二节　安徽互联网支付业务发展面临的主要问题

当前，安徽互联网支付业务发展中仍面临着诸多难题，总体来看，主要集中在以下几个方面：

一、支付安全问题

在更加方便、快捷地实现支付的同时，如何保证支付安全？这始终是互联网支付行业发展必须直面的头等难题。总体来看，这个难题主要来自三个方面，即网络安全问题、资金安全问题和信息安全问题。

据中国支付清算协会移动支付和网络支付应用工作委员会发布的《2018年移动支付用户调研报告》显示，2018年，用户认为在支付过程中遇到的安全问题排名第一位是个人信息被泄露，占比为81.0%；排名第二位是手机扫描到伪假条码，占比为70.1%；排名第三位是账户资金被盗用，占比为67.5%；最后是付款码发送给他人，占比为41.2%（图6-4）。

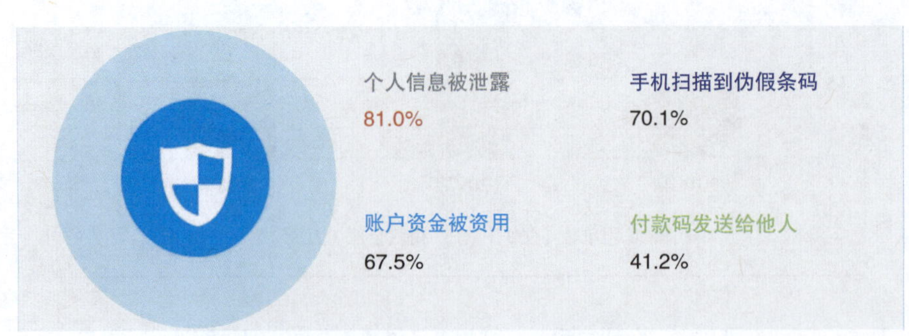

图6-4　移动支付过程中最常遇到的安全问题

数据来源：《2018年移动支付用户调研报告》

因此，监管当局要进一步规范支付清算市场发展，加强市场监督和支付安全性建设，推广和普及新兴支付工具的便捷性与安全性，杜绝安全漏洞，加强支付账户安全风险提示。支付机构要规范内部管理，加强用户隐私信息保护。同时，应采用更安全的加密技术，保护用户隐私，并加大对违法分子的处罚力度。此外，还应加强用户准入管理，严格落实支付账户实名制等监管制度，规范用户注册流程，有效保证支付账户的真实性。

二、机构合规经营问题

随着支付产业链条的延伸和市场参与者的不断增加，支付机构的合规意识及风险防控能力参差不齐，违规违法的情况仍然存在。例如，部分银行、支付机构公司治理机制有所缺位，合规意识仍需增强；部分银行、支付机构还存在违反反洗钱规定，为赌博等非法交易提供支付结算服务，侵害金融消费者合法权益，随意泄露支付敏感信息等问题。

合规经营是支付机构赖以生存的基本保障。在当前严监管态势下，支付机构要切实回归支付的本质，牢固树立合规意识，只为具有真实和合法交易背景的机构和个人提供支付服务，不谋求不当的利益；做好基础性工作，加强网络支付接口的管理，严格按照“KYC”的要求审核入网商户，加强交易背景和合法性的审核，加强大额和可疑交易的监控，加强商户巡检，确保接入的是真实的商户、交易背景真实合法、接口使用符合事前约定。

专栏 6-1 移动支付服务行业首度集体发起倡议 承诺合规经营

2018 年 12 月 3 日，32 家移动支付服务行业公司联合发布《移动支付服务行业关于加强行业自律　提升服务水平的联合倡议》，提出四项倡议：

第一，承诺合规经营。推动行业成员实行业务检查，随时查漏补遗，确保业务符合国家相关法律法规。对商家与服务平台的传播内容实施严格治理，加强自查自纠，坚决清理涉嫌违规内容。坚决不为非法交易、虚假交易、欺诈交易和洗钱活动提供服务。

第二，严格落实行业相关业务规范与技术规范。遵守《非金融机构支付管理办法》《非银行支付机构网络支付业务管理办法》等既有业务规定，按照《聚合支付安全技术规范（送审稿）》进行技术安全的自我梳理。建立行业与监管部门沟通的行业组织机制，积极响应并配合监管要求，有效支持行业标准与规范的制定与实施。

第三，提倡行业自律，开展行业合作。不以任何方式从事资金清算业务，保证业务与支付清算结算环节的有效隔离。加强支付敏感信息保护，切实保护用户数据。完善支付风险监控，加强监管科技研发。打造自律企业标杆，向全行业开放相关能力。

第四，努力提升行业服务水平。提倡良性竞争，杜绝虚假与夸大宣传，共同建设有序健康的行业环境。大力推动移动支付服务深度融入实体经济，持续助力中小微商户的繁荣发展。有效推进中国移动支付产业出海，尤其在“一带一路”沿线国家的普惠式发展。

三、盈利模式可持续性问题

一般来说，支付机构的收入主要来源于支付服务手续费，即为商家提供支付软硬件、行业解决方案等收取的服务费。与欧美市场百分之几的支付服务手续费相比，我国支付机构的支付服务手续费偏低，仅为千分之几，如支付宝和微信的二维码手续费率一般在0.6%左右。由于市场竞争激烈，这部分收入对应的成本也较高，再加上同质化竞争严重，导致价格战盛行，单纯依靠支付服务手续费难以支撑支付机构的实际运营。因此部分支付机构长期以来主要依靠客户备付金的利息及投资运作为盈利来源。值得一提的是，备付金对支付机构的意义不仅仅在于获取利息收入和投资收益，还是与银行议价的重要筹码，手中持有的备付金能够让支付机构对银行获得议价权，在通道费率、限额等方面也有了差异化的询价空间。

然而，2017年以来监管层推出的"客户备付金集中交存"和"断直连"两大政策彻底打破了支付机构原有的盈利模式。客户备付金100%交央行集中存管后，将不再产生利息，支付机构不仅失去了一部分利息收入，更重要的是失去和银行议价的主动权，例如汇付天下招股说明书中披露，2015年、2016年及2017年，该公司客户备付金指定银行账户产生的利息收入分别为2310万元、3470万元和6000万元，据此可以很容易推断出"客户备付金集中交存"对该公司的后续影响。"断直连"的影响同样显著，支付通道将从原三方模式（商户端—支付机构—银行）转变为四方模式（商户端—支付机构—网联/银联—银行），原先以备付金存款为筹码压低银行快捷支付等手续费的现象已不复存在，支付机构业务经营成本显然会出现大幅上升。

因此，支付机构必须加快转变发展模式，加大科技创新和商业模式创新力度，积极拓展新的利润空间。例如，对那些缺乏场景支撑的中小支付机构来说，可以考虑向B端突破，扎根垂直细分行业，为产业链上的企业提供综合金融解决方案。此外，也可以通过拓展广告营销、消费金融、财富管理等服务，实现盈利模式的多元化。

四、建立长效监管机制问题

尽管近年来针对互联网支付业务的监管力度不断加强，但监管的长效机制仍未能真正建立。主要表现在：一是支付结算法规层级较低。相比于美国、日本等国，我国互联网支付监管法规多为部门规章和规范性文件，法律立法层级较低，惩处手段和震慑力不足，影响监管效能。二是监管协调机制不健全。由于互联网支付具有较强的跨主体、跨行业、跨地域等特点，在当前的分业、分级监管体制下，容易出现监管空白与重复监管并存的不利现象。三是监管手段亟须改进。支付产业供给主体和业务模式日益多元化、复杂化，通过网络技术跨领域、跨市场、跨行业深度应用和跨界整合加快，给监管部门如何运用金融科技和大数据分析等手段准确把握业务实质并识别业务风险带来挑战。

针对上述问题，一方面，要坚持严监管常态化，保持监管定力，加强监测、抓早抓小、提前防范；另一方面，要遵循创新监管理念，运用金融科技、大数据分析等优化监管手段，形成严格监管的有力抓手。具体而言，一是提升支付结算法规层次，补足支付结算法规体系短板，如加快推进非银行支付机构条例立法，研究制定支付结算法。二是强化统筹协调，加强跨部门跨区域的监管合作。既要加强中央与地方金融监管统筹协调，实现对各类金融活动的监管全覆盖，又要加强金融管理部门和政府职能部门的协调配合，共同承担风险防范和整治任务。三是加大大数据在支付监管中的应用。研究建立大数据监管平台，提高科学决策和风险预判能力，实现在线监管、实时监测、精准治理。

第三节　安徽互联网支付业务发展的趋势与展望

从上文的分析中可以看出，近年来，互联网支付领域正在发生着深刻的变革，呈现出防范和化解支付风险向常态化转变、支付服务市场结构向稳定优化演进、支付领域金融科技应用向商用阶段迈进等明显趋势。展望 2019 年，互联网支付行业发展或将表现出以下特点：

一、行业结构将继续优化调整，推动支付回归本源

近年来，随着金融科技的推广运用及一系列政策的出台，互联网支付的发展环境明显改善，支付基础设施建设日渐完善，商业银行、清算机构、第三方支付机构等市场参与者在支付产业链的定位分工将更加明确，逐步形成开放、竞争、合作的良性市场格局。在这一过程中，优胜劣汰的市场出清仍将持续，那些幸存下来的支付机构将通过积极寻求变革转型，逐步回归到注重支付服务体验与产品创新，回归到支付本源。即通过加大创新投入和服务升级等方式吸引客户，提升品牌知名度和认可度，更好地满足人民群众和实体经济多样化的支付需求。未来，那些具备较强合规意识、风险防范能力、金融科技创新能力和服务思维的支付机构将迎来新的发展阶段。

二、围绕场景和 B 端市场的争夺更加激烈，市场下沉步伐加快

如前所述，2018 年，网联平台正式投入运营，支付机构直连银行全面切换，客户备付金基本实现 100％集中存管，支付机构盈利能力和业务空间被大幅挤占。在这样的背景下，部分支付机构迅速调整业务逻辑，借助支付功能融入消费场景获取批量场景客户，进而通过场景客户的深耕经营实现收益，逐步走出一条“深入场景、经营客户、衍生获利”的经营之道。面对支付机构对场景的争夺，商业银行也不甘落后，在不断优化自身支付产品体验的基础上，及时转变经营思路，积极深入消费场景，参与这场场景争夺战。预计 2019 年，场景争夺战将更加激烈。

预计争夺同样激烈的还有 B 端市场。相比 C 端市场，B 端市场仍是“蓝海”。对于众多中小第三方支付机构来说，由于缺乏场景和流量，且和巨头相比资金实力不够强大，C 端竞争优势较小；但在面向中小 B 端客户时具备着交流成本较低、服务灵活的优势，同时 B 端客户一般单笔资金较大，较 C 端更为集中，在开拓客户资源时对流量的要求较低，因此还存在着较大的争夺市场空间。

在线上线下融合程度不断加深的趋势下，支付机构对于线下场景渗透布局重视程度也不断提高。此外，目前互联网支付产品在省内城市中渗透率高，但在县域市场仍然具有广阔的挖掘空间。因此，支付机构的业务下沉也将是2019年值得关注的重点。

三、支付技术变革持续推进，新兴技术的应用更加规范

支付创新变革离不开金融科技的推动。区块链技术、生物特征识别技术、可穿戴设备等新技术应用正在推动移动支付领域变革。以刷脸支付为例，2018年，银联、支付宝、微信三大巨头纷纷推出刷脸支付产品，刷脸消费、刷脸乘车、刷脸缴费等，刷脸支付的应用场景越来越多。随着应用不断深入，刷脸支付引发了新的问题：如，技术安全性问题。目前人脸信息是需要调取公安部数据库，任何企业都不能储存人脸信息，那么如何确保人脸信息在传输、比对过程中不被泄露，这或成为一个焦点。再如，多个支付方式、多个终端对商户的困扰。支付宝、微信支付、银联三大巨头已经入局刷脸支付，银行和互联网强企也跃跃欲试，但是每家刷脸支付终端都不兼容其他的支付方式，这对商户来说无疑是极大的困扰。

技术的迭代更新、进化发展不仅是市场的需要，也是监管的要求。可以预见，2019年，为了解决当前的技术困扰，金融科技领域的技术变革仍会加快进行，同时或将有更多行业规范及技术标准被推出，以规范新兴支付技术的发展。此外，值得关注的是，区块链技术将有望在2019年的支付领域实现更大规模落地。2018年，支付宝已经率先在跨境支付、房屋租赁溯源、医疗电子票据、电子处方和公积金等领域实现了区块链的落地应用。

四、严监管趋势不改，反洗钱监管力度进一步加大

2019年初的全国互联网金融风险整治会议明确提出，下一步要坚定持续推进专项整治工作。可以预计，2019年互联网支付监管趋严的态势仍会持续。一方面，监管层将从业务规范、产业资质、受理终端等方面入手，不断加大对支付市场的监管力度，使支付市场回归本源、参与主体回归本位，从根本上化解市场长期累积的各类风险，坚持在发展中监管、在监管中发展的理念，以监管促发展；另一方面，监管层仍将继续保持对违法违规行为的高压态势，重点打击支付领域存在的种种乱象和违法违规行为，如为赌博等非法交易提供支付结算服务行为，扰乱支付市场秩序、侵害消费者合法权益等行为，违反条码支付业务规范行为，无证经营支付清算业务，支付敏感信息泄露、参与伪卡欺诈等违规行为，非法改装、恶意篡改终端信息等违规行为，套码、切机等违规行为。

近年来，反洗钱监管已成为互联网金融监管的重要内容。2018年，央行陆续公布了多份相关文件，要求各类金融机构进行全流程反洗钱工作，强化客户及其受益人的身份识别管理。同时加大对反洗钱违法违规行为的处罚力度，如寿县农村商业银行、潜山农村商业银行等多家机构因反洗钱不力受到央行的处罚，银行和第三方支付机构面临的反洗钱压力倍增。预计2019年，随着《互联网金融从业机构反洗钱和反恐怖融资管理办法（试行）》正式实施和跨境支付业务规模的扩大，监管层对反洗钱的要求还会愈加严格，反洗钱监管力度也将进一步加大。

第七章 安徽 P2P 网贷业务发展情况

从快速发展到整顿规范，P2P 网贷行业在安徽市场上已经走过了 6 个年头。市场变幻莫测，2018 年省内 P2P 网贷平台数量、业务规模都出现了较大幅度的缩减，从年初平台向合规冲刺，到年中备案延期雷潮出现，再到危机后的行业大洗牌，对于 P2P 网贷行业来说，2018 年可谓是不平凡的一年。本章以 2018 年安徽省 P2P 网贷行业数据为基础进行现状分析及问题剖析，并对行业的发展做进一步的展望。

第一节 安徽 P2P 网贷业务发展现状

纵观 2018 年安徽 P2P 网贷业务，一方面，无论是在规模还是在成交量上都出现了显著降低的趋势，行业发展陷入低迷态势；另一方面，业务经营的合规性不断增强，产品创新持续推进，业务发展的活力依然存在。为了更加全面、客观地展现 2018 年安徽 P2P 网贷业务的发展全貌，本节选取平台数量、区域分布、股东背景、注册资本、成交量、借贷余额、借贷余额笔数、利率、期限、出借人、借款人、业务结构、产品创新和合规建设等多个指标进行分析。

一、平台数量与区域分布

截至 2018 年末，安徽省内监测到的 P2P 网贷正常运营平台共 43 家，考虑到亿丰普惠和惠黎金融政务贷在省外注册，因此省内 P2P 网贷正常运营平台数合计 41 家。从 2018 年全年来看，正常运营平台数呈先增后减的趋势，上半年省内正常运营平台数量保持稳中有升的态势，5 月份增至 56 家，达到全年高峰，但之后由于行业发展及经营环境出现变化，7 月份正常运营平台数急速下滑，一个月内有 11 家平台发生“爆雷”，其中不乏一些大中型网贷平台，如好车贷、皖乾商贷、胜辉贷等多家平台还因涉嫌犯罪被经侦立案，之后，随着合规检查工作的启动，部分平台良性退出，年末正常运营平台数趋于稳定（图 7-1）。

从区域分布上看，安徽 P2P 网贷平台依然呈显著的集聚态势。截至 2018 年末，安徽省正常运营的 41 家 P2P 网贷平台中有 25 家聚集在省会合肥，占全部正常运营平台数的 58.5%。其余 16 家平台零散分布于各地市，宣城有 3 家，芜湖、铜陵、黄山和阜阳均有 2 家，池州、蚌埠、淮北、滁州和淮南各有 1 家。相比于 2017 年末，六安、宿州、马鞍山均已不存在正常运营的 P2P 网贷平台。

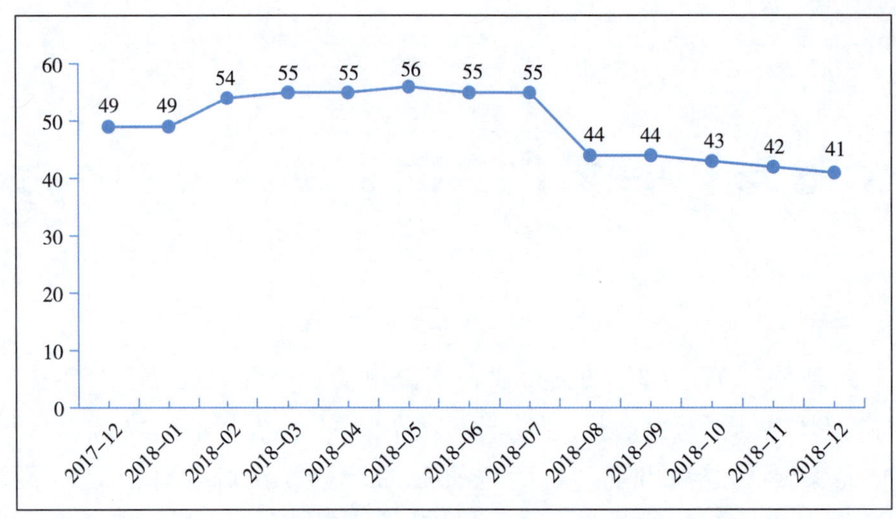

图 7-1　2018 年安徽省 P2P 网贷正常运营平台数变化情况

数据来源：安徽省互联网金融协会

二、股东背景与注册资本

在现有的 41 家正常运营平台中，36 家为民营背景，占平台总数的 87.8%；5 家为国有控股背景，占平台总数的 12.2%，分别为德众金融、国元网金、徽盐金融、“1+1 贷”和兴泰财富（图 7-2）。

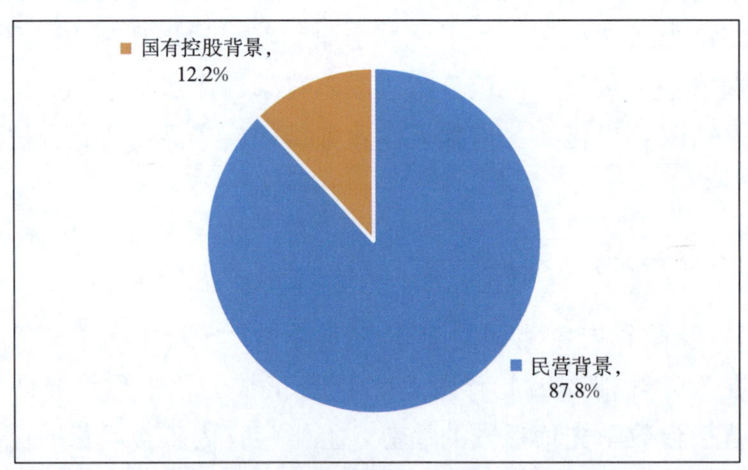

图 7-2　安徽省正常运营的 41 家 P2P 网贷平台背景

数据来源：网贷之家

为了更深入地反映省内平台注册资本情况，我们对各平台官网公布的资本信息进行了分析，截至 2018 年末，省内 41 家正常运营的 P2P 网贷平台总注册资本为 22.623 亿元。

如图 7-3 所示，将 41 家平台分成三个层级——注册资本超过 1 亿元的平台为第一层级、注册资本在 5000 万元（含）至 1 亿元之间的平台为第二层级、注册资本不足 5000 万元的平台为第三层级。通过对三个层级的分析可知，安徽 P2P 网贷平台间的注册资本规模差异十分显著。

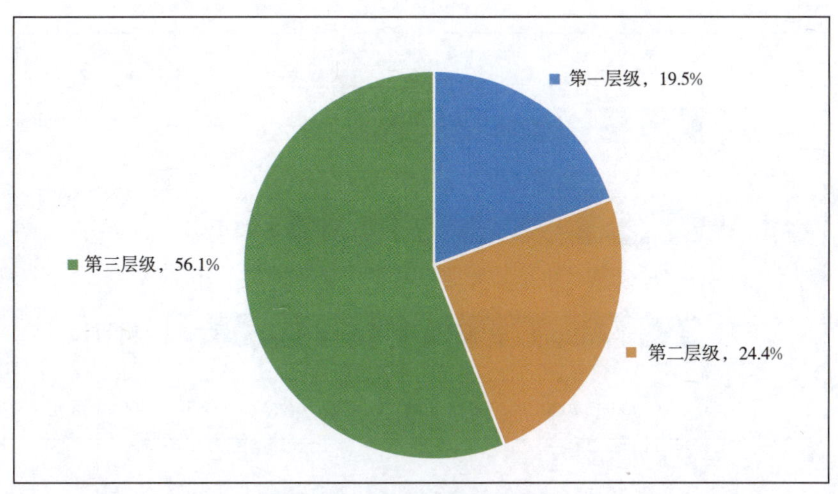

图 7-3　安徽省 P2P 网贷平台注册资本不同层级的占比情况

数据来源：各平台官网

第一层级平台有 8 家，仅占正常运营平台数的 19.5%。亿元平台数量虽少，但注册资本之和高达 130001 万元，在总注册资本中占比达到 57.46%。如图 7-4 所示，新安左右贷以 50000 万元注册资本高居榜首。值得注意的是，2017 年原位于第二层级的国元网金在 2018 年完成增资扩股，实缴注册资本金由 5000 万元增至 20000 万元，跃至第二位。点鑫金融以 10001 万元注册资本位列第三。新华久久贷、步步盈、红顶金融、e 典贷和徽商众投 5 家平台注册资本皆为 10000 万元。

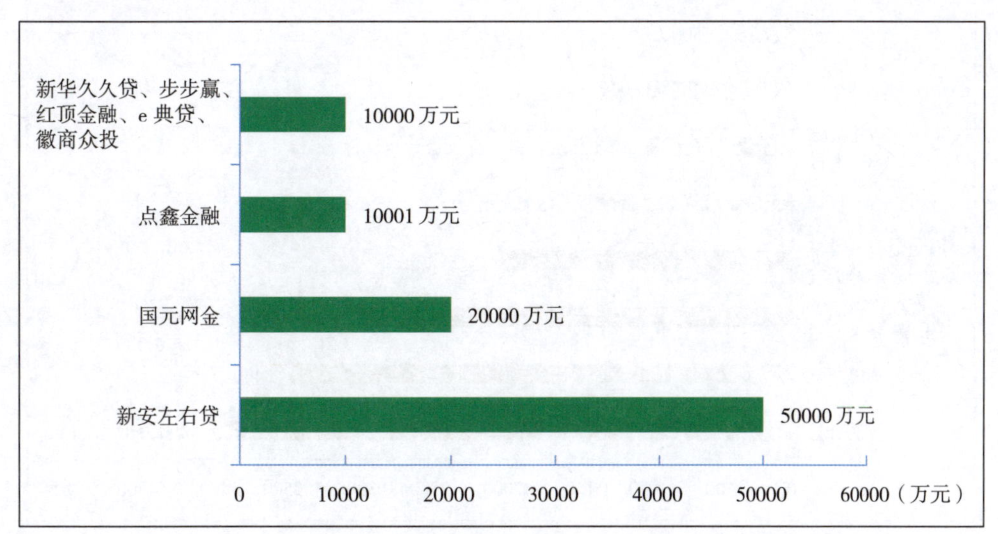

图 7-4　第一层级平台注册资本情况

数据来源：各平台官网

第二层级平台有 10 家，约占正常运营平台总数的四分之一，该层级注册资本总和为 53300 万元，在总注册资本中占比 23.56%，与平台数量占比十分接近。如图 7-5 所示，该层级注册资本最高的平台为货融贷，达到 7500 万元，金福财富以 5800 万元的注册资本紧随其后，而房易贷、功德融等其余 8 家平台的注册资本皆为 5000 万元。

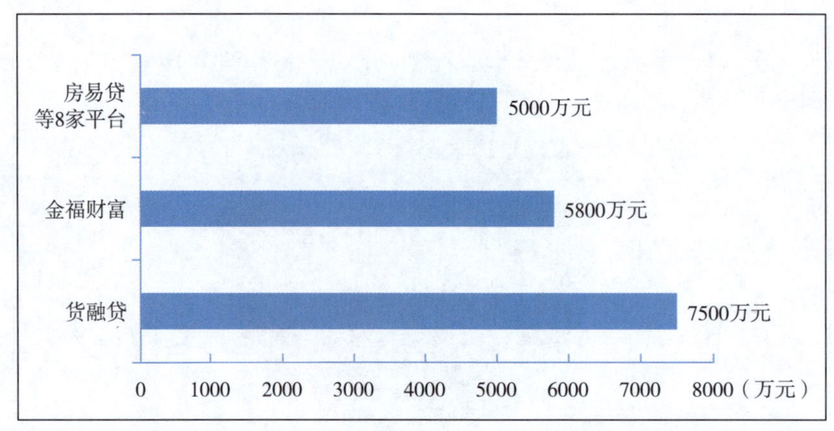

图 7-5 第二层级平台注册资本情况

数据来源：各平台官网

第三层级平台有 23 家，超过正常运营平台总数的一半，注册资本之和为 39999 万元，仅占安徽省全行业注册资本总量的 17.68%。如图 7-6 所示，智道财富以 4000 万元注册资本，在第三层级排名第一；紧随其后的是皖都金融，注册资本为 3430 万元；宏东资本、奇乐融等 5 家平台注册资本为 3000 万元；德众金服、悦享金服等 5 家平台注册资本为 2000 万元；一百贷的注册资本为 1500 万元；其余以徽盐金融为代表的 10 家平台注册资本均为 1000 万元及以下。

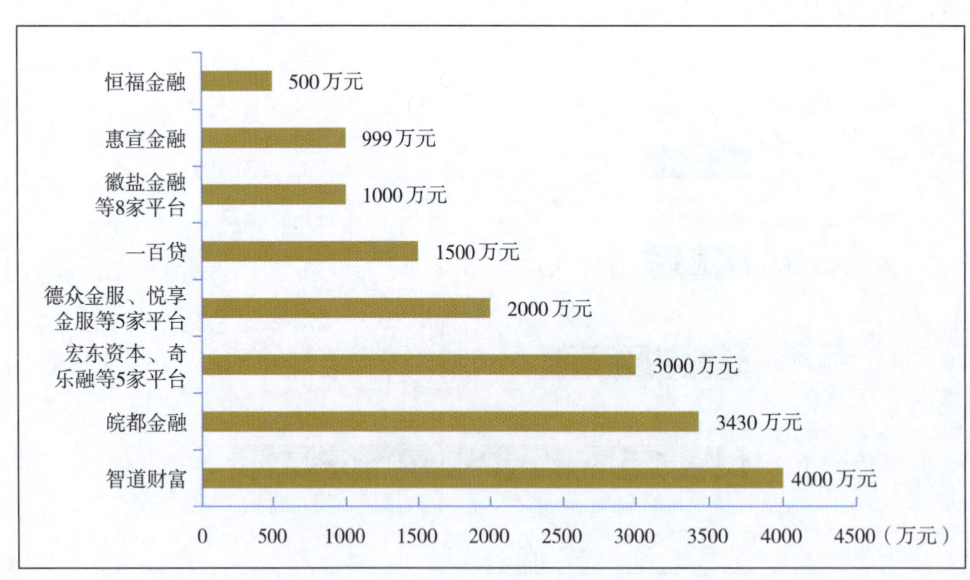

图 7-6 第三层级平台注册资本情况

数据来源：各平台官网

三、成交量

据安徽省互联网金融协会提供的数据，2018 年安徽省正常运营 P2P 网贷平台中先后共有 23 家平台向其报送运营数据，由于下半年的“爆雷”风波，这 23 家平台中有 5 家陆续出现问题，截至 2018 年 12 月，共有 18 家平台向协会报送运营数据。根据统计数据显示，将报送平台成交量逐月加总，得出 2018 年省内可监测平台成交量合计为 93.99 亿元，仅占 2018 年全国 P2P 网贷行业成交量的 0.52%[①]，与省内正常运营平台数占比相差甚远。

从可监测平台来说，2018 年上半年可监测平台一直保持在 23 家，6 月开始的“爆雷”潮导致部分平台陆续出现问题，截至 2018 年末，安徽省互联网金融协会可监测平台减少至 18 家。可监测平台数量的变化，使得可监测平台累计成交总额、单个平台平均累计成交量也出现相应波动。上半年可监测平台累计成交总额稳步上升，6 月，累计成交总额达到全年最高值 351.57 亿元，相比 2017 年末增长 19.86%；单个平台平均累计成交量同样达到峰值 15.29 亿元，相比 2017 年末增长 19.45%。下半年，可监测平台成交额数据波动明显，7 月，累计成交总额位居安徽首位的好车贷突然“爆雷”，造成累计成交总额出现断崖式下降，统计数据显示，好车贷在 6 月累计成交总额就已经突破 60 亿元，第四季度相继有网汇贷、万家贷、乐金所、皖都金融出现问题退出监测。至 2018 年末，全省 P2P 网贷行业累计成交总额达到全年最低值。2018 年末累计成交总额较 2017 年末同比减少 9.51%，但单个平台累计平均成交量却有所上升，同比增长 15.23%。

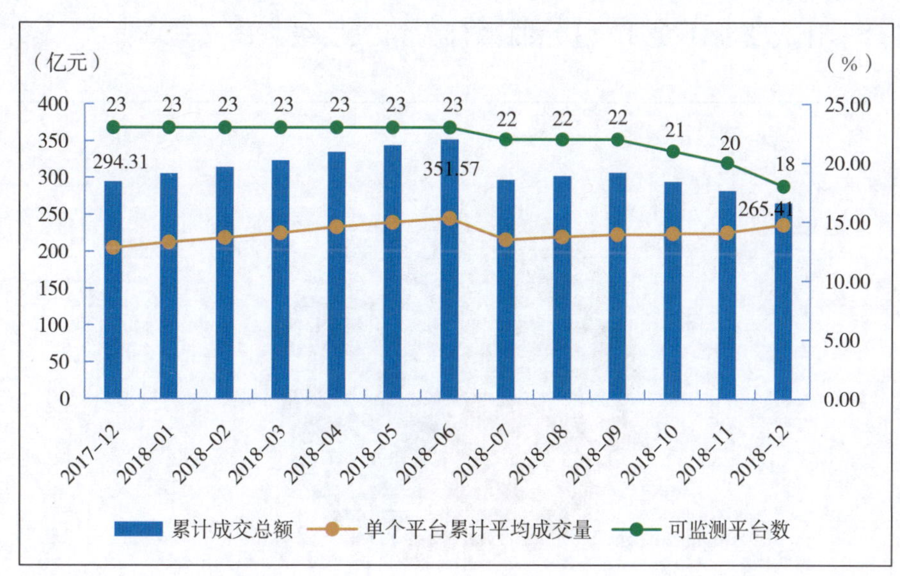

图 7-7　2018 年安徽省可监测平台数、累计成交总额、平均累计成交量变化情况

数据来源：安徽省互联网金融协会

就单个平台来说，2018 年，以在监测的 18 家平台为例，新增成交量前十名的 P2P 网贷平台成交量合计新增 56.52 亿元，其中徽盐金融、濡江财富新增成交量均突破了 10 亿元，国元网金、奇乐融和果儿金融三家平台紧跟其后，新增成交量也均超过 5 亿元（图 7-8）。

① 网贷之家《2018 年中国网络借贷行业年报》显示，2018 年全国 P2P 网贷行业成交量为 17948.01 亿元。

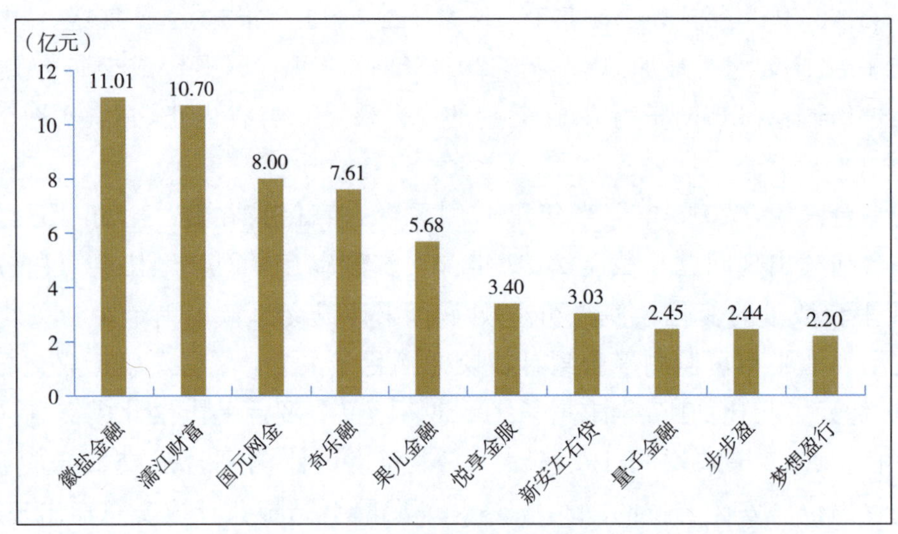

图 7－8　2018 年新增成交量前十名 P2P 网贷平台及新增成交量

数据来源：安徽省互联网金融协会

为更好地反映安徽省 P2P 网贷平台体量情况，将 18 家在监测平台分为以下三个层级：累计成交量在 20 亿元及以上的平台为第一层级；累计成交量在 10 亿元～20 亿元之间的平台为第二层级；累计成交量不足 10 亿元的平台为第三层级（图 7－9）。

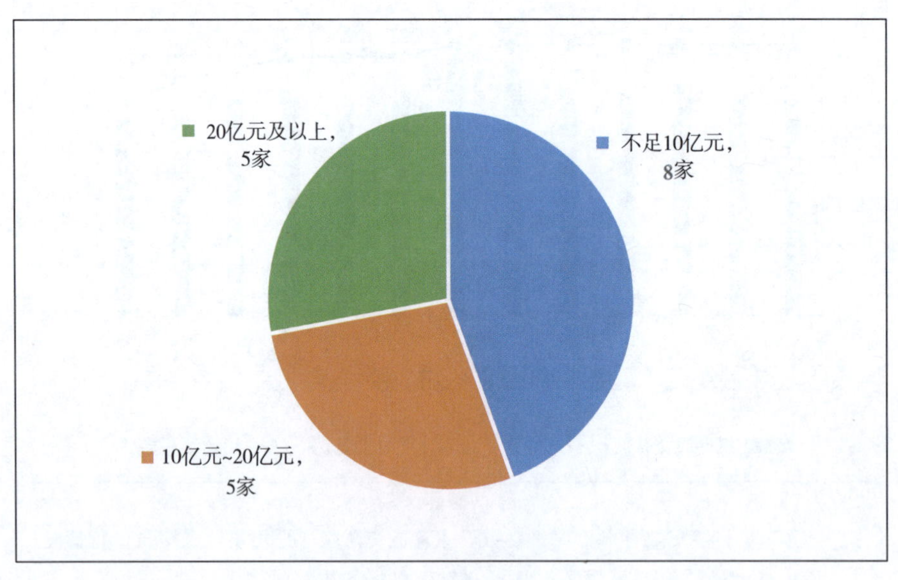

图 7－9　2018 年安徽省可监测 P2P 网贷平台累计成交量区间数量

第一层级的平台有 5 家，累计成交量 158.15 亿元，比 2017 年增加 1 家，累计成交量增加 24.64 亿元，且累计成交额占可监测平台累计成交额的 57.59％，这一数值也比上年增加了 10 个百分点。好车贷的“爆雷”，也使得第一层级中累计成交额最高的平台变成 2017 年排名第二的徽盐金融，国元网金、果儿金融也由 2017 年的第二层级跃升至第一层级。

第二层级的平台有 5 家，累计成交量为 72.93 亿元，占可监测平台总成交量的 26.56％，与平台数量占比接近。但是，相比 2017 年来说，这一层级的平台数量及累计成交

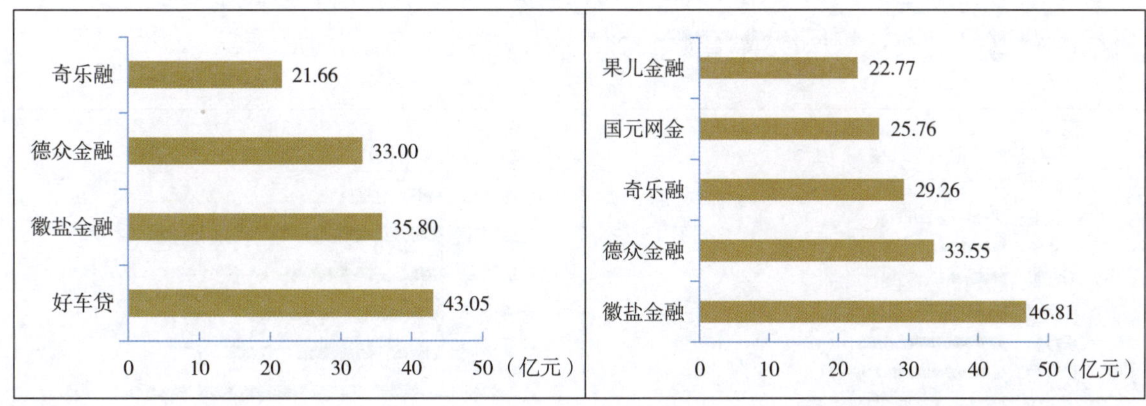

图 7－10　2017 年（左）及 2018 年（右）累计成交量超 20 亿元的平台

数据来源：安徽省互联网金融协会

总额都有明显下降，10 亿元～20 亿元之间的层级成为变化最大的层级，2017 年末位于该层级的平台共有 8 家，累计总成交量达 108.01 亿元。究其原因，一是原在第二层级的国元网金和果儿金融两家平台成交量增加，升至第一层级；二是万家贷、乐金所、网汇贷这三家平台因为经营出现问题，均在 2018 年先后退出市场；三是原先在第三层级的濡江财富表现亮眼，如前文所述，2018 年度以 10.7 亿元的新增成交量大幅提高排名位数，累计成交量由 2017 年的 8.17 亿元增加至 18.87 亿元，跃升至第二层级，这样的增幅在同层级平台中仅此一家。除此之外，众隆金服也在年初新增成交量，由 2017 年的第三层级第一位升至第二层级末位，但该平台在 2018 年 3 月之后业务基本零增长，新安左右贷、梦想盈行和“1＋1 贷”三家平台继续留在第二层级，2018 年分别以 3.03 亿元、2.2 亿元和 1.86 亿元的成交量稳定增长（图 7－11）。

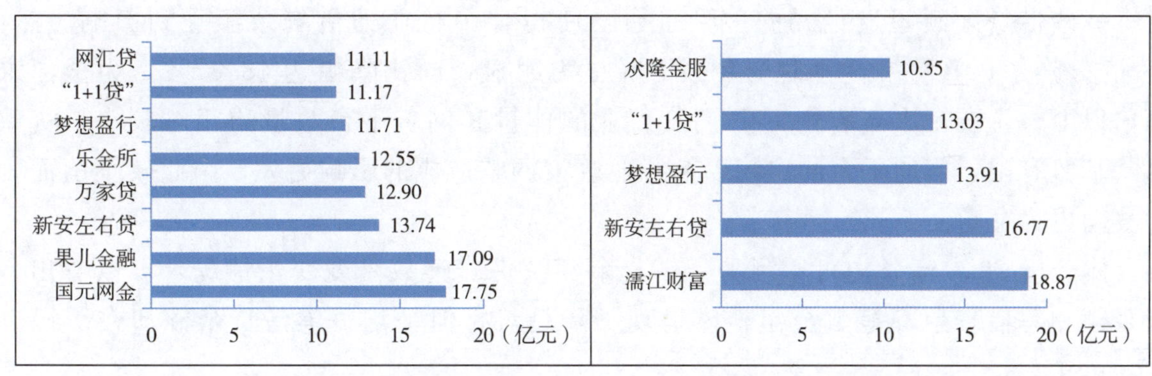

图 7－11　2017 年（左）及 2018 年（右）累计成交量 10 亿元至 20 亿元的平台

数据来源：安徽省互联网金融协会

截至 2018 年末，累计总成交量位于第三层级的平台有 8 家，接近可监测平台数目的一半，这一层级平台数量虽多，但累计成交总量却仅有 43.53 亿元，占比仅为 15.85%。如图 7－12 所示，2018 年步步盈、新华久久贷累计成交量超过 9 亿元，悦享金服、量子金融和房易贷三家平台的累计成交量均在 6 亿元上下，兴泰财富累计成交量超过 3 亿元，其余两家平台累计成交量均在1亿元左右。与2017年相比，该层级仅有众隆金服升至第二层级，皖都金融出现问题退出市场，该层级成交总量变化不大。

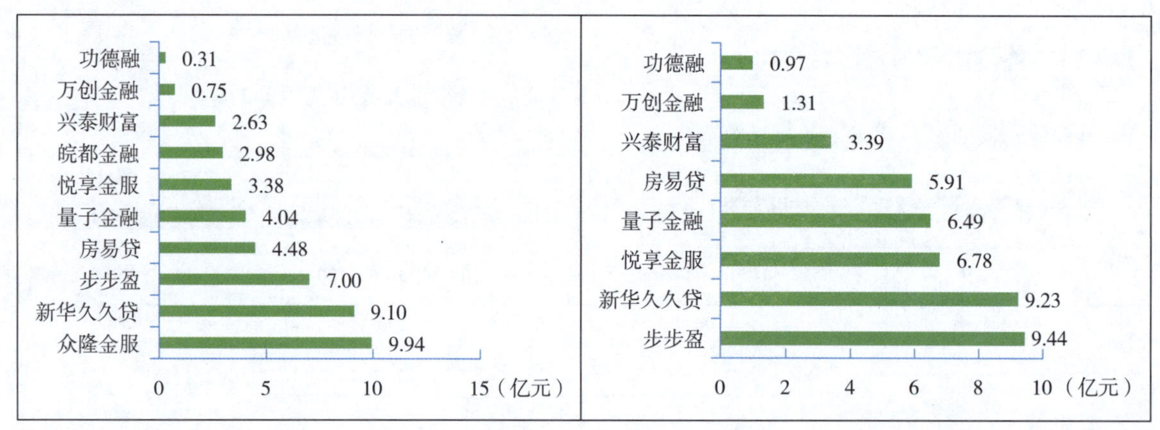

图7-12 2017年（左）及2018年（右）累计成交量低于10亿元的平台

数据来源：安徽省互联网金融协会

四、借贷余额与借贷余额笔数

据安徽省互联网金融协会数据，截至2018年末，18家可监测P2P网贷平台借贷余额总量为28.99亿元，仅占2018年全国P2P网贷行业借贷余额7889.65亿元[①]的0.37%，2018年以来，受行业发展环境影响，行业景气值有所降低，不论从全国范围还是就安徽省内来看，借贷余额总量均有明显降低。一方面是由于2017年8月以来监管部门针对"合规业务""存量违规业务"提出的"双降"要求，全国范围内的P2P网贷平台紧跟政策导向，压降业务，收缩规模，借贷余额的整体下降；另一方面是由于2018年出现的问题平台中不乏有一些借贷余额超过亿元的中型平台，使得整个行业的借贷余额受到影响。然而，2018年安徽省P2P网络行业借贷余额下降更为明显，同比降幅达48.87%，为全国水平的两倍以上。主要是由于省内P2P网贷行业的体量和网贷平台数量均相对较小，贷款余额总量基数有限，问题平台的出现以及行业政策调整造成的影响更大，因此较全国而言产生的波动更为显著。

具体分析2018年省内可监测平台借贷余额及借贷笔数月度变化情况，可以看出，总借贷余额和总借贷余额笔数全年整体呈现下降趋势，但平均每笔借贷余额却在缓慢上升（图7-13）。

就单个平台来看，2018年前十家平台的借贷余额总量为26.42亿元，占可监测平台借贷余额总量的91.13%，相比2017年，前十大平台借贷余额总量减少了接近20亿元，但占比却增加了将近6个百分点，由此可见，2018年省内P2P网贷平台在大幅降低借贷余额的同时，借贷余额向头部平台集聚的趋势也在延续（图7-14）。

① 数据来源于网贷之家《2018年中国网络借贷行业年报（完整版）》。

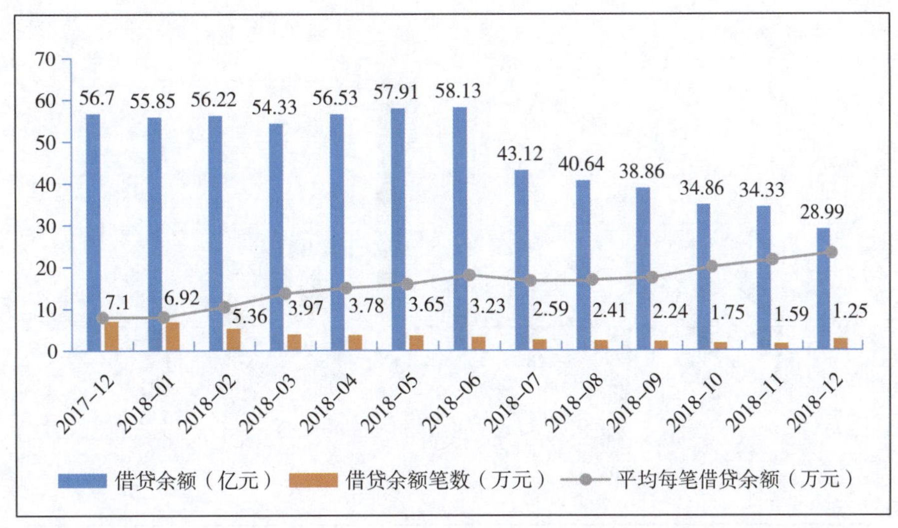

图 7-13　2018 年安徽省可监测 P2P 网贷平台借贷余额、借贷余额笔数变化情况

数据来源：安徽省互联网金融协会

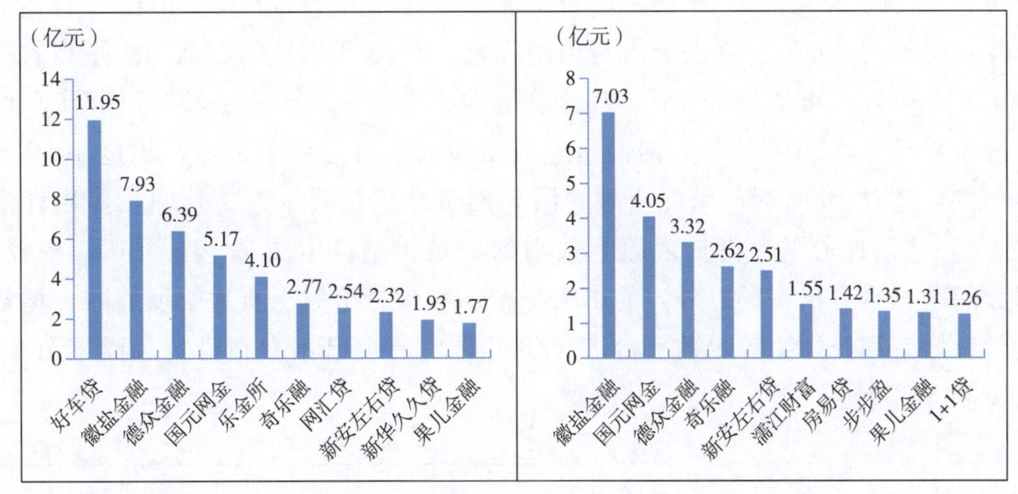

图 7-14　2017 年（左）及 2018 年（右）借贷余额前十大平台

数据来源：安徽省互联网金融协会

分平台来看，随着好车贷的“爆雷”，截至 2018 年末，安徽省内已经不存在借贷余额超过 10 亿元的平台，借贷余额位于首位的是徽盐金融，约 7.03 亿元左右，也是省内唯一一家借贷余额超过 5 亿元的平台。国元网金、德众金融、奇乐融和新安左右贷分别位居第二至第五位，借贷余额也均超过 2 亿元，而其余的濡江财富、房易贷等 5 家平台借贷余额均在 2 亿元以下。

从借贷余额的增长情况来看，2018 年度前十大平台中濡江财富、房易贷、新安左右贷、步步盈和“1+1 贷”5 家平台借贷余额出现增长，其中濡江财富增量最大，超过 7000 万元，涨幅达 83.97%，其余 4 家涨幅均不明显，而徽盐金融、国元网金、德众金融、奇乐融等体量较大的平台借贷余额均有降低，其中德众金融降幅最大，相较 2017 年末几乎减半（图 7-15）。

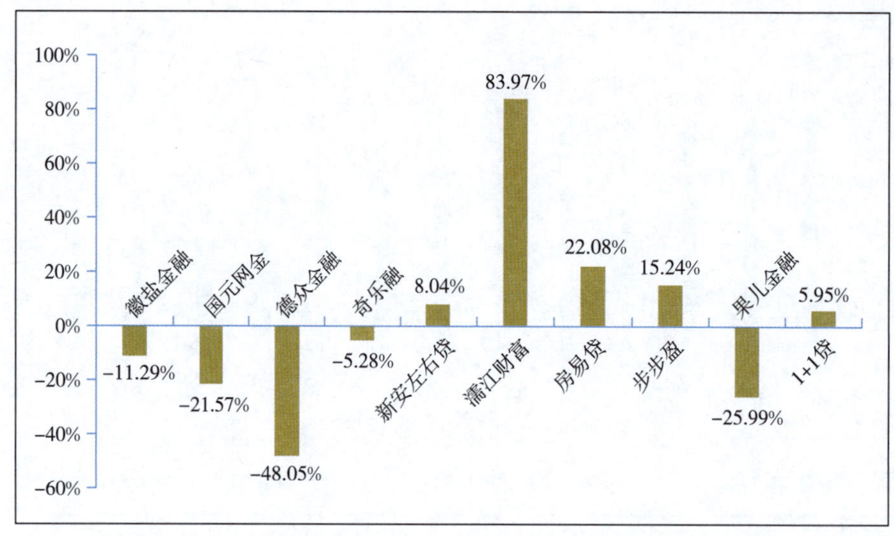

图 7-15　2018 年末借贷余额前十大平台较 2017 年末借贷余额增减变化

数据来源：安徽省互联网金融协会

2018 年，省内在监测的 18 家平台借贷余额笔数合计为 12477 笔，相较 2017 年的 65011 笔明显下降，降幅达 80.01%，大于借贷余额降幅。2018 年借贷笔数前十大平台合计借贷余额笔数为 11910 笔，占可监测的 18 家平台总量的 95.46%。分平台来看，不同平台之间借贷笔数规模差异较大，2018 年，省内借贷笔数最多的平台是量子金融，超过 4000 笔；奇乐融位居第二位，超过 2000 笔；果儿金融、国元网金分别位列第三、第四位，累计借贷笔数也均超过 1000 笔；其余平台借贷余额笔数则均不足千笔。由图 7-16 可知，相较 2017 年末，除部分问题平台退出市场以外，前十大平台均在借贷笔数上有大幅度缩减，增幅较大的平台有量子金融、濡江财富等少数平台，2018 年末，省内已不存在借贷余额笔数在 5000 笔以上的 P2P 网贷平台。

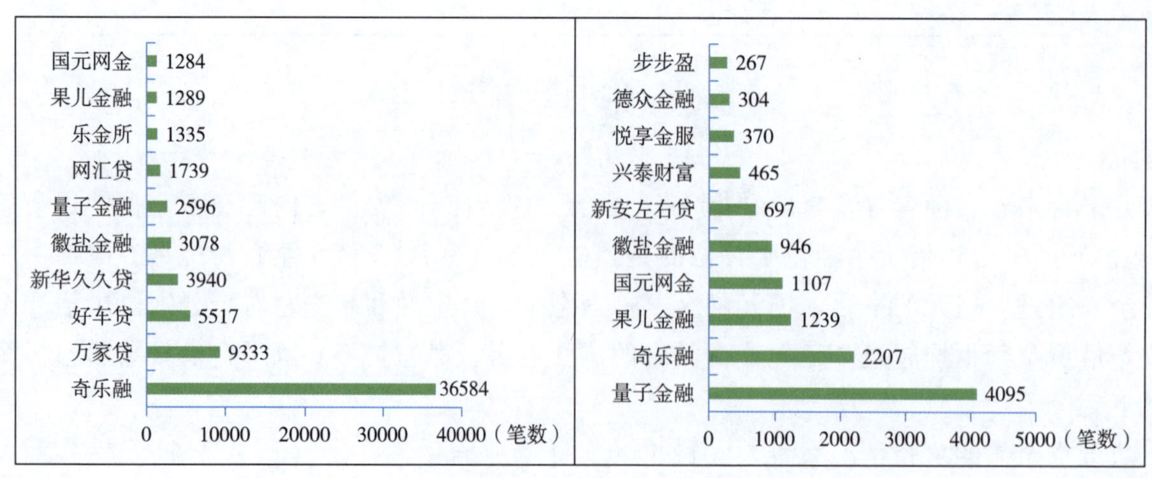

图 7-16　2017 年（左）、2018 年（右）借贷笔数前十大平台

数据来源：安徽省互联网金融协会

五、利率与期限

以省内在监测的 18 家平台为研究样本，根据安徽省互联网金融协会提供的数据，以每家成交量占总成交量比例为权重计算投资人综合收益率，得出 2018 年在监测 18 家平台年均综合收益率为 9.95%，与全国 P2P 网贷行业 9.81%[①]的综合收益率水平大致相当。从全国来看，2018 年 P2P 网贷行业总体综合收益率相比 2017 年上升了 36 个基点，综合收益率小幅回升主要是因为下半年行业负面舆情较多，出借人信心下降，一些平台为吸引新的出借人和提高老用户留存率，进行了加息活动。就省内来说，由于体量小、问题平台的出现，2018 年 P2P 网贷行业综合收益率上升更加明显，同比 2017 年上升了 95 个基点。

从月度数据变化情况来看，2018 年 18 家在监测平台，综合收益率在 10%左右浮动（图 7-17），而下半年综合收益率变化较上半年波动增大，主要也是由于行业经营环境的影响。

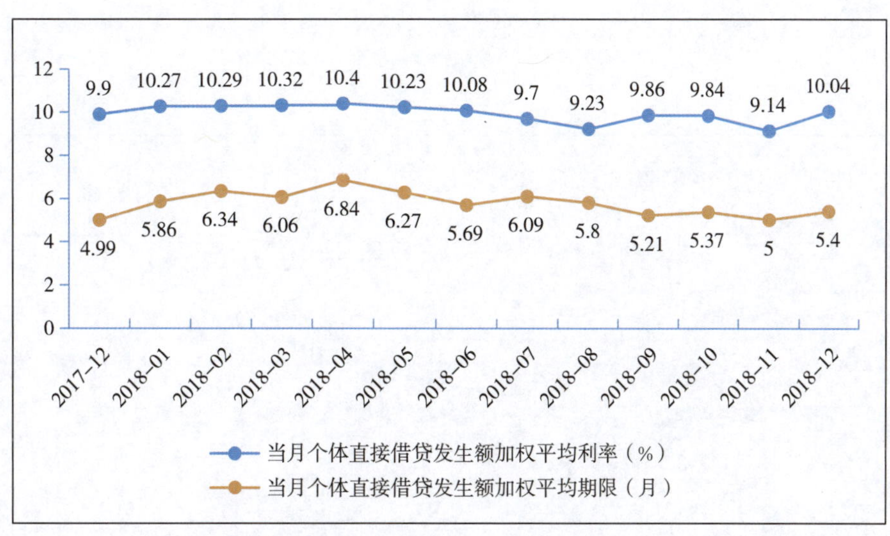

图 7-17　2018 年可监测平台各期个体直接借贷发生额加权平均利率、期限变化情况

数据来源：安徽省互联网金融协会

具体来看，2018 年在监测的 18 家 P2P 网贷平台的加权平均期限为 5.83 个月，与全国 P2P 网贷行业 12.65 个月的平均借款期限相差甚远。值得注意的是，2018 年全国 P2P 网贷行业平均借款期限相比 2017 年拉长了 3.49 个月[②]，而省内在监测平台的个体直接借贷平均期限与 2017 年相比还略有缩短，由 6.08 个月降低到了 5.83 个月（图 7-18）。

全国范围内，从 2014 年开始，P2P 网贷行业的借款期限一直呈现拉长趋势，这主要是因为随着行业的成熟，打着“期限短、利率高”旗号的小平台逐渐清退，当前正常运营平台尤其是大体量平台，更倾向于发布长期项目标的，从而带动行业平均借款期限拉长（图 7-19）。根据网贷之家数据，截至 2018 年 12 月，全国 P2P 网贷行业平均借款期限已经上升至 15.25 个月[③]，达到历史新高。

---

① 数据来源于网贷之家《2018 年中国网络借贷行业年报（完整版）》。

② 数据来源于网贷之家《2018 年中国网络借贷行业年报（完整版）》。

③ 数据来源于网贷之家《2018 年中国网络借贷行业年报（完整版）》。

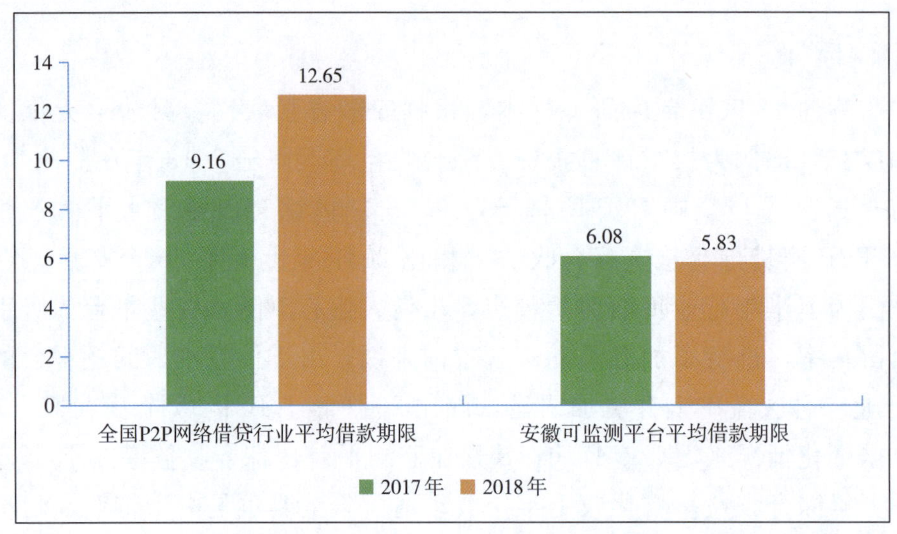

图 7-18 2017 年、2018 年全国 P2P 网贷行业、安徽省可监测平台平均借款期限

数据来源：安徽省互联网金融协会、网贷之家

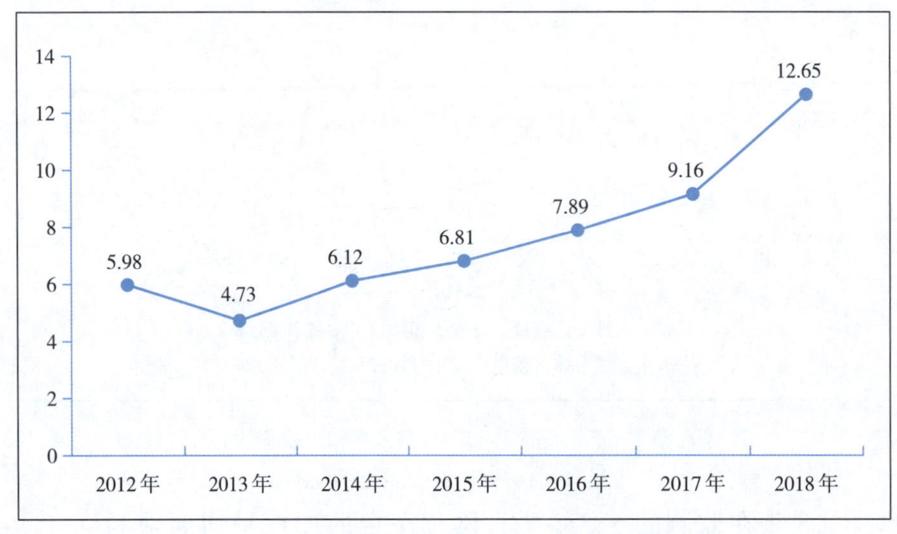

图 7-19 2012—2018 年全国 P2P 网贷行业各年平均借款期限走势

数据来源：网贷之家研究中心

贷款结构是影响省内 P2P 网贷行业的平均借款期限的主要原因。企业贷业务常年占据省内 P2P 网贷业务总额的半壁江山，而企业贷款常被用于短期项目如工程招标等，从而使得平均借款期限被拉低。例如，以 2018 年当年个体直接借贷累计借款金额占可监测平台份额最大的濡江财富来说，其推出的产品基本都是针对企业的短期资金需求，如“短期资金周转”“工程保证金”等产品的加权平均期限长期保持在 2 个月以下，这直接导致省内 P2P 网贷行业的平均借款期限低于全国平均水平。

六、出借人与借款人

仍以可监测平台为样本，自各平台成立至 2018 年末，可监测平台累计出借人数量合计为 9.33 万人，同比 2017 年下降 79.37%。如图 7-20 所示，累计出借人合计数量在 7 月份和 12 月份均有断崖式下跌，导致 2018 年末累计出借人数量相比 2017 年末出现明显下降。2018 年 7 月，好车贷的突然“爆雷”，致使累计出借人数陡降 37.69%，从 46.09 人万降至 28.72 万人；12 月，乐金所和皖都金融两家平台出现问题，累计出借人数更是突降超过 60%。据数据显示，“爆雷”之前好车贷出借人数量超过 17 万，乐金所出借人数超过 14 万人。

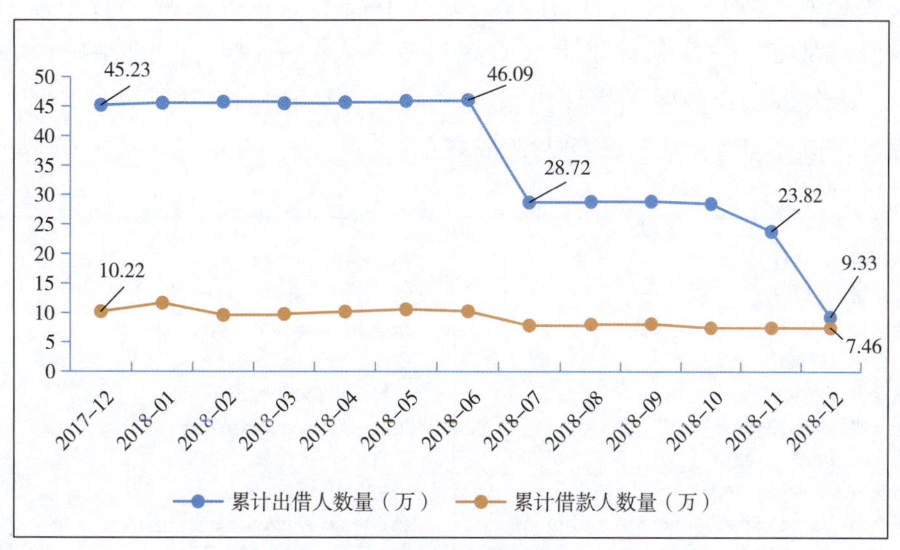

图 7-20 2018 年安徽省可监测平台累计出借人、借款人数量变化情况

数据来源：安徽省互联网金融协会

截至 2018 年末，可监测平台累计借款人合计数约 7.46 万人，同比 2017 年下降 27.01%。据网贷之家测算，2018 年全国 P2P 网贷行业出借人数约为 1331 万人，借款人数为 1992 万人，较 2017 年分别下降 22.30%和 11.19%。从数据可以看出，不论是安徽省内还是全国在 P2P 网贷行业均出现了人气明显下降的情况，出现这一现象主要与 2018 年 P2P 网贷行业的风险事件频发、监管环境趋严有关，整个行业开始降温，导致成交数和人气受到较大影响。

由 2018 年省内可监测平台出借人和借款人变化情况可以看到，从 2018 年初至整个上半年，可监测平台累计出借人数量明显大于累计借款人数量，下半年随着一些问题平台出现“爆雷”、退出市场，出借人数量明显减少，至 2018 年末，出借人数量已下降至与借款人数量同一数量级，出借人数量仅比借款人数量多出 1.87 万人。可是相比于全国 P2P 网贷行业的数据来说还存在明显差异，根据网贷之家统计，2017 年全国 P2P 网贷行业出借人数与借款人数分别约为 1712 万人和 2243 万人，2018 年分别约为 1331 万人和 1992 万人，借款人数均远高于出借人数，这是因为全国 P2P 网贷平台多以消费金融等小额业务为主，这类业务的特点是单笔金额较小，可以覆盖的借款人数多，这一点在沿海发达城市借款业务结构上体现得尤为显著。但是对于安徽省 P2P 网贷行业而言，消费金融占借款业务比重较小，省内 P2P 网贷平台借款业务多集中于企业贷款和车贷，因此造成出借人数一直明显大于借款人数。

以可监测的18家平台为样本，平均每个平台出借人数约0.52万人，根据出借人数量指标排名，前十名的平台累计出借人数合计为8.24万人，占可监测平台累计出借人合计数的88.30%。通过图7-21可知，省内P2P网贷平台人气已不如之前，前十名平台累计出借人总数甚至不及2017年前两强中的任一家平台，而2017年前三强平台于2018年相继出现经营问题，悉数退出市场，给省内P2P网贷行业格局造成了很大的影响，其他正常经营平台则保持稳健发展态势，2018年累计出借人数出现小幅增长，可监测平台中累计出借人数量最多的是步步盈，是唯一一家累计出借人数超过2万人的平台，占可监测平台累计出借人总数的26.41%，其次是德众金融，累计出借人也过万，徽盐金融位列第三，前三家平台合计累计出借人数量占到全部18家平台总人数的49.38%。

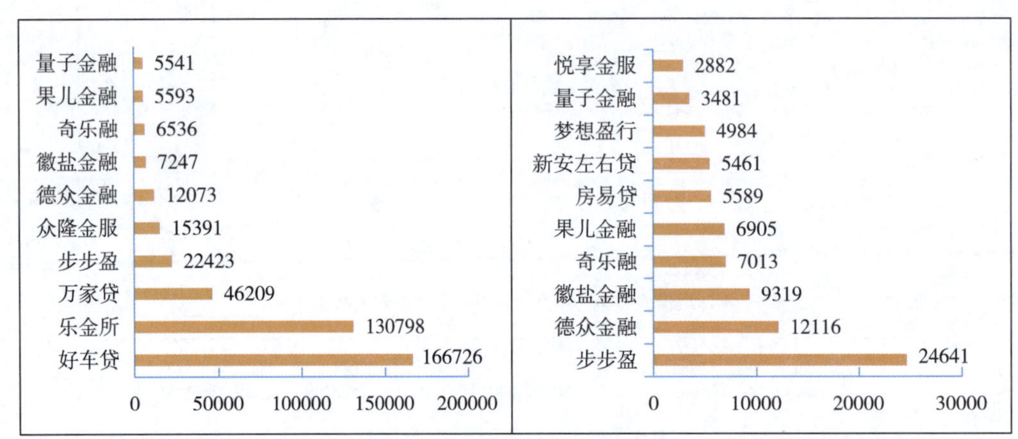

图7-21 2017年（左）、2018年（右）累计出借人数前十大平台

数据来源：安徽省互联网金融协会

再看累计借款人数据，在18家可监测平台中，平均每个平台借款人数约0.41万人，累计借款人数排在前十家的平台累计借款人合计数达7.26万人，占18家可监测平台累计借款人数量的98.61%，说明这前十家的借款人数量可大致代表安徽省P2P网贷行业的整体水平。由图7-22可知，借款人数量最多的是徽盐金融，超过15000人，奇乐融紧随其后，这两家平台累计借款人总数占据了18家平台借款人总数的39.17%。第三位、第四位分别为果儿金融和国元网金，借款人数量也均超过1万人，而排名第十的兴泰财富只有1103人，可见在累计借款人数量方面，平台间的差异十分显著。

比较各平台的累计借款人数量与累计出借人数量，以累计借款人数量除以累计出借人数量为配比值，比值最高的为国元网金，为4，即国元网金每1位出借人对应4位借款人；比值最低的为步步盈，为0.01，每100位出借人只对应1位借款人，出借人数量远多于借款人数量。2018年18家可监测平台平均比率为0.8，有七家平台超过了平均水平。2017年21家可监测P2P网贷平台的平均比率为0.23，相比较而言，2018年该比率得到大幅提升。这主要是由于前文所提到的“双降”要求以及贷款结构的影响，贷款单笔金额大幅降低，使得借款人的数量减少，从而影响了借款人与出借人的配比值。

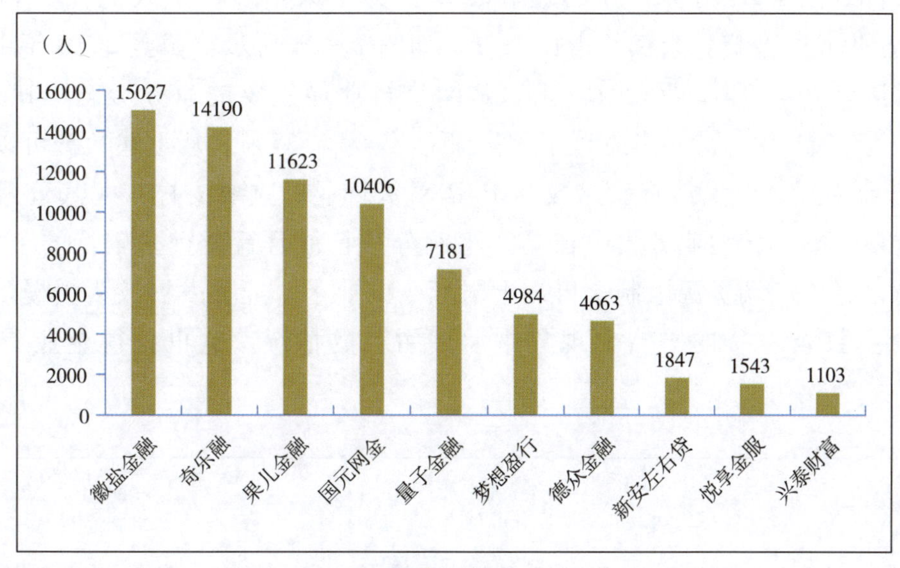

图 7-22　2018 年累计借款人数前十大平台

数据来源：安徽省互联网金融协会

七、业务结构

安徽省 P2P 网贷平台的业务大致可以分为六大类，即个人信用贷、车贷、房贷、企业贷、供应链金融和其他业务（包括票据、融资租赁及一些特色业务）。

截至 2018 年末，如图 7-23 所示，从各类贷款余额占比来看，安徽省 P2P 网贷业务主要集中在企业贷和房贷，这两类业务占比高达 80%；其次是车贷，占比达 12%；个人信用贷及供应链金融占比分别为 4% 和 3%。与 2017 年底相比，企业贷份额继续扩大，上升至 60%，车贷与供应链金融贷款占比与之前大致相当，房贷、个人信用贷等其他类贷款比重均有不同程度降低。

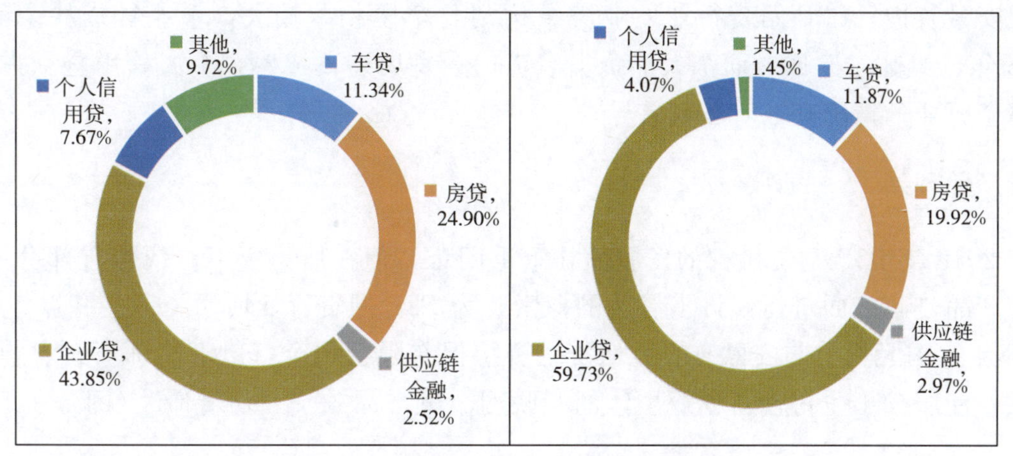

图 7-23　2017 年（左）、2018 年（右）安徽省 P2P 网贷业务结构

数据来源：安徽省互联网金融协会

网贷之家将全国 P2P 网贷行业的业务类型分为个人信贷、个人抵押贷和企业贷三大类[①]，同样从各业务类型贷款余额的占比来看，如图 7-24 所示，截至 2018 年末，个人信贷贷款余额占比达到 84.49%，是 2018 年 P2P 网贷行业最主要的业务形态；其次是企业贷，贷款余额占比为 10.14%，个人抵押贷占比最低，仅为 5.37%。从上述数据可以看出，就全国 P2P 网贷行业来说，个人信贷已然成为 P2P 网贷行业的重要支柱，尤其近两年限额令等要求，越来越多的平台转型业务集中在具备小额分散特征且行业壁垒较低的个人信贷业务。企业贷平台受自身资产端资源限制，再加上限额令的要求，业务发展较为缓慢，并且在近期的雷潮中不少主打企业贷的平台出现集中"爆雷"的情况，这也使得企业贷占比进一步缩小。

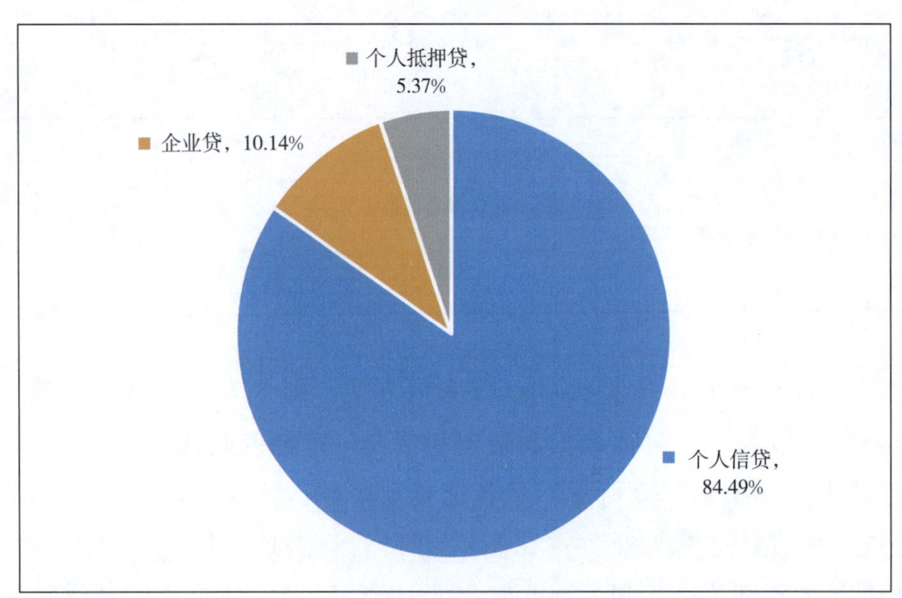

图 7-24　2018 年全国 P2P 网贷业务结构

数据来源：网贷之家

反观安徽省内，P2P 网贷行业的业务结构则与全国相差较大，企业贷贷款余额占比过高，2018 年已经超过 5 成，而个人消费类借贷场景发展还不成熟，个人信用贷款占比较小，与全国整个行业的情况存在着较大差异。

八、产品创新

尽管 2018 年 P2P 网贷机构的发展面临重重困难，但在压力之下，依然有部分平台逆流而进，在产品创新方面进行了许多有益的探索，为 P2P 网贷行业增添了一些亮点。

2018 年，国元网金与安徽省农业信贷融资担保有限公司合（以下简称"省农担"）作推出了一款专注服务于乡村创新创业主体的互联网金融产品——"劝耕债"（图 7-25）。具体

① 网贷之家《2018 年中国网络借贷行业年报（完整版）》中设定借款人由个人和企业构成，将个人借款人按是否有抵押物又分为个人信贷和个人抵押贷，其中个人信贷主要指没有抵押物的个人消费贷款，包括消费分期、信用贷款等；个人抵押贷包括车抵贷、房抵贷、艺术品质押等。将企业借款人的借款统一归类为企业贷。

做法是：依托属地政府建档立卡，为当地新型农业经营主体建立“融资身份证”，通过对农户进行信息摸底、数据搜集、分类甄别实现批量推荐；引入国有政策性担保公司，为成长性较好的新型农业经营主体提供增信；国元网金根据新型农业经营主体的经营特性，针对性地设计准入标准、操作流程，利用线上平台的融资撮合能力，有效引导社会闲散资金投向“三农”领域，帮助借款主体快速获得资金。该产品上市短短三个月，就已覆盖阜南县、临泉县、宿州埇桥区等诸多地区，累计为61户新型农业经营主体成功撮合融资2100万元。

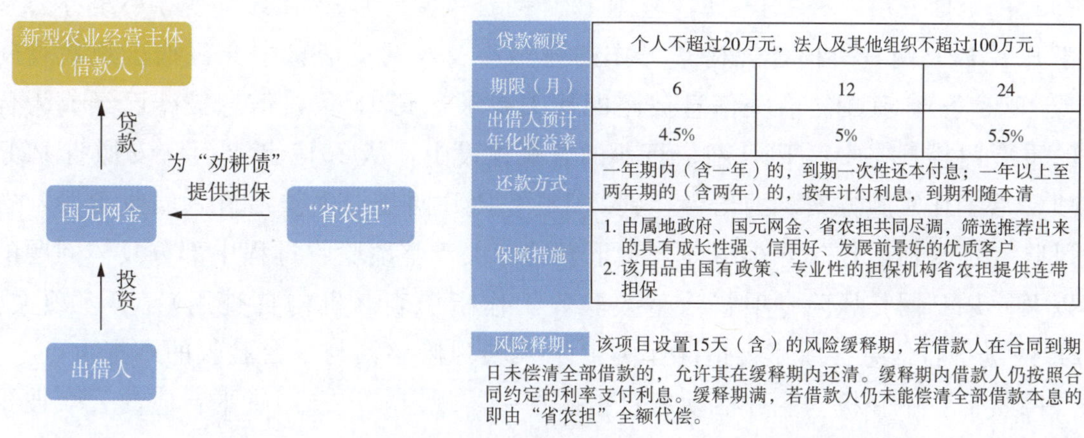

贷款额度	个人不超过20万元，法人及其他组织不超过100万元		
期限（月）	6	12	24
出借人预计年化收益率	4.5%	5%	5.5%
还款方式	一年期内（含一年）的，到期一次性还本付息；一年以上至两年期的（含两年）的，按年计付利息，到期利随本清		
保障措施	1. 由属地政府、国元网金、省农担共同尽调，筛选推荐出来的具有成长性强、信用好、发展前景好的优质客户 2. 该用品由国有政策、专业性的担保机构省农担提供连带担保		

风险释期：该项目设置15天（含）的风险缓释期，若借款人在合同到期日未偿清全部借款的，允许其在缓释期内还清。缓释期内借款人仍按照合同约定的利率支付利息。缓释期满，若借款人仍未能偿清全部借款本息的，即由“省农担”全额代偿。

图7-25 “互联网金融劝耕债”操作流程（左）及产品要素（右）

安诚金融“1+1贷”则根据建筑行业的场景推出了一款供应链金融产品——账益宝，该产品以核心企业应付账款为切入点，依靠核心企业产业链的优势，利用其优质的付款能力作为保障，以尚未到期的应付账款为载体，为下游企业提供资金融通。借助集团内的信息和资金流进行风控，在有效缩短企业账期、降低财务成本的同时能够将产品的风险降到最低。

濡江财富依托于自身在建筑行业的信息优势而推出的“工程保证金”产品同样也是基于特定的场景，该产品主要解决建筑类企业在工程投标过程中对投标保证金的资金需求。由于这类资金需求期限短，有真实的场景，产品安全性较好，推出后广受投资人的喜爱。

九、合规建设

2018年对于全国P2P网贷行业来说是颇不平静的一年，历经了行业风险集中暴露、平台快速出清资本恐慌撤离……监管部门延续2017年以来的严监管思路，针对P2P网贷行业各种潜在风险进行集中整治。从年初平台向合规冲刺，到年中备案延期雷潮出现，再到危机后的行业大洗牌，P2P网贷行业的发展一波三折，监管和合规两个关键词却贯穿始终。行业经历了“阵痛”，但也有望获得“重生”。经历了这个革除疲敝、去芜存菁的过程，行业风险整治成效显著，行业环境明显净化。合规备案和市场竞争将共同推动P2P网贷行业的回归与变革。

（一）信息披露

完善P2P网贷行业信息披露制度是建立客观、公平、透明的网贷信息中介业务活动环境，促进网贷行业健康发展的重要保障，也是监管部门实施监管、参与P2P网贷活动主体维护自身权益的重要抓手。因此，信息披露机制建设一直是 P2P 网贷平台合规建设的重点之一。

2016 年 8 月，原银监会等四部委联合发布《网络贷款信息中介机构业务活动暂行管理办法》，首次对 P2P 网贷平台信息披露问题提出明确要求；2017 年 8 月原银监会发布《网贷信息中介机构业务活动信息披露指引》、11 月中国互联网金融协会发布《互联网金融信息披露个体网贷》，进一步规范了网贷平台信息披露的内容、形式等细节；2018 年 P2P 网贷行业合规检查时代全面开启，8 月 13 日，全国 P2P 网贷风险专项整治工作领导小组办公室下发了《关于开展 P2P 网贷机构合规检查工作的通知》及《网贷信息中介机构合规检查问题清单》（包含 108 条），其中，有关信息披露的相关要求达到 18 条，信息披露已经成为合规自律检查的重要门槛。在安徽 P2P 网贷行业的合规建设中，从 2017 年 2 月《安徽省 P2P 网贷风险专项整治工作实施方案》的出台，到 2018 年 P2P 网贷专项整治进入验收阶段，省互联网金融风险专项整治工作领导小组办公室下发的《关于整改验收过程中部分具体问题的解释说明》以及《P2P 网贷风险专项整治整改验收工作指引表（机构自查用）》等多项文件中，均把 P2P 网贷平台信息披露完善情况作为 P2P 网贷风险整治与平台验收的审查重点。

据《网贷信息中介机构业务活动信息披露指引》规定，P2P 网贷平台应向公众披露包括备案信息、组织信息、审核信息、撮合交易信息、出借人信息、平台发生重大事件信息等共计 63 项信息。其中撮合交易信息包含自网贷信息中介机构成立以来的累计借贷金额及笔数，借贷余额及笔数，累计出借人，借款人数量，当期出借人，借款人数量，前十大借款人待还金额占比，最大单一借款人待还金额占比，关联关系借款余额及笔数，逾期金额及笔数，累计代偿金额及笔数等 11 项具体经营信息。截至 2018 年 12 月，省内正常运营的 40 家 P2P 网贷平台中已有 34 家设立了信息披露专栏，占比 85%，相比 2017 年同期上升 23 个百分点。且经过对上述平台官网信息披露专栏的调查，发现 2018 年平台披露指标更加完善、信息更新更加及时，对运营信息、撮合交易信息等关键指标的披露率明显提高，例如部分平台已在信息披露专栏对外披露年度报告。这说明经过监管部门多番审查，安徽省 P2P 网贷行业信息披露机制得到明显改善，行业合规建设取得积极进展。

（二）银行存管

2016 年 8 月 24 日，原银监会会同工业和信息化部、公安部、国家互联网信息办公室共同发布《网贷信息中介机构业务活动管理暂行办法》，明确要求 P2P 平台资金必须进行银行存管，银行存管成为网贷平台合规化水平的重要标准之一。2017 年 2 月 23 日，原银监会发布《网贷资金存管业务指引》（以下简称《指引》），明确了网贷资金存管业务应遵循的基本规则和实施标准。2017 年 12 月，P2P 网贷风险专项整治工作领导小组办公室下发《关于做好 P2P 网贷风险专项整治整改验收工作的通知》（57 号文），要求各地做好辖内主要 P2P 机构的备案登记工作，各省市金融主管部门均明确要求 P2P 平台需上线银行存管，未上线银行存管的不予备案验收。自 2018 年 6 月 30 日的 P2P 备案大限延期后，8 月份监管启动 P2P 合规检查工作，在《网贷信息中介机构合规检查问题清单》中，对未按规定开展客户资金存管的相关规定进行了细化，如 66 条规定“网贷平台未完成与银行业金融机构的资金存管

（包含仅签订存管协议但业务未上线运行、业务未全部上线、存管银行未通过测评）”的必须进行整改。可见，银行存管已成为P2P网贷平台安全合规运营的标志及不可或缺的条件。

据网贷之家研究中心不完全统计，截至2018年末，已有上饶银行、江西银行和新网银行等42家银行通过测评的存管银行白名单，共有816家正常运营平台宣布与银行签订直接存管协议，占同期P2P网贷行业正常运营平台总数量的79.92%，其中721家正常运营平台与银行完成直接存管系统对接并上线（含上线存管系统但未发存管标的平台），占P2P网贷行业正常运营平台总数量的70.62%。据安徽省互联网金融协会数据，截至2018年末，安徽省41家正常运营的P2P网贷平台中已有29家与银行签订或上线银行存管协议（表7-1），占比达70.7%，与全国平均水平大致相当，但对比2017年同期42.86%的上线存管率有大幅提高。

表7-1　2018年末安徽省P2P网贷平台已签订/上线银行存管协议名单

<table>
<tr><th>序号</th><th>平台名称</th><th>合作银行</th><th>序号</th><th>平台名称</th><th>合作银行</th></tr>
<tr><td>1</td><td>德众金融</td><td rowspan="5">徽商银行</td><td>16</td><td>梦想盈行</td><td rowspan="2">浙商银行</td></tr>
<tr><td>2</td><td>国元网金</td><td>17</td><td>普惠金融</td></tr>
<tr><td>3</td><td>奇乐融</td><td>18</td><td>濡江财富</td><td rowspan="3">内蒙古陕坝农村商业银行</td></tr>
<tr><td>4</td><td>新安左右贷</td><td>19</td><td>一百贷</td></tr>
<tr><td>5</td><td>“1+1贷”</td><td>20</td><td>徽金猫</td></tr>
<tr><td>6</td><td>果儿金融</td><td rowspan="4">上饶银行</td><td>21</td><td>金福财富</td><td rowspan="2">重庆富民银行</td></tr>
<tr><td>7</td><td>悦享金服</td><td>22</td><td>金拓速贷</td></tr>
<tr><td>8</td><td>众力普惠</td><td>23</td><td>新华久久贷</td><td rowspan="2">渤海银行</td></tr>
<tr><td>9</td><td>量子金融</td><td>24</td><td>万创金融</td></tr>
<tr><td>10</td><td>e典贷</td><td rowspan="2">宜宾商业银行</td><td>25</td><td>货融贷</td><td>四川天府银行</td></tr>
<tr><td>11</td><td>兴泰财富</td><td>26</td><td>徽盐金融</td><td>浦发银行</td></tr>
<tr><td>12</td><td>阜金网</td><td rowspan="2">众邦银行</td><td>27</td><td>鑫融贷</td><td>新安银行</td></tr>
<tr><td>13</td><td>宏东资本</td><td>28</td><td>徽商贷</td><td>安徽铜陵农村商业银行</td></tr>
<tr><td>14</td><td>房易贷</td><td>广东华兴银行</td><td>29</td><td>步步盈</td><td>新网银行</td></tr>
<tr><td>15</td><td>四海众投</td><td>湖南三湘银行</td><td></td><td></td><td></td></tr>
</table>

数据来源：安徽省互联网金融协会。

第二节　安徽P2P网贷业务发展面临的主要问题

随着正常运营平台数量的缩减、成交量的下滑、平台的接连“爆雷”，P2P网贷业务的发展让我们隐存担忧，监管政策的收紧、备案工作的重启以及平台的主动退出，又让我们看到了业务健康发展的希望。但总体来看，2018年安徽P2P网贷业务的发展仍面临诸多困境。

一、业务发展陷入低迷期

P2P 网贷行业在国内已经走过了十二个年头，行业经历初生、蓬勃发展到现在的合规出清，每一个阶段都紧扣着大众的心弦，不可否认的是，P2P 网贷业务的发展给金融经济增添了不一样的色彩，助推着传统金融机构的互联网化，服务了万亿群众，也让普惠金融成为可能。然而，近年来，平台数量锐减、成交额明显下滑，业务发展陷入低迷期。

一方面，行业景气度指数逐年下滑。根据网贷之家发布的《2018 年中国网络借贷行业年报（完整版）》统计数据显示，2015—2018 年，全国 P2P 网贷行业景气度指数持续下降，四年间行业景气度指数下降了近 40%，2018 年行业景气度指数更是跌破荣枯线 100 以下，仅 85.79，创四年来新低，说明行业正在逐步收缩，发展前景不容乐观（图 7－26）。

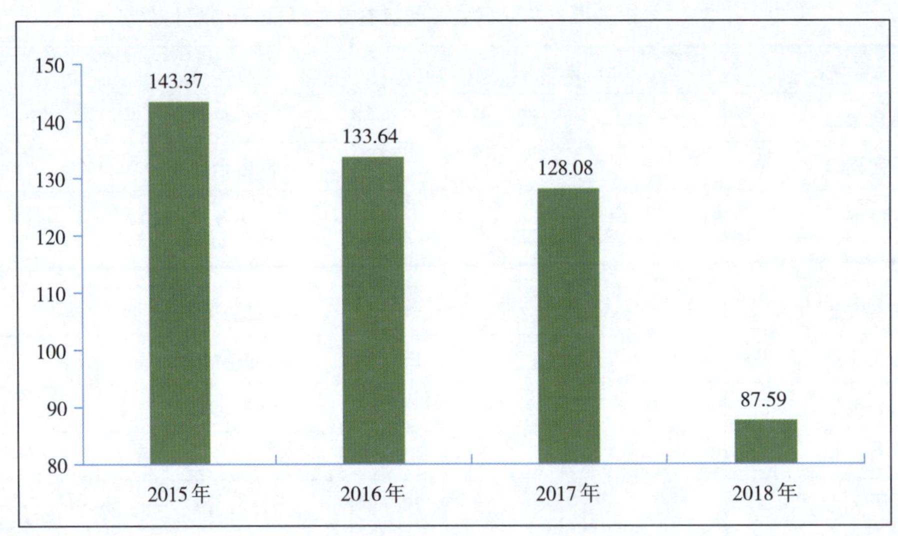

图 7－26　2015—2018 年全国 P2P 网贷行业景气度指数

数据来源：网贷之家

另一方面，风险事件时有发生。平台跑路、延期兑付、网站关闭等一系列风险事件不断传出，众多投资者遭受损失，一些大中型平台的相继"爆雷"也给社会带来了严重的不良影响，导致行业负面形象过多，使得本就未站稳脚跟的 P2P 网贷行业危机四伏。

就安徽来说，根据浙大 AIF 与杭州金智塔科技共同推出的《2018 年第四季度中国网贷指数》，2018 年第四季度安徽网贷指数仅为 91.7，在测算的 27 个省份（直辖市、自治区）中排名 13 名（图 7－27）。从数据来看，2018 年省内 P2P 网贷行业成交量呈下滑趋势，正常运营平台数量减少了 15 家，数据方面也佐证了省内 P2P 网贷行业较低的景气度指数。加之，2018 年省内 7 家问题平台的逐一"爆雷"，挫伤了行业发展的锐气，也使得行业面临声誉危机，业务发展陷入低迷期。

二、业务发展前景仍不明朗

监管的态度直接决定着行业的走向，政策的持续收紧使得行业面临盈利难题。2017 年 6

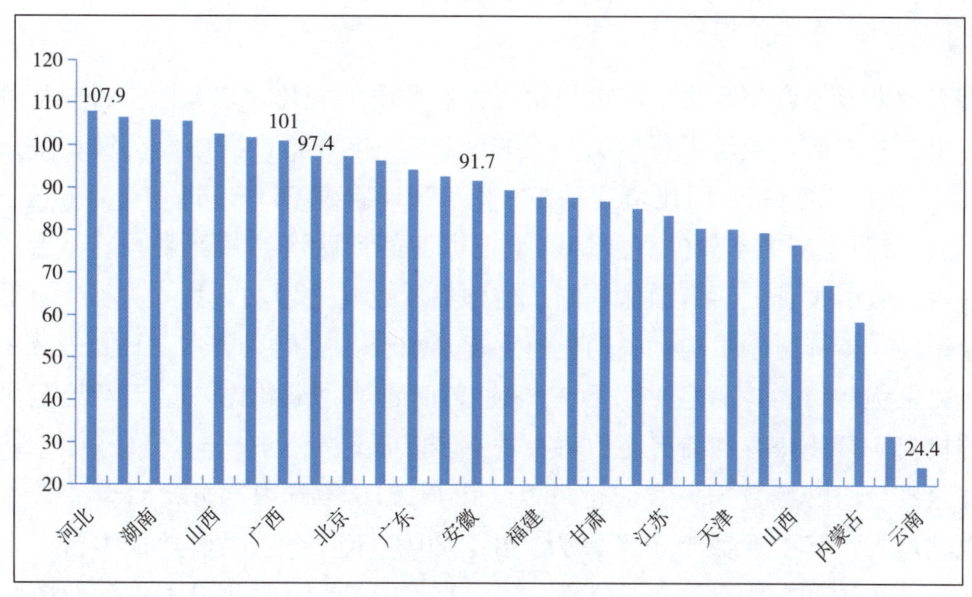

图 7-27　2018 年第四季度中国各省份（直辖市、自治区）网贷指数

数据来源：浙大 AIF、杭州金智塔科技

月，监管层首次提出网贷业务规模和机构数量“双降”要求，中国人民银行等 17 个部门联合印发《关于进一步做好互联网金融风险专项整治清理整顿工作的通知》，“双降”要求首次正式出现在官方文件中。随后，安徽也紧跟政策导向，遵照执行“双降”指令，一方面，各个平台降低业务规模，相关业务下线，成交量大幅下跌；另一方面，部分平台良性退出，正常运营平台数也随之减少。

进一步分析来看，根据网贷之家发布的 2018 年 12 月网贷评级 TOP 60 排行榜中，安徽仅有一家平台——奇乐融上榜，且与一线城市相差较大。从 P2P 网贷行业现阶段发展趋势来看，伴随着平台的萎缩，最终就是一些优质平台之间的角逐，这无疑是安徽 P2P 网贷的短板。再看平台的正常退出情况，2018 年省内正常退出的平台达到 5 家[①]，平台的退出也直接导致了正常运营平台数目的减少，P2P 网贷业务规模进一步收缩。然而，正常退出的平台却很难做到转型，虽然从监管层面来看，鼓励部分机构转型为网络小贷公司、助贷机构或为持牌资产管理机构导流，但是这些转型在实际操作中仍面临很多障碍，例如，网络小贷牌照的发放正处于停滞状态，正常退出平台与银行等持牌机构合作较为困难。因此，“双降”政策的发布虽然从一定程度上降低了行业的风险，但是也使得行业的盈利出现问题，而且政策的长期不定性也会阻碍平台业务规模的扩张，有一个直观的表现就是省内平台的借款人数量和出借人数量在降低，这说明公众对 P2P 网贷行业的信心也在降低。

究其根本，公众对于 P2P 网贷行业的信心降低的根源在于行业发展前景的不明朗，P2P 网贷行业备案进程一再推迟，悬而未决的行业整治在部分公众眼里就是风险的体现，加之行业“爆雷”事件的不断发生，公众的恐慌因素逐渐增加，业务发展前景不容乐观。

---

① 分别是 e 人宝、包公有财、合融金融、融 e 理财、诸葛 E 投（数据来源于安徽省互联网金融协会）。

三、平台面临的经营困境越来越突出

随着宏观经济形势调控，货币政策趋紧，行业环境的变化，P2P网贷行业面临的经营困境越来越突出。一方面，经济下行压力加大，从2010年开始，我国经济增长呈现持续下行态势，2015年第三季度GDP同比增速跌破7%，2018年第四季度进一步下探至6.4%，创近10年新低，宏观经济的不景气直接影响了投资者的活跃度，从而影响着平台的运营，例如，一些平台为吸引投资者不惜增加利率，经营成本也随之增加。另一方面，互联网金融行业竞争日益激励，传统金融机构互联网化速度逐渐加快，它们在资本、科技投入、人才投入以及风控能力上优势明显，而且P2P网贷行业又正处于收缩状态，这无疑给竞争者增加了抢夺市场的机会，行业获客和活客能力将会进一步降低。

结合省内平台的财务数据，我们也可以看出，2018年省内部分平台营业成本占营业收入的比重也在增加，其中要数奇乐融最为突出，2018年，奇乐融营业成本占营业收入的比重为98.12%，比上年增加了5个百分点；国元网金2018年营业成本占营业收入的比重也达到了63.54%，比上年增加了7个百分点。营业成本增加的主要原因除了产品利率的上升之外，合规备案成本也是重要因素，就银行存管这一项来说，除前期的对接、系统搭建费用以外，存管银行针对不同平台每年收取几十万甚至上百万的存管费用，以省内徽商银行为例，早在2017年，徽商银行对P2P网贷平台每年收取的存管费用就以交易量的0.05%收取，而且最低为30万元，面对高昂的合规备案成本，一些小平台不堪重负，不得不主动退出市场。

四、行业监管仍有待完善

完善的监管环境是P2P网贷行业健康发展的要素之一。近年来，各监管机构的设立以及各项规章制度的出台对P2P网贷行业的发展起到了重要的作用。2015年以来，仅中央部门针对P2P网贷行业出台的政策文件就达到了30项，虽然这些文件的出台不断地弥补了监管制度的空白，但是从政策制定的方向来看，短短4年时间，政策的制定方向就变化了5次，由发展初期的鼓励发展到发现问题、“1+3”监管模式形成、合规治理再到现在的良性退出，每一次政策制定方向的变化都是伴随着行业的问题而变，可见针对P2P网贷行业发展的政策仍然不明确，存在政策跟着行业的兴衰走的情况，对行业的管理仍是运动式执法，而不是政策引领行业发展，政策制定缺乏顶层设计。

结合省内监管现状来看，也存在诸多问题。一是省内尚未建立风险预警系统，对平台的监控仍然停留在每月的数据报送以及不定期的合规抽查阶段，但实际上当在这些检查中发现问题时，平台早已问题重重，以好车贷为例，2018年6月好车贷还在正常报送运营数据，7月就发生“爆雷”事件。二是地方监管机制不健全，一方面，由于对P2P网贷的监管涉及多个部门，部门间的协调配合机制仍不完善，容易导致监管缺失和过度监管的现象；另一方面，作为地方P2P网贷监管的重要力量，地方金融监管局刚刚成立，尚未取得P2P网贷监管的执法权，日常监管手段有限。三是日常监管的资源配置不均衡，人才集聚效应导致专业人才多数聚集在省会城市，其他地市专业人才素质相对较低，而专业人才对于风险敏感度较高，在风险发生前期能够做出较快的应急反应，日常监管效应较高。综合来看，省内P2P网贷行业的监管明显落后于行业的创新，行业监管仍有待完善。

第三节 安徽P2P网贷业务发展趋势与展望

2018年P2P网贷行业一波三折，从年初平台向合规冲刺，到年中备案延期雷潮出现，再到危机后的行业大洗牌，平台优胜劣汰、去伪存真加速进行。与此同时，P2P网贷监管框架逐渐完善，基础设施建设、统计监测、登记披露、征信体系、良性退出规范等一系列监管举措稳步推进，行业规则进一步明确。可以说，2018年是P2P网贷行业阵痛的一年，也是革新的一年。行业出清和监管趋严，共同推动P2P网贷行业加速向风险逻辑和普惠本质回归。

展望2019年，安徽P2P网贷行业发展将会发生哪些变化？在持续的市场出清作用下，优胜劣汰导致省内P2P网贷市场格局重塑，剩者为王效应得以显现；在强监管态势下，合规经营、等待备案重启仍将是那些幸存平台的头等大事，对于省内大多数平台来说，转型之路尽管看上去很美好，但实际走起来却并不容易，2019年，安徽P2P网贷行业依然在路上。

一、市场出清持续进行

2018年12月8日，曾一向具有良好口碑的平台——乐金所公告良性退出，在年末的市场中引发了不小的震动，集中“爆雷”潮虽然已经过去，但平台的市场出清过程却未了结。可以预期，2019年，这一进程仍将持续进行。

2018年集中爆发的行业危机，尤其是一些头部大平台的“爆雷”，严重地挫伤了市场信心，投资人和出借人纷纷撤离，市场流动性不断收紧，平台面临的经营环境更加严峻。网贷行业专项整治工作虽取得阶段性进展，但离彻底完成整改还有距离，备案迟迟不能落地，严重考验着投资人和平台的耐心和承压能力，主动离场成为部分机构的首要选择。再从行业监管趋势看，相关文件中明确提出“坚持以机构退出为主要工作方向，除部分严格合规的在营机构外，其余机构能退尽退，应关尽关，加大整治工作的力度和速度”，可见，落实“三降”、良性退出、风险出清仍将是2019年P2P监管的重点，而“能退尽退，应关尽关”更是奠定了2019年整个行业市场出清的主基调。在这一基调下，如何确保行业风险出清过程有序可控，守住不发生系统性风险和大规模群体性事件的底线，如何在精准拆弹的同时确保行业能够进一步发展，是当前需要认真思考和妥善解决的重大问题。

二、行业格局加快重塑

近年来，在主动出清和被动清退的双重作用下，安徽P2P网贷正常运营平台数量大幅减少。但从借贷余额和新增成交量等指标来看，安徽P2P网贷行业的集中度却呈现上升趋势，“二八效应”显著。尤其经过2018年行业风险的集中爆发，市场普遍对中小平台可能“被清退”表示忧虑，不少投资人转投背景实力较强的头部平台，优势平台的品牌效应进一步放大。另一方面，经过风险专项整治和市场竞争的“大浪淘沙”后，一些合规经营的优质平台也脱颖而出，例如濡江财富，凭借其优质的资产与风控实力，坚持产品创新与场景深度融合，在行业寒冬中逆市上行，新增成交量突破了10亿元，表现抢眼。

监管政策频出，市场持续出清，网贷行业当下正处在优胜劣汰的洗牌关键期，2019年网贷平台数可能仍然会出现下降趋势，合规程度不高或者盈利能力较弱的小平台会被进一步淘汰出局。背景雄厚、合规透明度高、有较强的盈利能力，在资产端或者资金端优势比较明显，且公司运营及风控能力较强的网贷平台将会脱颖而出。这是监管的要求，也是市场竞争的正常行为。这一时期，无论对于从业机构还是出借人都提出了新的要求。打造核心竞争力，实现合规、安全、稳健运营成为从业机构的首要任务；综合考虑自己的风险承受能力、平台的可靠性与产品是否符合自己的预期等综合因素也成为新时期对出借人的新要求。在历经洗礼、去芜存菁之后，省内P2P网贷行业格局必将得到重塑，那些经历震荡后留存下来的合规优质平台，将发挥“剩者为王”的效应，引领行业持续前行。

三、备案重启或将可期

2016年8月出台的《网络借贷信息中介机构业务活动管理暂行办法》规定，网络借贷信息中介业务实行备案管理，这表明P2P平台只有获得监管部门备案登记，才能成为真正的合法机构。两年多以来，对于大多数P2P网贷平台来说，备案既是高悬在头顶上的一柄利剑，也是通向未来发展的希望之光。

在经历了两度延迟后，备案工作有望在2019年得到重启。总体来看，备案重启的条件日趋成熟，一方面，在经历了多次“爆雷”潮的洗礼后，风险出清程度正在接近监管层的期望，整个行业初步实现了优胜劣汰，P2P网贷平台的风险意识和经营能力都得到了显著提升，投资人、出借人的风险教育成果开始显现，市场渐趋理性；另一方面，随着银行存管、信息披露、产品登记、良性退出等制度的推进与落实，监管当局对P2P网贷行业的风险预防和事后风险化解能力不断提升，相关风险已经能够控制在总体可控范围内。因此，从目前来看，不论备案时间是否会再次推迟，都可以预计2019年会有一个结果，备案重启可期。

四、严格监管态势不减

2018年末召开的中央经济工作会议明确指出，“今年三大攻坚战初战告捷，明年要针对突出问题，打好重点战役”。作为三大攻坚战之首，防范化解重大风险是打好2019年攻坚战的首要任务。实践证明，严监管是有效防范化解金融风险的重要保障。因此未来几年，金融监管从严、从紧的基调和原则不会改变。在这一背景之下，2019年P2P网贷行业仍将延续强监管态势。

随着互联网金融风险专项整治工作的有序推进，监管自律、市场协调配合的行业治理机制不断完善，行业规范发展态势逐步形成，但建立监管和风险防范的长效机制依然任重道远。专项整治与合规备案只是阶段性成果，在通过专项整治后，监管层将更加关注互联网金融领域长效监管机制的建立。无论是 2018 年 8 月下发的《网络借贷信息中介机构合规检查问题清单》（包含 108 条），还是年末出台的相关文件，都是旨在完善网贷行业基础设施建设和规范建设，为建立监管长效机制打下基础。2018 年 11 月《中国银行保险监督管理委员会职能配置、内设机构和人员编制规定》公布，将 P2P 网贷正式纳入银保监会的管辖，并明确由普惠金融部制定网络借贷信息中介机构业务活动的监管制度。同期，安徽省地方金融监督管理局正式挂牌成立，地方金融监管力量有望加强。可以预期，随着监管制度和监管组织架构的不断完善，P2P 网贷行业监管的长效机制将逐渐建立。

五、平台转型困难重重

在强监管形势下，省内相当部分资质不足、备案前景不明朗的平台将面临退出或业务转型的选择。从监管层面来看，鼓励 P2P 网贷平台向网络小贷公司、助贷机构或为持牌资产管理机构导流的转型。这三个方向看似可供谋求转型的 P2P 网贷平台根据自身的优势和特色进行参考，有牌照资源的可以转型成为网络小贷公司，按照信用中介的标准接受监管；资产端具有优势的平台利用技术或信息优势，做助贷机构；投资端有优势的平台利用之前所积累的人气转型为持牌机构导流。但针对省内亟须转型的中小型 P2P 网贷平台，实施起来依然困难重重。

转型网络小贷，平台需要满足资质、金融牌照和实缴资本金的要求。自 2017 年 11 月以来，网络小贷被暂停批设，截至 2018 年末，省内获批的网络小贷牌照仅有五家，真可谓是一照难求。对于已经获得互联网小贷牌照的平台也不容乐观，大规模开展业务的机构很少。资金来源受限、资产出表太难，导致互联网小贷公司展业困难重重。

转型助贷机构，同样需要满足多项要求。根据现金贷监管新规的要求，助贷机构要想与金融机构合作，必须有担保资质主体做增信，也就是说平台必须首先找到有担保资质的机构解决增信问题；其次，当前中小银行对拓展助贷业务的准入门槛日益抬高，不仅需要审核资金流向、评估平台运营能力，而且越来越关心平台的风控和技术实力，希望在资金端合作的同时，也能借力提升自身金融科技能力，这很容易把绝大多数中小型网贷平台拒之门外。

实现为持牌资产管理机构导流也是困难重重。单纯的导流业务技术壁垒不高，持续的竞争压力、黏性不足的客群、日渐衰落的流量，都是摆在转型导流平台面前的困难。此外，相对于那些已经拥有海量消费场景的大平台，省内中小平台完全缺乏低流量成本获取客户的能力，贸然转型，只会加大平台的经营负担。

监管与自律篇

第八章　安徽互联网金融风险形势分析

党的十九大报告要求，要坚决打好防范化解重大风险、精准脱贫、污染防治三大攻坚战。随后的中央经济工作会议再次强调，打好防范化解重大风险攻坚战，重点是防控金融风险。防控金融风险被提到了前所未有的战略高度。随着近年来互联网金融领域风险形势变化，这一领域的风险防范和整治工作也成为攻坚战的重要内容之一。准确把握互联网金融领域的风险特征和变化态势，是防范和化解互联网金融风险的必要前提。基于安徽互联网金融业态发展情况和资料可得性，本书重点围绕 P2P 网贷行业的风险形势展开分析。

第一节　2018 年全国互联网金融风险形势概况

2018 年是互联网金融风险专项整治的第三个年头。2018 年，也是让众多互联网金融市场参与者感到一波三折、刻骨铭心的一年：从年初时从业者意气风发冲刺备案，到年中时挤兑危机频频发生，债务链条陆续崩塌，整个行业岌岌可危；从年初时投资者在高收益激励下满仓而入，到年中时频频被平台“爆雷”跑路拖入深渊，市场信心跌入冰点……毋庸置疑，“风险”是 2018 年互联网金融领域的首要关键词。“风险整治”“风险化解”“风险出清”“风险防控”，这些高频词汇同样彰显出 2018 年互联网金融风险形势的严峻性和复杂性。

一、从整体来看，风险出清程度远高于以往各年

网贷之家的统计数据显示，2018 年退出 P2P 网贷行业的平台数量为 1279 家，相比 2017 年增加了 556 家。虽然从退出数量看仍少于 2015 年的 1291 家和 2016 年 1721 家，但 2018 年问题平台涉及金额较大、人数众多、问题复杂，由此引发的风险远大于之前的年份。据不完全统计，2018 年问题平台涉及金额超过千亿元（图 8－1）。

P2P 网贷平台集体崩盘并非首次出现。在 2015 年底，以 e 租宝为代表的一系列风险事件出现后，监管部门在 2016 年开展了针对 P2P 行业的大规模整治行动，以限额、银行存管为代表的监管政策也在随后密集公布。之后，行业便迎来了一轮洗牌。网贷之家的数据显示，当年 2 月到 8 月间，问题平台的数量逐月递增，直到 10 月才逐渐稳定。2016 年停业平台以中小型平台为主，跑路和倒闭的比较多。但在 2018 年这次雷潮里出现了不少相对知名度比较高、交易额很大的重点平台以及素以稳健号称的国资系平台，其中除部分平台存在违规违法行为外，也有不少平台的问题出现在因流动性枯竭导致的提现困难上（表 8－1）。可见，与以往相比，2018 年 P2P 网贷行业的市场出清程度表现得更深更广。

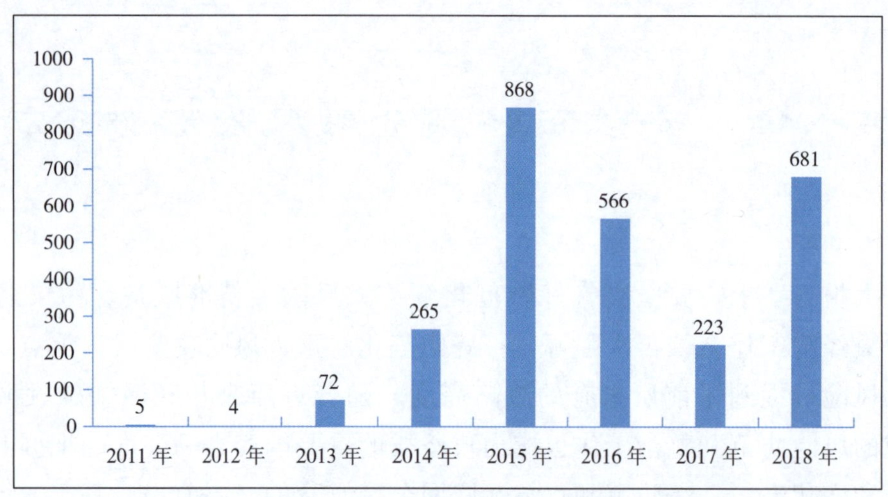

图 8-1 2011—2018 年全国 P2P 网贷行业问题平台数量

数据来源：网贷之家数据中心

表 8-1 2018 年部分集中“爆雷”平台基本信息统计

平台名称	“爆雷”时间	地　区	累计交易（亿元）	累计出借人数（万人）	待偿余额（亿元）	问题类型
善林金融	4 月 9 日	上海	600	—	—	警方介入
唐小僧	6 月 18 日	上海	750	2.47	9.32	警方介入
牛板金	7 月 3 日	杭州	390.88	17.35		警方介入
银票网	7 月 6 日	上海	140	11.06	4.9	警方介入
优杨投资	7 月 6 日	杭州	34.6	98	—	立案侦查
云端金融	7 月 7 日	杭州	45.56	13	7.02	停业
投融家	7 月 9 日	杭州	103	34.27	16.82	平台跑路
钱爸爸	7 月 9 日	深圳	325	9.86	—	警方介入

数据来源：网贷之家各平台专栏、平台官网。

二、从问题平台的类型来看，失联、跑路现象仍十分严重

据中国国家公共信用信息中心发布的《2018 年失信黑名单年度分析报告》统计，2018 年出现问题的 P2P 平台有 1282 家，从平台产生问题的类型看，近 50%的问题平台处于失联状态，14.51%的问题平台已进入警方调查程序，13.73%的问题平台出现提现困难的情况，另有 11.86%的问题平台已暂停运营（图 8-2）。

从问题平台涉嫌犯罪类型来看，主要集中在涉嫌非法吸收公众存款，涉及 138 家，占总数的 74.19%；其次是涉嫌非法集资，涉及 37 家，占总数的 19.89%；此外，有 10 家问题平台涉嫌集资诈骗，占总数的 5.38%；还有 1 家问题平台涉嫌合同诈骗（图 8-3）。

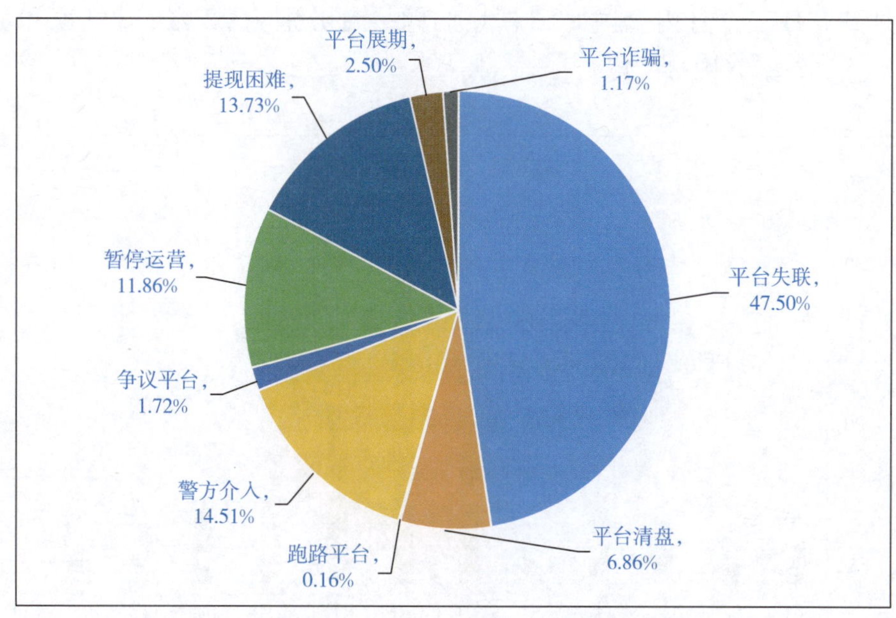

图 8-2 2018 年 P2P 网贷问题平台所属问题类型分布

数据来源：《2018 年失信黑名单年度分析报告》

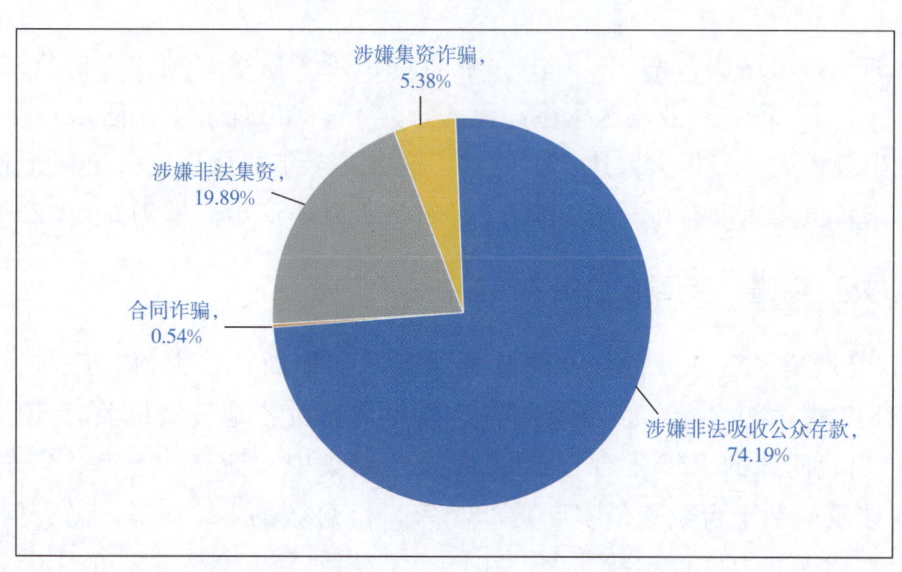

图 8-3 2018 年警方介入的 P2P 问题平台犯罪类型分布

数据来源：《2018 年失信黑名单年度分析报告》

三、从时间轴来看，风险出清主要发生在 6—8 月，呈集中爆发态势

自 2018 年端午节后，以唐小僧、联璧金融为首的高返平台纷纷出现问题，引起市场连锁反应，开始了集中“爆雷”潮。网贷之家统计数据显示，从 6 月 19—26 日仅一周时间，全国共有 42 家网贷平台出现问题，有 6 家系国资背景，其中 5 家平台主动清盘并提供了兑付方案，但也有 1 家国资背景平台出现跑路，这在市场引发了极大的震动。唐小僧、联璧金融等大平台相继被警方介入调查，均以涉嫌非法集资立案，其余多家平台出现跑路或兑付困

难等问题。6月到8月三个月内全国P2P新增问题平台分别为72家、200家和110家，合计“爆雷”平台将近400家（图8-4）。

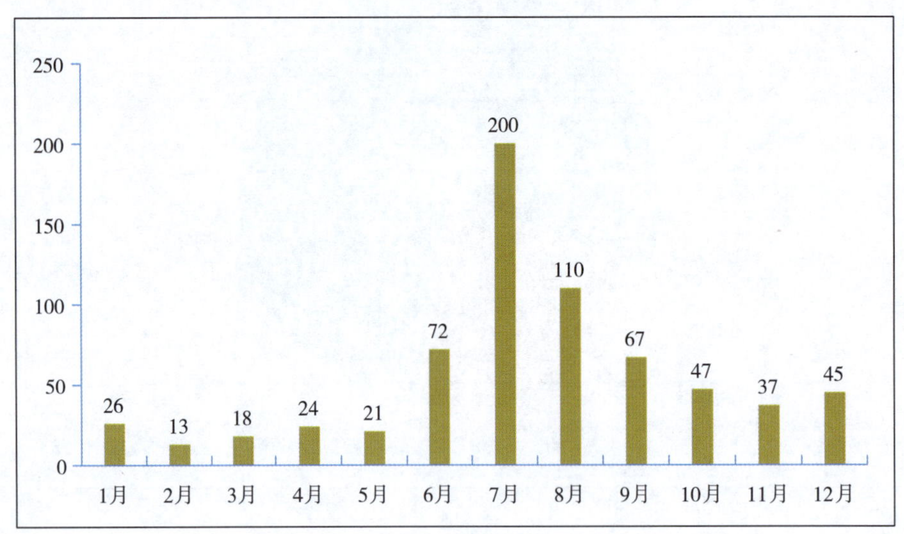

图8-4　2018年新增问题平台数据统计

数据来源：网贷之家数据中心

值得注意的是，在这次雷潮中，P2P行业首次出现了资金净流出。网贷之家的数据显示，2018年1—5月，P2P行业均为资金净流入；6月首次出现了463亿元的资金净流出；7月，资金净流出规模进一步扩大，达667亿元，这也是全年的最高点。随后资金净流出态势一直持续到年末，虽然速度有所放缓，但12月末，资金净流出规模仍高达222亿元。

四、从区域分布来看，问题平台主要集中在浙上广北等地

2018年P2P网贷平台“爆雷”事件波及全国，其中浙江、上海、广东、北京等成为重灾区。《2018年失信黑名单年度分析报告》指出，据对各地公安机关公开信息的不完全统计，2018年出现问题的P2P平台有1282家，主要集中在浙江、上海、广东、北京等地区，其中浙江涉及问题平台数量最多，达287家，占总数的22.39%。随着问题平台数量剧增，警方介入调查的力度也不断加大。2018年，各地警方介入调查的186家问题平台，与问题平台总体地区分布情况一致，警方介入的问题平台同样集中在浙江、广东、上海、北京四地。

第二节　2018年安徽互联网金融风险总体形势

总体来看，安徽P2P网贷机构数量、业务规模和风险状况均位于全国中等水平，相应地，2018年安徽P2P网贷的风险出清也与全国保持着基本同步的节奏。回顾全年，风险出清过程主要经历了以下三个阶段：

一、问题初现

2018年初，隶属于安徽爱投金融信息服务有限公司的一家网贷平台爱投易贷被曝出有逾期现象。实际上，早在2017年10月爱投易贷就已经出现逾期情况，不过短暂逾期得到了积极处理，平台得以继续正常发放标的。然而由于到期项目回款率过低，2018年初平台再次出现提现困难情况，拉开了安徽P2P网贷行业2018年的风险出清大幕。

上半年，一方面优质平台合规加速，积极迎接备案整改；另一方面不良平台纷纷出局，行业声誉遭遇严峻挑战。仅4月份，安徽就有三家网贷平台停业或跑路。4月初，来安县网恒在线平台被曝出平台失联、企业注销跑路，客服人员电话全部失联，企业已经在申请工商注销，但是平台毫无公告信息，同样也没有回款。类似情况发生在合肥的两家平台——蓼盛财富与众隆金服，这两家平台均于4月下旬停业。

二、集中“爆雷”

树欲静而风不止，随着2018年6月一股剧烈的风暴潮在网贷行业出现，全国范围上百家平台出现问题退出行业，其中包括部分知名平台。在这股强烈的风暴影响下，安徽网贷行业也出现了较大震动。接下来直至8月底，共有11家平台相继停业、转型或成为问题平台，其中问题平台有8家，占2018年安徽全部问题平台数目的80%。

2018年6月11日，胜辉贷平台被曝虚假发标，涉嫌非法集资，合肥警方迅速介入。随后不久，另一家网贷平台鑫格理财又以一种掩人耳目的方式上演跑路戏码。鑫格平台于2017年4月正式上线，根据平台官网和APP的信息披露，平台资产端以车贷类项目为主，年化收益率最高达到15%，具有典型的高收益平台特征。2018年7月13日，鑫格理财网站以及APP均出现异动，平台数据被清空，投资者资金无法完成提现。当天鑫格理财网站发布一则清盘公告，称目前面对监管政策的持续不明朗，合规成本的大幅度提高，行业市场环境持续动荡，借款人持续大规模逾期，投资用户大量盲目挤兑。对此鑫格理财决定良性退出行业，并开始良性清盘和兜底，以确保投资人的最大权益。但事实上此时鑫格理财的高管已经处于失联状态，客服电话也已经无人接听，所谓的清盘计划变成了单方面的销声匿迹。一边发布清盘公告，一边清空各项交易数据，用良性清盘为恶意跑路做掩护，这样的套路不仅大大损害投资者利益，也给行业声誉带来沉重的一击。截至2018年7月17日，该平台全国范围内的投资者人数达到4800人左右，而平台的累计成交规模约为2.4亿元。当月，鑫格理财因涉嫌集资诈骗罪、非法吸收公众存款被合肥经侦部门介入调查。

随着胜辉贷和鑫格理财的相继跑路，皖军平台受到全国“爆雷”浪潮“感染”的征兆逐渐显露。7月28日，此前一直位居省内P2P网贷行业正常运营平台体量和存量规模榜单的领头羊——“好车贷”宣布清盘，这意味着此次雷潮已经逐步蔓延到头部平台，风险形势更加严峻。“好车贷”是安徽省长天资产管理有限公司旗下一个专为有车一族提供抵押、质押借款和车贷理财服务的汽车消费P2P借贷融资服务平台，曾获评“中国互联网金融百强品牌”“中国互联网金融联盟理事单位”等殊荣，是中国互联网金融行业协会会员单位，同时还是商务部互联网金融信用信息采集合作单位。“好车贷”实际控制人熊磊曾获得合肥青年创业者提名、2012 年安徽民营企业十大创新人物、2013 年安徽民营企业家十大创新领军人物、2014 年央视 CCTV 奋斗栏目组“年度最佳产品创新奖”等诸多殊荣。截止到 2018 年 7 月 30 日，“好车贷”平台累计借贷金额为 62.36 亿元，借贷余额为 13.61 亿元，出借人多达 14742 人，各项指标均居省内行业第一。再多的荣誉加身也不能掩盖“好车贷”的违规违法行为，虚假发标、设立资金池、洗钱、集资诈骗等行为已经严重触犯了监管红线，平台的经营难以为继。就在发布良性退出的清盘公告后的第三天，7 月 31 日晚间，“好车贷”又突发公告，称该公司实际控制人熊磊失联，资金链断裂，已无如期兑现可能。

8 月 2 日，“货融贷”的官网出现部分异常，网站轮播图下架，所有标的暂停。平台发布公告称，由于资产端催收困难，代偿压力过大，平台决定暂停发标，对资产端进行梳理，期间平台正常运营，开始限制待收 1 万元以上的用户提现。据其官网数据显示，“货融贷”累计交易总额为 12 亿元，待还余额为 2.2 亿元。

9 月 1 日，大志投资董事长凌正通过安捷财富官网发表声明称，公司受到来自互联网金融行业环境持续恶化和大面积借款人逾期的双重打击，无力按期兑付欠款。为了保证不出现恶劣社会影响，其本人已向公安机关自首。大志投资集团注册地在合肥，旗下关联的“安捷财富”“智佳金服”两家 P2P 平台分别位于上海和深圳。2014 年以来，凌正等人利用关联平台线上发布虚假标的，线下以高息为诱饵，以关联公司提供虚假担保并承诺坏账回购等方式，通过设立资金池、自融等行为大肆进行非法集资。令人难以置信的是，运营 4 年来，两个平台发布的标的无一例真实，全为虚假借贷标的。截止到 2018 年 7 月 31 日，“安捷财富”累计交易总额 73.07 亿元，借贷余额 24.47 亿元，累计未偿还出借人数 14.19 万人。“智佳金服”累计成交额为 9.2 亿元，借款余额为 8833 万元，待还本息为 9329 万元。

9 月 13 日，另一家具有一定影响力的省内平台——“网汇贷”停止发标。“网汇贷”平台正式上线于 2014 年 10 月 9 日，运营时间即将满四年，其平均月度撮合成交额曾名列安徽民营平台前五。

自 2018 年 6 月一直到 2018 年 10 月以来，平台“爆雷”危机大范围蔓延，不少平台因为流动性问题、道德性问题、信用问题退出行业，一时间行业人心惶惶，投资者为求自保造成部分平台产生挤兑现象，形成恶性循环。

三、进入尾声

2018 年，对于整个 P2P 网贷行业来说是值得浓墨重彩记录的一年，这一年里发生了太多的事情：雷潮、跑路、清退、监管等，使得出借人无不风声鹤唳，生怕自己投的平台“爆雷”。P2P 网贷平台的集中“爆雷”促使监管更加积极地介入，8 月中旬，全国范围的合规检查开始启动。

2018 年 10 月 11 日，徽盐金融平台出现多笔逾期。徽盐金融是由省属大型国有企业——安徽省盐业总公司投资成立，亦是浦发银行全国范围内首家合作资金存管系统的网贷平台。截止到10月18日，平台累计交易总额为46.7亿元，借贷余额为7.36亿元，逾期金额超过1亿元，平台发标被迫暂停。

在徽盐金融暂停发标的两个月后，另外一家具有良好口碑的平台也宣布退出。12月8日，乐金所平台公告良性退出。乐金所由安徽乐金互联商务服务有限公司运营，成立于2014年12月，注册资金5000万元，并于2015年4月正式上线运营，是中国互联网金融协会首批会员单位之一。2017年4月25日，乐金所与徽商银行签订银行存管协议，同年6月4日，乐金所成功挂牌“深圳前海股权交易中心”（股权代码668688）。根据乐金所官网披露的运营信息，截止到2018年12月9日，该平台累计借贷金额为16.9亿元，累计借贷笔数为4343笔，注册用户数量为686450人。随着乐金所公告的良性退出，安徽P2P网贷行业2018年的风险出清进入了尾声。

第三节 2018年安徽互联网金融风险主要特征

一、总体风险可控，但局部风险状况不容乐观

如前所述，2018年安徽P2P网贷行业经历了一个前所未有的、大范围、大强度的风险出清过程，整体来看，这一出清过程仍控制在风险底线之上，并未引发区域内系统性金融风险或引发其他严重的社会风险问题。这一方面是由于安徽互联网金融的体量并不大，大部分机构业务规模较小，行业影响力相对有限；另一方面也反映出，随着互联网风险专项整治工作的不断推进，监管部门在互联网金融风险防范、化解和处置等方面的能力逐步提升，成效显著。

尽管安徽互联网金融风险总体可控，但局部风险形势仍不乐观。第一，互联网金融风险区域分布高度集中。安徽境内40家正常运营平台中，合肥占据了23家，机构数占全省的57.5%，而存量业务规模在全省占比更是高达80%以上。高度集中的机构分布必然带来风险的集中，2018年，清退机构、立案查处机构和投资人信访都主要集中在合肥，相对于省内其他地区，合肥市互联网金融风险形势无疑更加严峻。

第二，部分机构的存量风险短期内难以化解。部分机构因前期存在期限错配、资金池、大额标的等不规范经营行为，导致积累的风险敞口较大，存量业务风险短期内难以化解。受经济下行、股市低迷、催收新规、恶意拖欠增加等方面的影响，借款人被动或主动逾期增多，部分平台的逾期问题不断恶化。例如安徽盐业集团旗下的“徽盐金融”从2018年7月起持续出现大面积逾期，到年末逾期规模已达1.19亿元（不包括前期垫付的1.39亿元），且仍呈增长态势。同为国资背景的另一家平台“德众金融”同样深陷逾期泥潭，据该平台信息披露显示，2018年12月31日，借贷余额为33179亿元，其中逾期金额为8918亿元，逾期率高达27%。

第三，互联网金融领域的增量风险此消彼长，花样百出，不断翻新。作为创新的产物，

互联网金融天然具有创新基因。但由于早期缺乏监管，部分互联网金融机构打着金融创新之名，却从事着违规违法活动。从校园贷到现金贷、套路贷，从培训贷到租房分期，他们通过变换花样不断推出打着各种噱头名号的新业务来掩盖其不法行径，从而导致互联网金融风险变得更加隐蔽和复杂。

第四，风险处置过程中可能发生的次生风险值得警惕。与以往相比，2018 年出现的问题平台体量更大，影响范围更广，相应地，风险处置难度也更大。例如，“大志投资”线上线下未兑付金额达 28 亿元，涉及 1.74 万人；“好车贷”未兑付金额达 13.6 亿元，涉及 1.48 万人；“乐金所”待偿本金 4.97 亿元，涉及 6654 人。无论是重点清退机构的良性退出，还是重点案件的督办处置，短期内都很难完成。如何促成机构与投资人尽快达成清退协议，如何安抚投资人情绪，如何追缴和处置涉案资产等都将考验风险处置者的智慧，一旦处置不当，便有可能引发新的风险。

二、从成因来看，从业者的道德风险、机构的经营风险和行业的政策风险仍是三大突出问题

（一）从业者的道德风险问题

由于行业准入门槛低、监管不足等原因，P2P 网贷行业的道德风险一直居高不下，平台“爆雷”、平台控制人跑路等现象频频发生，“失联”“自首”“立案”“抓捕”等成为 2018 年 P2P 网贷行业出现频率最高的字眼。尽管银行存管制度已经推行，但短期内难见成效。那些“爆雷”的平台几乎无一例外都涉及不同形式的违规行为，部分平台控制人通过虚构融资项目，发布虚假信息，将所融得的资金用于挥霍或占为已有，或将融得的资金投资到其他项目或者投资到自己或关联方的实体企业。例如 2018 年 6 月，合肥市公安局瑶海分局在摸排中发现，P2P 平台“胜辉贷”对外虚构有借款人用汽车做抵押发布借款标的，通过网络推送 APP 链接让投资人进行投资。实际上，平台却自设资金池，将投资人的资金汇集到第三方支付平台，再转至自己控制的私人账户，反复用后来投资人的资金支付前面投资人的本金和利息，拆东墙补西墙，并未将募集的资金用于其他任何经营和投资。再如，2018 年 7 月 28 日，P2P 平台“好车贷”发布良性退出公告。公告称因近期来访用户剧增，恶意逾期还款和代偿还款增加，平台运营受到影响，即日起停止网贷运营业务，同时表示保证结清所有投资人本金。然而，在承诺“不跑路，不逃债”仅仅三天后，“好车贷”却对外宣称“公司实际控制人熊磊失联，资金链断裂，已无如期兑现可能”。

（二）机构的经营风险问题

2018 年 P2P 网贷机构的经营风险问题较以往更加突出。一方面，与持牌金融机构相比，安徽 P2P 网贷机构在技术水平、人员素质、资本实力等方面一直存在着短板，严重制约了平台风控能力；另一方面，经济下行、监管施压、投资人逃离、市场信心快速流失、行业声誉跌至冰点，日益严峻的经营环境无疑加大了平台风险控制的难度。正是在这样的背景下，大面积逾期、展期、亏损、清盘成为 2018 年许多 P2P 网贷平台不得不面对的难题。

截至 2018 年 9 月底，安徽金融家监测数据显示，当月 28 家安徽正常发标网贷平台中仍

有 6 家平台的信息披露工作形同虚设，事实上处于无信息披露状态，在同期安徽正常发标平台中的占比为 21.43%。具体考察信息披露建设相对合规的 22 家网贷平台，在信息披露报告中披露了逾期和代偿数据的平台共有 11 家，占比为 50%。11 家平台累计逾期金额为 4.7 亿元，其中 2.5 亿元已经代偿，仍有 2.2 亿元处于逾期状态。例如，货融贷在 2018 年 8 月 2 日发布公告，将其暂停发标的原因归结于“由于目前网贷行业问题的不断爆发导致货融贷资产端催收困难，平台代偿压力过大”。

如前所述，2018 年年中的“爆雷”潮导致投资人出现观望甚至恐慌情绪，到期资金不愿意续投，或即使再投资，期限要求上也明显缩短，期限错配问题愈发严重，平台业务规模下降明显。从成交量来看，相比 2017 年 1—11 月份 192.11 亿元的累计新增成交量，2018 年同期的数据骤降了 68.02 亿元，同比下降了 35.41%。分月来看，从 2018 年 4 月达到全年最高点 22.13 亿元以后，成交量逐月下降，到年末仅为 3.67 亿元。成交笔数呈现类似的变化，从 2018 年 5 月的 8700 笔一路下跌到年末的 1183 笔（图 8－5）。伴随着业务规模的快速收缩，日益紧张的资金链导致平台的流动性风险一触即发，部分平台不得不主动选择中止业务，清盘退出。

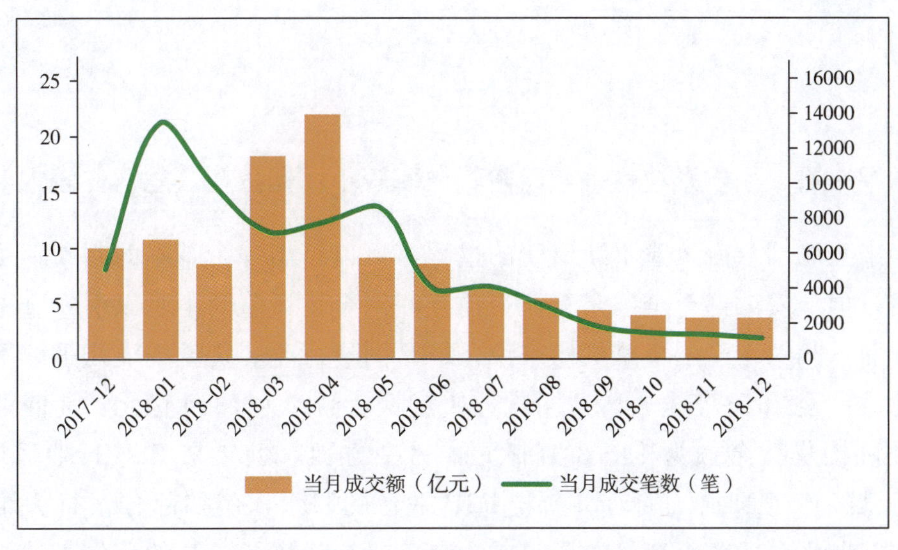

图 8－5　2018 年数据报送网贷平台各月当月成交额、成交笔数变化情况

（三）行业的政策风险问题

毫无疑问，2018 年互联网金融风险的集中暴露，其根本原因在于 P2P 网贷平台自身经营出了问题，风控能力不足。但同时我们也应看到，监管收紧和网贷备案延期也起了推波助澜的作用。行业的发展离不开监管的规范和指引。由于缺乏上位法，现阶段对互联网金融风险的监管还是采取专项整治的方式，通过各种文件、会议精神等来传递政策信号，缺乏统一、明确的监管规则规范和指引互联网金融机构的发展。

以整改备案为例，2017 年 6 月，备案工作宣布延期，时间为一年，将 2018 年 6 月底作为最后的期限接受监管验收；2017 年 12 月，《关于做好 P2P 网络借贷风险专项整治整改验收工作的通知》（57 号文）出台，要求各地在 2018 年 4 月底前完成辖内主要 P2P 机构的备案登记工作，6月底之前全部完成（图8-6）。但到了2018年4月，备案被延期，且没有公布后续的时间表。正是由于备案一再拖延，行业发展形势始终不明朗，让P2P网贷行业的从业者、股东及投资人无所适从，悲观情绪在市场上弥漫，平台“爆雷”的多米诺骨牌随之倒下。

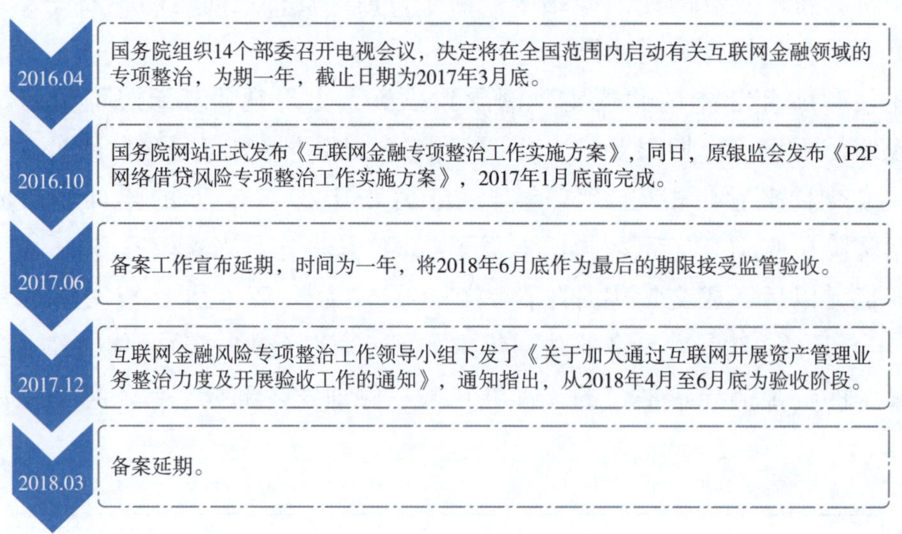

图8-6 互联网金融风险整治时间轴

三、从后果来看，引发系统性金融风险的概率较小，但其社会危害性较大

回顾近年来互联网金融风险不断出清的过程，可以得出一个基本的判断，虽然行业风险态势仍然严峻，但从安徽乃至全国来看，当前互联网金融风险尚不足以引发金融领域的系统性风险。一方面，相对于全国金融机构来说，P2P网贷行业的贷款规模几乎微不足道，据网贷之家的统计，截至2018年末，P2P网贷行业贷款余额约为7890亿元，而同期中国人民银行统计的金融机构贷款余额为136.3万亿元；另一方面，近年来P2P行业风险不断暴露，不少商业银行已经产生警觉，主动切割与P2P平台的联系，例如部分银行为维护声誉，主动终止了一些问题平台的资金存管业务，或为存管平台设置了更高的合作条件。

但从社会影响来看，P2P网贷行业乱象可能导致的社会风险却不容忽视。“非法吸收公众存款”“非法集资”“集资诈骗”“恶意逃废债务”“恶意催收”等词汇频频见诸媒体对P2P网贷的描述中。我们根据网贷天眼的资料，统计出2018年全国范围被警方立案侦查的平台共203家，结果发现，74.26%被定性为非法吸收公众存款，17.82%被定性为集资诈骗，3.47%被定性为非法集资，4.95%还未被警方彻底定性（图8-7）。不少平台涉案金额巨大，如善林金融旗下五个平台涉案金额达736亿元，案发时待收金额仍高达213亿元，涉及投资者62万余人。结合现实来看，不少P2P平台非法集资案发时，所吸资金要么用于支付前期投资者的高额返利，要么被挥霍一空，要么就是被卷款“跑路”，事后能够追缴回来的比例甚低。也就是说，一旦平台“爆雷”，投资者面临损失的概率几乎是百分百。

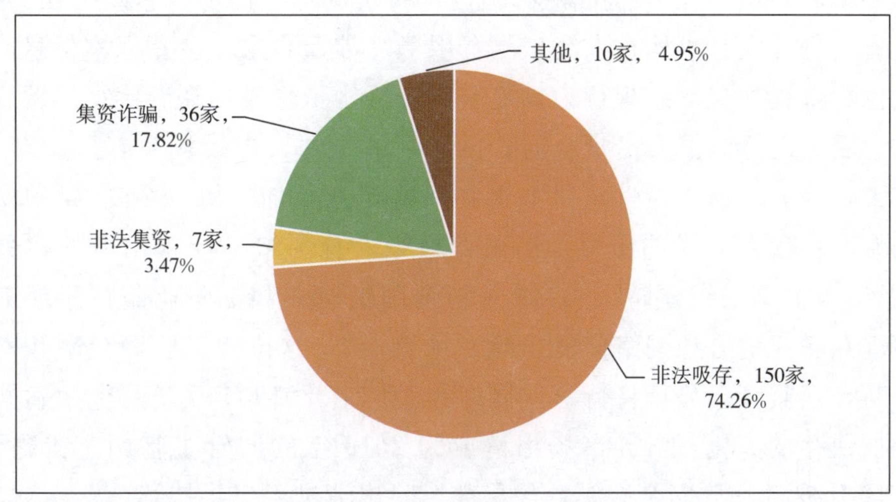

图 8-7　2018 年网贷天眼统计被警方立案侦查的平台类型

数据来源：网贷天眼

虽然总体来看由于安徽平台规模整体偏小，并没有出现像善林金融、唐小僧这类规模过百亿的问题平台，但 2018 年好车贷、大志集团等事件的发生，在社会上也引发了不小的影响。

第四节　2019 年安徽互联网金融风险的形势研判

如前所述，互联网金融涉众性强，风险因素复杂交叉。现阶段互联网金融行业不仅面临经济转型时期的信用风险、整治攻坚时期的合规风险、竞争加剧时期的经营风险，同时还面临着行业出清时期的次生风险和社会风险。随着互联网金融专项整治工作深入开展，安徽互联网金融行业风险已得到一定程度释放，虽然总体风险可控，但局部风险形势依然错综复杂，存量风险尚未全面出清，增量风险时有发生，互联网金融风险防控之路任重而道远。展望 2019，安徽互联网金融行业风险形势或将呈以下特点。

一、总体风险趋于稳定，局部风险出清仍将持续

2016 年互联网金融风险专项整治工作开展至今已有两年多的时间，取得的成效十分明显。监管制度机制逐步完善，行业无序发展、生态恶化的局面有所改善，互联网金融增量得到遏制，存量继续收缩，机构合规意识增强，投资者合法权益保护水平得到提升，互联网金融领域的总体风险水平显著下降。在经历了监管部门的备案延期、合规检查、资金监测分析、风险评估、“双降”政策等强监管考验后，优胜劣汰，能够幸存下来的基本上都是那些在背景实力、资产质量、风控水平、信息披露、运营效率以及盈利能力等核心要素上具备综合优势的平台。尤其是在经历了 2018 年的市场深度出清后，我们有理由相信，2019 年安徽互联网金融领域的总体风险水平将趋于稳定、可控状态。

受内外部环境的影响，互联网金融领域的局部风险态势仍不容乐观。在2018年的合规检查中发现，省内仍有大量机构存在突破融资限额、涉及自融、变相保本保息、信息披露不合规、核心风控和系统外包等违规行为，更有部分机构依靠发旧还新维持经营、“改头换面”规避检查、故意丢失运行数据及借贷合同，再加上诸如“大志投资”“好车贷”等重点案件的处置难度较大，等等，这些显性风险和潜在风险相互叠加，使得2019年的安徽互联网金融风险形势仍然面临较大的局部压力。从监管趋势来看，2018年末出台的相关文件给出了“坚持以机构退出为主要工作方向”，2019年初全国银行业和保险业监督管理工作会议明确提出“稳步推进互联网金融和网络借贷风险专项整治”，这说明互联网金融和网络借贷正逐步纳入监管范畴，强监管态势仍将持续，同时也意味着2019年互联网金融和网络借贷行业将继续出清。加快存量优化，引导市场出清成为2019年的监管主基调。在这样的背景下，我们预计，2019年安徽互联网金融领域的局部风险出清进程仍将持续。

二、风险处置过程中的次生风险仍需关注

如前所述，预计2019年安徽互联网金融领域的局部风险形势仍不容乐观，存量风险化解和机构退出有可能成为一个常态的出清过程，风险处置任务十分艰巨。客观地看，经过两年多的互联网金融风险专项整治，各级政府已经积累了一定的风险应对与处置经验。但由于互联网金融风险具有较强的涉众性、交叉性和传染性，风险处置过程中容易引发跨机构、跨区域、跨市场的连锁反应，尤其是可能引发严重的社会风险问题，因此，对互联网金融领域风险处置过程中可能产生的次生风险问题需要高度警惕，时刻关注。

从防风险的角度来看，互联网金融风险的传染主要有两个链条：一是行业内部基于恐慌情绪的流动性风险传染；二是从互联网金融行业向传统金融体系的风险传导。随着近年来的市场持续出清，互联网金融行业规模增速急剧下滑，银行等传统金融机构对这一领域的风险也有了深刻认识，主动切割与P2P网贷机构的联系，因此互联网金融行业向传统金融体系风险传导的问题并不十分突出。亟待关注的是行业内情绪恐慌导致的风险传染，甚至引发“踩踏”的现象，这在2018年年中的行业危机中已见端倪。下一步，能否稳妥有序地推进分类处置，能否正确引导机构转型或良性退出、引导出借人理性预期、营造良好的舆论氛围，能否进一步加大已出险机构追赃挽损力度，最大限度保护投资人的合法权益……这都将是影响2019年互联网金融风险形势的重要因子。

三、政策导向和实施路径日渐清晰，机构合规风险压力增大

尽管备案一延再延给P2P网贷行业未来走向带来了诸多不确定性，但总体来看，政策导向却是渐趋明朗。早在2017年，易纲和周小川就相继向市场喊话，强调所有金融活动都要纳入监管，要坚持持牌经营金融业务，实现监管全覆盖。2018年4月，全国互联网金融风险专项整治小组发布《关于加大通过互联网开展资产管理业务整治力度及开展验收工作的通知》，其核心要求就是持牌经营。2018年12月，潘功胜在第二届中国互联网金融论坛明确表示，“互联网金融和金融科技并未改变金融的风险属性，其与网络、科技相伴生的技术、

数据、信息安全等风险反而更为突出。从这个意义上讲，互联网金融或金融科技应该接受更为严格的监管”。由此可见，针对互联网金融领域推进严格监管，全面监管，填补监管漏洞，打击监管套利，这一政策趋向和实施路径越来越明晰。

在这一背景之下，互联网金融机构的合规风险压力显然愈加突出。这要求所有从业机构都必须严格遵守国家各项法律法规和规范性文件，绝不触碰监管红线，遵循金融规律，建立合规文化。既要达成违规行为整改、存量规模压降、出借人与借款人数降低等各项要求，还要进一步建立健全公司治理、信息披露、资金存管、反洗钱和反恐怖等各项制度，规范经营行为。从 2018 年下半年开始的合规检查结果来看，省内机构的合规之路依然任重道远。因此，强监管周期下的合规压力，将是每一家从业机构 2019 年都必须直面的问题。

第九章　安徽互联网金融风险专项整治

2016 年 4 月，全国范围内互联网金融专项整治工作正式启动。三年来，在国家统一部署以及各地的持续推动下，取得了丰硕的成果。在这一过程中，安徽省互联网金融风险专项整治工作也在同步开展，阶段性成效显著，互联网金融行业多年的积弊正在得到逐步整肃。

第一节　互联网金融风险专项整治背景及进程

一、整治背景

2015 年以前，一个普遍的观点是，互联网金融的定位主要在“小微”，具有“海量交易笔数，小微单笔金额”的特征，这使得其具有典型普惠金融的特征，在一定程度上填补了传统金融覆盖面的空白，有助于降低成本，提升资金配置效率和金融服务质量。因此，“作为新生事物，互联网金融既需要市场驱动，鼓励创新，也需要政策助力，促进发展”[①]。在“包容”和“创新”的鼓励下，互联网金融行业迅猛发展，几乎触及了金融业的所有领域，P2P 网贷、股权众筹等新兴业态呈爆发式增长。

然而，行业快速增长的同时带来泥沙俱下，问题平台陆续出现，平台跑路、停业、提现困难等现象屡见不鲜。据网贷之家统计，2014 年、2015 年两年间，全国一共出现问题平台 1133 家，一些平台以互联网金融之名行金融诈骗之实，且愈演愈烈，造成恶劣的社会影响。例如在 2015 年 4 月，昆明泛亚的一款互联网金融产品——“日金宝”发生兑付危机，这款产品规模高达 430 亿元，投资者超过 22 万人；同年 12 月，“e 租宝”被深圳警方立案侦查，“e 租宝”以高额收益为诱饵，虚构融资租赁项目，采用借新还旧、自我担保等方式非法集资，非法吸收 115 万余人公众资金累计人民币 762 亿余元；2016 年 4 月，“中晋系”被曝出假借私募股权基金等名义，发布集资款由银行托管、第三方独立审计、备付金充足等虚假信息，向公众非法集资 400 亿余元，涉及被害人 1.2 万余名。这些涉案人数众多、涉案金额巨大的恶性案件不仅引发了一系列严重的社会问题，而且也给刚刚兴起的互联网金融行业带来了负面影响。

---

① 摘自 2015 年 7 月发布的《关于促进互联网金融健康发展的指导意见》。

正是在这样的背景下，为鼓励和保护真正有价值的互联网金融创新，整治违法违规行为，切实防范风险，建立监管长效机制，促进互联网金融规范有序发展，2016 年 4 月，国务院办公厅印发《互联网金融风险专项整治工作实施方案》，全国互联网金融风险专项整治工作由此拉开了序幕。

二、整治进程

（一）第一阶段：专项整治启动

2016 年 4 月，国务院启动互联网金融风险专项整治工作，下发《互联网金融风险专项整治工作实施方案》，确立了 P2P 网贷行业监管体制及业务规则，明确了 P2P 网贷行业发展方向，这标志着经历了高速发展之后的互联网金融行业，逐渐趋于理性和冷静，进入了规范发展的新阶段。

2016 年 5 月，《安徽省互联网金融风险专项整治工作实施方案》出台，文件要求按照“鼓励创新、防范风险、趋利避害、健康发展”的指导思想，对 P2P 网贷和股权众筹业务，通过互联网开展资产管理及跨界从事金融业务、第三方支付业务、互联网金融领域广告等重点问题进行整治，这标志着安徽省互联网金融风险专项整治正式开始。8 月 24 日，原银监会等四个部门共同发布了《网络借贷信息中介机构业务活动管理暂行办法》，提出网贷平台备案制、划定了 13 条红线、明确借款限额，提高 P2P 行业经营门槛和成本。随后，《网络借贷信息中介机构备案登记管理指引》《网络借贷资金存管业务指引》和《网络借贷信息中介机构业务活动信息披露指引》的相继出台，标志着网贷行业“1＋3”制度框架基本搭建完成，为互联网金融风险专项整治提供了制度依据。

（二）第二阶段：备案两度延期

由于各地清理整顿工作进度不一，互联网金融机构情况复杂，“一刀切”处理不符合实际情况，落实客户资金第三方存管制度、加强存管银行对相关资金账户的监督绝非一日之功。加之现金贷问题的出现，原定于 2017 年 3 月完成的互联网金融风险专项整治工作难以按预期计划完成。网贷之家数据显示，截止到 2017 年 6 月 9 日，共有 452 家正常运营平台宣布与银行签订直接存管协议，约占同期 P2P 网贷行业正常运营平台总数量的 21.05％，其中有 232 家正常运营平台与银行完成直接存管系统对接并上线，占 P2P 网贷行业正常运营平台总数量的 10.8％，这意味着接近八成平台单没有做到第三方存管，备案被迫延期。2017 年 6 月 29 日，中国人民银行等 17 个部门联合印发了《关于进一步做好互联网金融风险专项整治清理整顿工作的通知》以及《关于落实清理整顿下一阶段工作要求的通知》，提出 7 月起组织对各地清理整顿的督查和中期评估，并进一步明确整改实施阶段应最迟于 2018 年 6 月底前完成。同时要求各网贷平台制订整改计划，将存量不合规业务压降至零，且不得新增不合规业务。

2017 年末，《关于做好 P2P 网络借贷风险专项整治整改验收工作的通知》（57 号文）的出台普遍被解读为利好消息，市场盼望已久的备案进入倒计时，各地纷纷出台相应细则积极推动备案制度的开展。作为网贷发展重镇的北上广深四地均秉持“从严把控、不设指标、合规一家，备案一家”的原则有序进行备案登记工作。存量资产的处置、银行存管、信息披露、ICP经营许可证、公安部三级等级保护等已经被明确纳入合规备案前提条件中，其中存量资产的处置成为平台备案的最大挑战。

但由于时间过紧、任务量过重，备案进程并没有预计的那样顺利，截至2018年4月，全国没有一家平台正式获得备案，加之《关于加大通过互联网开展资产管理业务整治力度及开展验收工作的通知》（29号文）明确资产管理业务作为金融业务，属于特许经营行业，须纳入金融监管，持牌经营。这一规定对于部分正在冲刺备案的P2P平台来说几乎是当头一棒，备案将延期的消息开始在市场流传。2018年7月，中国人民银行在全国互联网金融风险专项整治下一阶段工作部署动员会上明确表示，互联网金融风险专项整治工作需要按照打好防范化解重大风险攻坚战总体安排，再用1～2年时间完成互联网金融风险专项整治工作，化解存量风险，消除风险隐患，同时初步建立适应互联网金融特点的监管制度体系，至此，备案再次延期的消息得到证实。

（三）第三阶段：风险整治进入深水期

2018年4月16日善林金融的“爆雷”，引发了P2P网贷平台“爆雷”潮，6月1日至7月12日的42天内，全国共有108家P2P网贷平台“爆雷”，相当于每天“爆雷”2.6家，恶意逃废债现象频频发生，网贷行业风险进一步加大。随后监管层进场救市，运用多方面举措维护行业稳定。8月，互联网金融整治办下发《关于报送P2P平台借款人逃废债信息的通知》，要求加大打击恶意逃废债行为，并推进P2P恶意逃废债借款人信息纳入征信系统，严惩“老赖”的不道德行为；随后，《关于开展P2P网络借贷机构合规检查工作的通知》（网贷整治办函〔2018〕63号）以及《网络借贷信息中介机构合规检查问题清单》（包含108条）正式下发，在全国启动了P2P网贷行业的合规检查，风险整治进入深水期。

2019年初，市场开始流传《关于做好网贷机构分类处置和风险防范工作的意见》，文件对下一阶段网贷机构的分类、分类处置指引、总体工作要求等做出新的规定，并对网贷风险防范工作提出具体要求，这意味着互联网金融风险专项整治工作即将进入一个新的转折期。

第二节　2018年安徽互联网金融风险专项整治情况

总体来看，安徽省互联网金融风险专项整治工作的开展与全国保持着同步的节奏。自风险专项整治工作启动以来，安徽省互联网金融风险专项整治领导小组办公室印发多份文件，组织召开多次专项整治专题会议，并通过召开省有关部门联络员会议、推进重点地区工作和开展全省性业务培训等多种手段，推动风险专项整治工作的开展，先后建立了P2P网贷行业经营情况统计制度、重点机构整改落实进展统计制度、重点机构流动性缺口统计制度等工作制度，建立起风险专项整治的日常工作机制。就2018年来说，全年工作主要围绕以下内容展开：

一、整改验收启动

如前所述，2017 年末出台的“57 号文”明确要求各地整治办按照“明确标准、严格把关、积极稳妥”的原则，一家一策、整改验收合格一家、备案一家，并给出了分类验收的五大标准（图 9－1）。此外，针对此前各地细则中包括债权转让是否合规、能否提取风险备付金、资金存管等 11 项关键性问题，“57 号文”也做了统一定调，并对 2018 年互联网金融的整改验收阶段工作做出了具体、详细的部署。

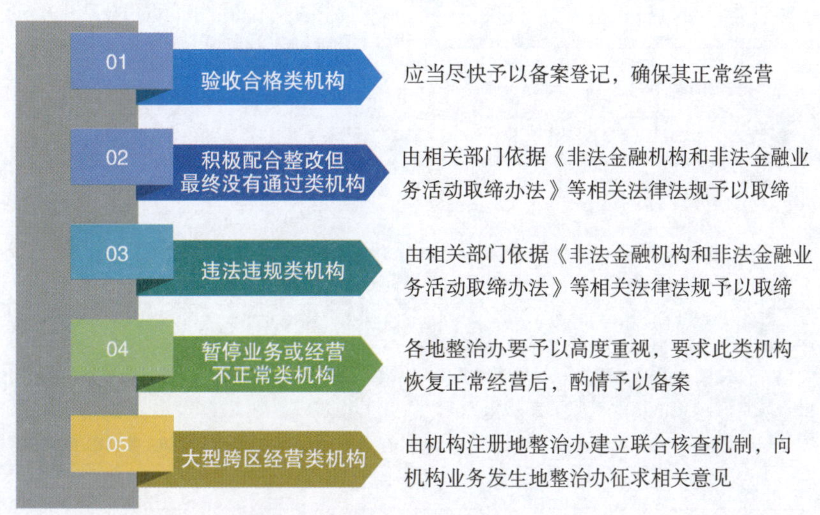

图 9－1　分类验收的五大标准

“57 号文”出台以后，全国范围内整改大幕拉开。2017 年底，浙江以及江苏率先发布关于备案登记管理的征求意见稿。2018 年年初，上海、深圳、江西积极推动备案工作的开展。2018 年 2 月，广东、新疆、福建、厦门、合肥等地的监管部门先后发布整改验收指引。3 月份，山东省、河南省、大连市、重庆市等多个省市的监管部门也陆续下发了整改验收指引。截至 3 月末，全国共有 20 个省市出台了备案登记管理办法、整改验收工作表等备案相关细则（图 9－2）。

就安徽来说，2018 年安徽省金融监管局下设的互联网金融风险专项整治小组结合省内实际，制定和完善《安徽省互联网金融风险专项整治工作方案》。以省政府金融办、中央金融管理部门省级派驻机构及中国人民银行合肥中心支行为专项整治领导小组，联动省网宣办、公安厅、工商局、省互联网金融协会等十余家相关单位，明确职责分工，推动全省互联网风险专项整治工作的开展。方案中明确将非持牌金融机构、不从事金融活动的企业在注册名称和经营范围中有《互联网金融风险专项整治工作方案》（国办发〔2016〕21 号）中列明的“金融”“财富管理”“支付”等 16 类字样都列入专项整治范围，重点开展 P2P 网贷和网络小额贷款领域风险整治，清理整顿完成时间延长至 2019 年 6 月底，并对各个地市按照风险情况分为三类，有针对性地推进专项整治工作。

合肥市互联网金融整治办紧跟政策指引，于 2018 年 2 月 26 日下发了《关于做好 P2P 网络借贷风险专项整治整改验收工作的通知》，特别强调新一轮互联网金融整治工作的八个关

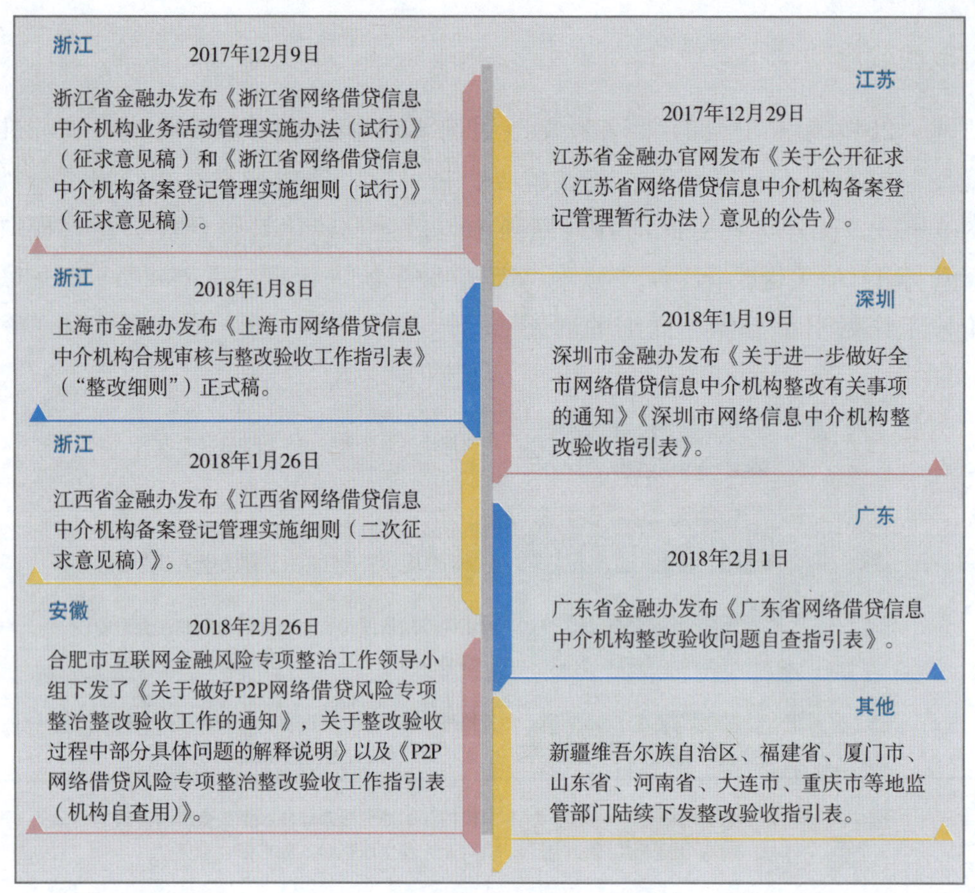

图 9-2 各省、市推动备案工作时间轴

键点（图 9-3），同时发布《关于整改验收过程中部分具体问题的解释说明》以及《P2P 网络借贷风险专项整治整改验收工作指引表（机构自查用）》。值得注意的是，根据合肥的指引表要求，平台未经出借人书面明确授权，代出借人选择出借项目，包括未经出借人书面明确授权，开展“自动投标”等业务需自查整改。随后，其他各市印发全市整改验收工作通知及工作指引，成立市整改验收工作组，选定第三方会计师事务所，召开工作推进会议，启动 23 家 P2P 网贷机构整改验收现场检查工作。

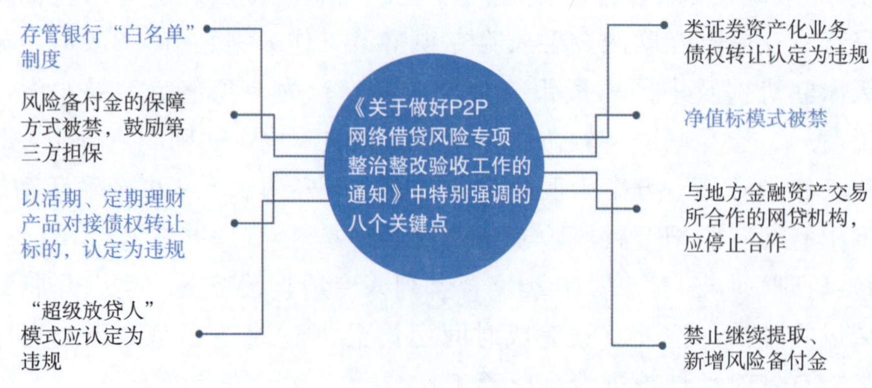

图 9-3 《关于做好 P2P 网络借贷风险专项整治整改验收工作的通知》中特别强调的八个关键点

然而，2018 年 4 月 10 日，市场突然开始流传备案延期的消息，4 月上旬开始，各地整改验收指引的发布呈现出停滞状态。整改验收的突然熄火绝非巧合，究其原因，大致有以下几点：一是备案工作由地方金融监管部门负责，各地情况都比较紧张，细则出来之后，只有一两个月的时间推进，人员配备等方面显然不足；二是网贷机构大多集中在北上广深等一线城市，规模大、业务复杂，消化起来比较困难，而小地方的平台在生存、发展方面又存在诸多不足；三是“29 号文”的下达，直接涉及很多大平台，让他们在两个月内将互联网资管模式清退、剥离，这显然难度巨大。除此之外，银行存管问题、信息披露、业务合规调整、存量业务化解等都对备案进度造成极大影响，在这样的背景下，安徽省在年初启动的整改验收及备案工作也相应地陷入停滞。

二、整治业内乱象，整顿市场秩序

随着“现金贷”“信用贷”“校园贷”等民间借贷形式的迅速扩张，假借民间借贷之名，通过“虚增债务”“制造资金走账流水”“肆意认定违约”“暴力讨债”等方式，采用欺骗、胁迫、滋扰、纠缠、非法拘禁、敲诈勒索、虚假诉讼等手段，非法占有公私财物的“套路贷”违法犯罪行为日益猖獗。此类犯罪不仅严重侵害人民群众财产安全和其他合法权益，还严重破坏社会管理秩序、扰乱金融市场秩序，也是诱发其他暴力犯罪的重要因素。同时，“套路贷”往往与黑恶势力交织，严重影响人民群众安全感和社会和谐稳定。规范“现金贷”，打击“套路贷”，是 2018 年安徽互联网金融风险整治的重要内容之一。

2018 年初，安徽省互联网金融整治办下发了《关于规范整顿“现金贷”业务的通知》，明确了“现金贷”业务开展的六项原则（图 9 - 4），统筹各相关职能部门，要求分步骤、分阶段摸排各类违规开展放贷业务的组织和个人基本情况，全面掌握风险底数，并通过约谈警示、督促整改、打击取缔等方式，清理整治违法违规行为，防范引发金融风险和社会不稳定因素，同时引导规范行业发展，满足部分群体正常消费信贷需求。随后，各地市相继召开规范整顿“现金贷”业务工作部署会，全面部署开展“现金贷”专项规范整顿工作。

6 月，安徽省高级人民法院、安徽省人民检察院、安徽省公安厅联合出台《关于办理“套路贷”刑事案件的指导意见》，就“套路贷”刑事案件的定性、共同犯罪的认定、犯罪数额认定和涉案财物处理做了详细要求，为打击“套路供”提供了法律依据。2018 年全年，安徽省地方金融监管部门摸排移交涉嫌“套路贷”线索 588 条，各市立案查处“套路贷”、暴力讨债等涉黑涉恶案件 54 起，一批犯罪嫌疑人被依法严惩，省内暴力催收整治工作取得了一定的成果。

三、多措并举，维稳救市

网贷行业方兴未艾，仍处于“摸着石头过河”的阶段，行业的发展离不开监管的引导，更离不开政策的扶持。2018 年，网贷雷潮集中爆发，监管层从 P2P 逃废债接入征信、AMC 进场救市等多方面举措稳定行业，尤其是 8 月份互联网金融整治办下发 P2P 网贷合规检查工作通知，意味着行业被搁置的备案进程得以重启，这些举措对于当时稳定行业预期起到了关键性作用。

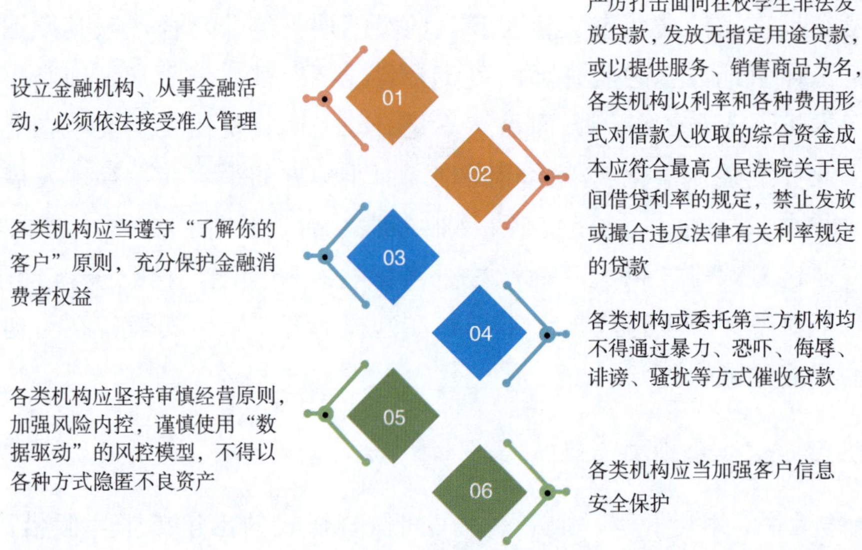

图 9-4 “现金贷”业务开展的六项原则

（一）引导机构有序退出

2018 年 6 月前后，多家网贷平台先后“爆雷”，投资者恐慌情绪蔓延，由最初的骗子平台倒闭蔓延至正常经营的平台。网贷平台“爆雷”风波已经引起监管部门的注意，多地多部门针对这场影响广泛的雷潮频繁发声。中国互联网金融协会以及江苏、上海、广州、深圳四地互联网金融协会相继发布 P2P 平台“良性退出”指引，呼吁 P2P 平台有序退出，避免群体性事件，妥善度过行业风险期（图 9-5）。

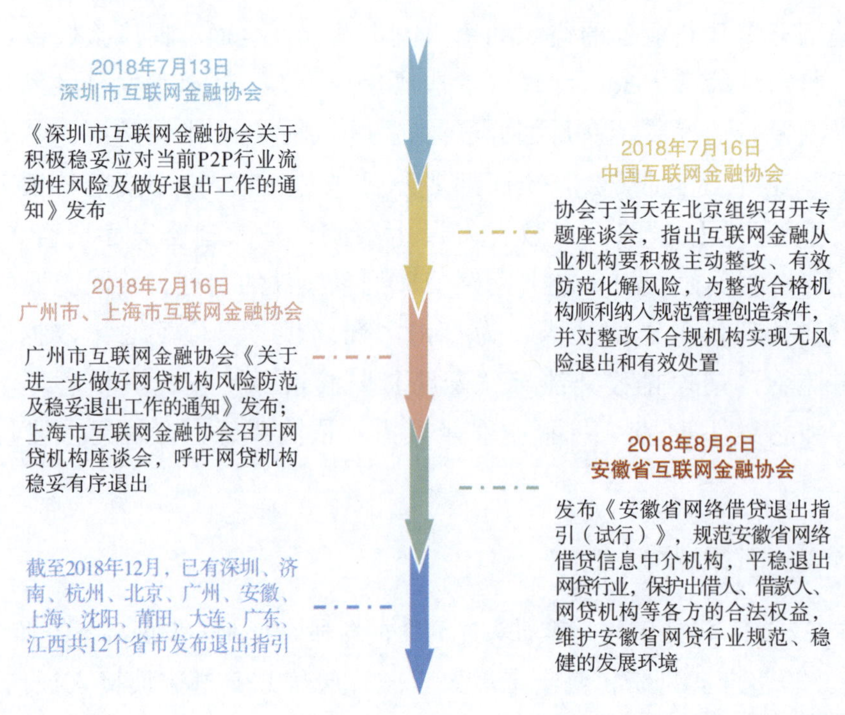

图 9-5 各地平台退出工作部署

2018 年 8 月 2 日，安徽省互联网金融协会发布《安徽省网络借贷退出指引（试行）》，重点指出“决定退出的网贷机构应在决定前 20 个工作日主动向机构所在地的市或区金融办报备”“成立退出工作组，明确小组负责人”“机构在报备后 5 个工作日内向报备机关出具明确的退出方案，确定机构退出期限，并上报机构相关情况”等具体规定，与其他省（直辖市、自治区）相比，安徽省的退出指引更加细化、具体，这对省内 P2P 网贷行业的健康发展起到了关键性作用。

（二）打击恶意逃废债

自 2018 年 6 月以来，多家互联网金融平台出现“爆雷”、清盘问题，除平台自身问题外，借款人的恶意违约也成为这个行业产生危机的重要原因之一。在行业不景气的背景下，一些本来有能力还款的借款人也悄悄踏上逃废债之路。不少老赖与恶意逃废债借款人抱着侥幸心理不愿还款，等待平台资金链断裂倒闭，从而逃脱还款义务。老赖们“趁火打劫”，将平台联系电话加入黑名单，故意失联，拖欠还款；更有甚者造谣传谣、恶意抹黑，意图通过攻击平台逃避还款。这种现象日益严重，加剧了 P2P 平台的风险爆发。为此，中国互联网金融协会和各地互联网金融整治办纷纷发表声明，打击恶意“逃废债”行为，给逾期借款人施压。2018 年 8 月 8 日，全国互联网金融整治办下发《关于报送 P2P 平台借款人逃废债信息的通知》，要求各地根据前期掌握的信息，上报借本次风险事件恶意逃废债的借款人名单。10 月份，全国首批 P2P 恶意逃废债借款人信息被纳入中国人民银行征信中心和百行征信的系统。11 月中旬，第二批失信人信息被继续纳入人民银行征信中心和百行征信的系统（图 9－6）。

图 9－6　2018 年恶意逃废债信息上报之路

安徽通过上下联动、部门联动的方式，持续保持对恶意逃废债务犯罪的高压打击态势。2018 年 7 月 23 日，安徽省互联网金融协会联合上海、浙江共同组织召开长三角行业协会及相关会员单位联席会议，三地联合发起倡议：一是三地行业协会将健全完善定期沟通机制，进一步紧密联系，共享信息，共同促进行业健康发展；二是 P2P 网贷平台要坚守初心，坚守法律底线和政策红线，回归信息中介本质。与此同时，省内各地区也积极落实逃废债整治工作，各地市针对自身情况，印发专项整治方案，强力打击恶意逃废金融债务行为。

以安徽省阜阳市为例，在整治逃废债问题方面，该市采取了四个步骤重点推进整治工作：一是强推进，印发《阜阳市打击恶意逃废金融债务优化金融生态环境专项行动方案》，成立专项行动领导小组，自 2018 年 8 月中旬起集中 1 年时间，强力打击恶意逃废金融债务行为；二是摸底数，按照“一企一策，分类甄别、有效处置”的原则，全面摸清逃废金融债务风险底数；三是突重点，把债务人逃避、悬空、毁弃金融机构债务等10种侵害债权的行为及关联机构拒绝承担担保责任、转移资产等5种帮助逃废债务行为作为整治靶向，重点打击赖账、骗贷、逃债、拒不执行判决裁定等恶意逃废金融债务行为；四是抓联动，发挥执法机关职能作用，建立逃废金融债务“黑名单”，对“黑名单”上的企事业单位和个人采取联合制裁、联合惩戒、司法打击等综合惩治，涉嫌犯罪的移交司法机关。

（三）资管公司（AMC）进场协助化解风险

2018年8月中旬，银保监会要求四大资管公司（AMC）主动作为以协助化解P2P网贷的“爆雷”风险。四大AMC有国家信用作背书，具有雄厚的资金实力及丰富的不良资产处置经验，能够快速处理不良资产和不良债权，对于网贷行业给予规范化经营指导，可以在很大程度上提振行业信心。

10月初，国厚资产作为地方AMC受邀积极参加省内P2P平台摸底排查工作，探索利用不良资产处置的专业优势介入网贷平台的风险化解。此外，国厚资产还对P2P问题平台进行了全面的分析调查，并将P2P平台分为老板跑路型、自查整改型、清理退出型三种类型，初步总结出AMC介入P2P问题平台的三种路径，从不同角度化解问题平台的风险，降低投资者的损失（图9－7）。

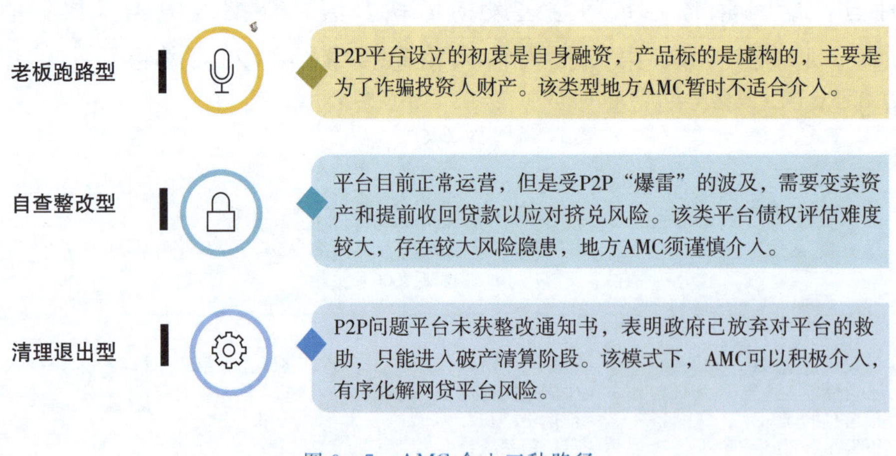

图9－7　AMC介入三种路径

四、合规检查启动

P2P网贷平台的陆续“爆雷”严重影响了行业的声誉，引发了广泛的质疑声。为了进一步摸底网贷平台情况，2018年8月13日，全国互联网金融整治办发布了《关于开展P2P网络借贷机构合规检查工作的通知》（含108条问题清单），8月29日，又发布了《P2P网络借贷会员机构自查自纠问题清单》（119条自查清单）。这两份文件和之前的“一个办法，三个指引”，共同构成了2018年下半年合规检查的制度框架（图9－8）。值得一提的是，这些文件规范意味着是从全国层面统一合规检查口径，避免了地区性的监管套利或过度监管，旨在通过平台的机构自查、协会或相关机构的自律检查以及网贷整治办的行政检查，全方位控制并逐步降低行业合规性风险。

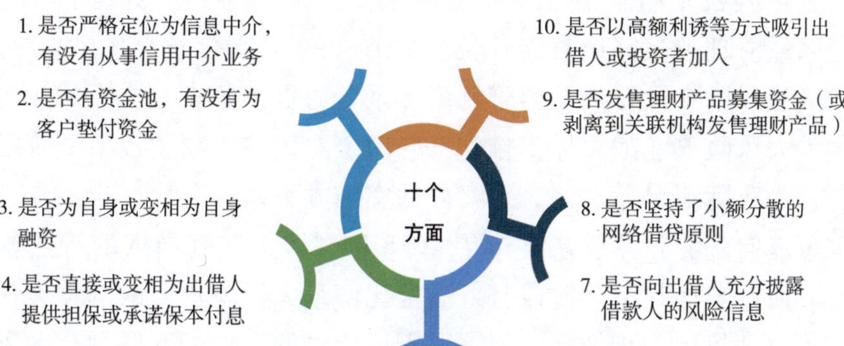

图 9-8　合规检查的十个重要方面

截至 2018 年底，全国范围内机构自查基本已经结束，北京、浙江及上海已经进入行政核查阶段。就安徽省来说，互联网金融协会及监管机构也积极响应此次合规检查号召，2018 年 9 月 17 日，安徽省互联网金融协会发布《关于 P2P 网络借贷机构提交自律检查报告的通知》，随后对省内 40 余家网贷平台逐一进行了上门检查。到 2018 年底，全省网贷机构的自查与自律检查基本结束，即将进入行政核查阶段。

第三节　下一步政策取向与整治重点

2016 年以来，安徽省各地有关部门深入贯彻落实省委省政府的工作部署，稳妥有序地推进互联网金融风险整治工作，整治阶段目标顺利完成：行业风险逐步释放，行业规模大幅压降，合规检查顺利实施，分类处置效果显现，机构退出平稳有序，刑事打击精准有力，信访投诉保持稳定。总体看来，安徽省网贷机构数量、业务规模、风险状况在全国处于中等水平，宏观风险大体可控，监管的长效机制正逐步建立。

但是同时，我们也要清醒地看到，省内 P2P 网贷风险机构仍批量存在，显性风险和潜在风险叠加，仍有大量机构存在突破融资限额、涉及自融、变相保本保息、信息披露不合规、核心风控和系统外包等违规行为，更有部分机构依靠发旧还新维持经营、“改头换面”规避检查、故意丢失运行数据及借贷合同。加之“大志投资”“好车贷”等重点案件短期内难以处置结束，互联网金融领域的信访维稳压力也在逐步加大，下一阶段的安徽互联网金融风险专项整治任务依然十分艰巨。

一、政策取向

从全国层面来看，2018 年 4 月，中央财经委第一次会议审议通过了打好防范化解金融风险攻坚战的三年行动方案，将互联网金融风险的专项整治工作纳入打好防范化解重大风险攻坚战的总体安排，要求再用一到两年时间完成专项整治工作。7 月，全国互联网金融整治办制订了互联网金融风险专项整治下一阶段的工作方案，进一步明确了时间节点，将 P2P 网贷和网络小贷领域清理整顿完成时间延长至 2019 年 6 月，化解存量风险，消除风险隐患，同时初步建立适应互联网金融特点的监管制度体系。为贯彻落实党中央国务院决策部署，按照打好防范化解重大风险攻坚战总体安排和互联网金融风险专项整治下一阶段工作方案的要求，安徽省结合自身实际情况，也制订了相应的实施方案。

从当前的政策取向来看，监管层并未因 2018 年"爆雷"潮导致的行业萎缩和市场低迷而发生动摇，一方面，考虑到下一阶段打好防范化解重大风险攻坚战的重大任务，监管态度会更加趋严，整治力度将进一步增强。根据监管层给出的定位，互联网金融风险专项整治已经到了攻坚阶段，以攻坚的姿态，乘势而为、坚定不移地推进互联网金融风险专项整治工作将是下一阶段的总体目标要求；另一方面，在近年来的风险整治活动中，监管层已经积累了较为丰富的实践经验，下一阶段并不会急于求成，而是将根据行业变化不断修正和完善监管规则，使之更加契合行业实际、更具可操作性。

二、整治重点

结合省内外形势发展情况，预计下一阶段安徽互联网金融风险专项整治工作将重点围绕以下几个方面展开：

第一，进一步做实合规检查，建立机构风险等级评估机制，从机构业务合规性、业务规模及增速、项目收益率、信息披露、广告宣传、负面舆情、投诉举报、账户和资金流向等多个维度研判风险，根据风险和谐对机构进行分级并动态调整，按照"关注掌握、警示教育、熔断处置、立案查处"四种形态实施清理整顿（图 9-9），在此基础上完成全面验收。

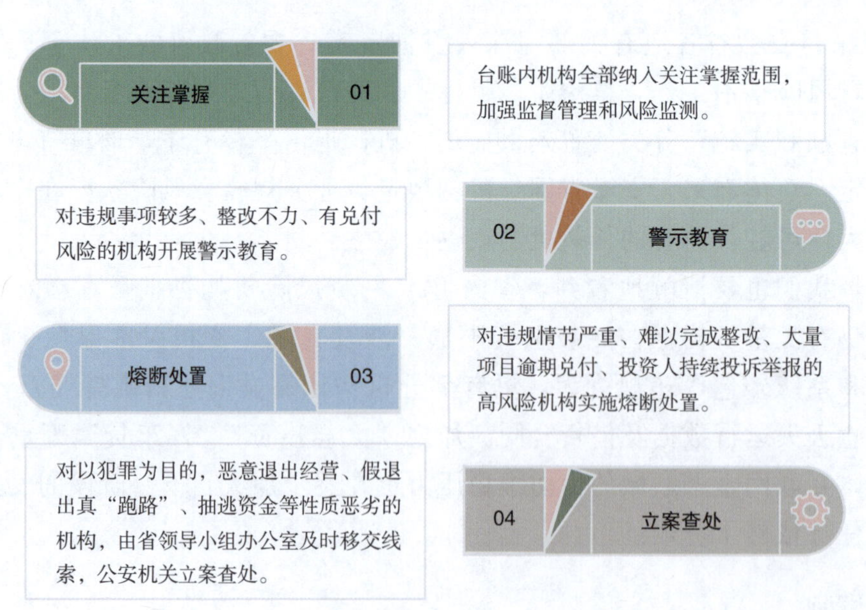

图 9-9 实施清理整顿的四种形态

第二，继续聚焦重点业态、重点区域、重点机构，积极稳妥处置存量风险，开展行政处罚和刑事打击，稳妥有序加速存量违法违规机构和业务活动退出，引导辖内机构有序退出，加强宣传教育和舆论引导、管控，及时回应业界和社会的关切，切实防范处置过程中可能产生的次生风险。

第三，加强风险监测预警，严控增量风险。完善前期介入机制，积极推进金融科技应用，整合各方信息资源，建立金融风险预警监测机制，提高识别非法金融活动和点面风险的能力。实行重大风险事项快速报告制度。重点关注那些新从事金融类活动的机构，及时管控和化解新冒头风险，对新形态的非法金融活动实现快速定性，露头就打，打小打早，将其消灭在萌芽状态。

第四，依法保护网贷投资人合法权益。压实网贷机构及其股东责任，加大追赃挽损力度，严厉打击恶意逃废债，将失信借款人信息纳入征信系统，切实维护金融安全和社会大局稳定。落实属地责任，加强信访投诉信息的整理和分析研判，及时处置人民群众反映强烈的风险事件。

第五，完善长效监管机制。完善风险预警监测机制，以专项整治线索汇总为基础，建设全面覆盖、动态监测、部门共享的互联网金融机构数据库，构建金融风险防控“一张网”基础设施。研究建立由地方金融监管部门、中央金融管理部门派出机构、市场监管部门、网络和技术管理部门、司法部门等共同参与的互联网金融监管长效机制，充分发挥省互联网金融协会作用，逐步形成行政监管和行业自律有机结合的治理机制。

第十章 安徽互联网金融监管体系的构建与完善

2018 年，监管部门对“虚拟货币”“现金贷”“校园贷”等互联网金融机构的不法行为进行了持续重拳打击，对于网贷行业等进行了专项整治行动，对移动支付开展“断直连”和备付金集中交存工作，对互联网金融各领域进行了穿透性监管。互联网金融平台合规性、规范性发展得到了很大程度的提升，互联网金融风险整体明显下降。但互联网金融风险依然复杂，部分领域问题依旧突出。积极化解存量风险，堵住监管漏洞，为互联网金融健康发展构建起系统性的制度框架，形成长效的监管机制，是当前迫切需要解决的问题。

第一节 安徽互联网金融监管体系的逐步确立

我国互联网金融的发端可以追溯到 2007 年成立的拍拍贷，随后，P2P 网贷、第三方支付、众筹等互联网金融新业态相继进入人们的视野。2013 年 6 月 17 日上线的余额宝在短短半年的时间里就吸纳了 4303 万名客户，规模高达 1853 亿元。这一令人瞩目的业绩不仅严重地冲击了传统金融行业，更是掀起了互联网金融的热潮。以安徽 P2P 网贷为例，2013 年 2 月省内第一家 P2P 网贷平台成立，当年新成立的平台数达 21 家，随后两年均保持高速增长态势，新增平台数分别为 44 家和 68 家，累计上线平台高达 133 家。然而由于缺乏监管，高速发展中累积起来的行业风险也开始显现，P2P 网贷平台清盘、跑路、经侦介入等现象频频出现，2015 年底 133 家平台中仅有 69 家能正常运营，一半以上成为问题平台[①]。正是在这样的背景下，互联网金融发展问题开始进入决策者的视野。

从 2014 年到 2018 年，政府工作报告连续五年提及“互联网金融”，报告用词从开始的“促进健康发展”到“规范发展”，到“高度警惕”，再到“健全监管”（图 10－1），这些变化反映出政府对待互联网金融行业发展的态度逐渐明确，与此同时，行业监管体制逐渐确立。

一、互联网金融监管组织架构不断完善

2015 年 7 月出台的《关于促进互联网金融健康发展的指导意见》（以下简称《指导意见》）在互联网金融行业发展中具有里程碑的意义。这份由中国人民银行等 14 部委联合发布

① 资料来源于《安徽省互联网金融行业发展报告（2017）》。

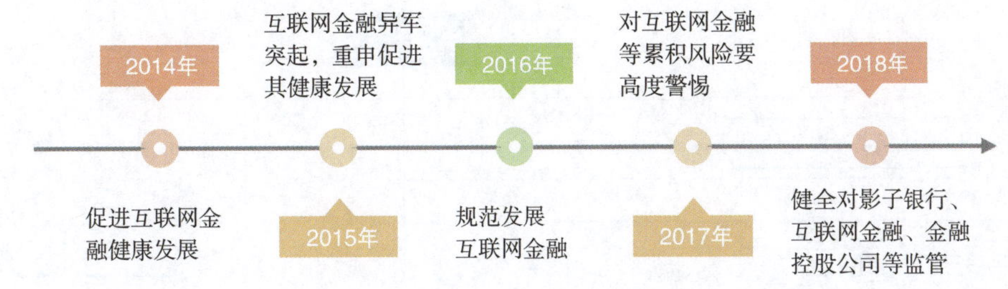

图 10－1　2014—2018 年政府工作报告中有关"互联网金融"的提法

的文件第一次明确提出，"加强互联网金融监管，是促进互联网金融健康发展的内在要求"，同时指出互联网金融监管应遵循"依法监管、适度监管、分类监管、协同监管、创新监管"五大原则，文件还首次对互联网金融业态进行了细分，对不同业态明确了各自的监管部门，从而搭建了分类监管的基本框架。

根据上述《指导意见》的要求，由中国人民银行会同原银监会、证监会、原保监会等国家有关部委组织建立的中国互联网金融协会在 2016 年 3 月 25 日挂牌成立，标志着行业自律正式拉开。2017 年 1 月，安徽省互联网金融协会正式成立。作为对行业监管的有效补充，行业自律机制在随后开展的互联网金融风险专项整治过程中发挥了极为重要的作用。

由于互联网金融业务具有极强的跨界和混业特征，条线分割的分业监管模式难以适应其发展。2016 年 4 月由国务院办公厅发布的《互联网金融风险专项整治工作实施方案》明确提出，要"建立和完善适应互联网金融特点的监管长效机制"，在监管组织方面，要求按照"明确分工，强化协作"的原则，加强组织协调，落实主体责任。具体内容包括：一是要求在全国层面成立由中国人民银行、原银监会、证监会、原保监会、原工商总局等多部门联合参加的整治工作领导小组及各分领域工作小组，负责总体推进整治工作；二是要求在各省级层面成立落实整治方案领导小组，组织本地区专项整治工作；三是要求各相关部门应积极配合金融管理部门开展工作。在省级人民政府的统一领导下，各金融管理部门省级派驻机构与省（区、市）金融办（局）共同牵头负责本地区分领域整治工作，共同承担分领域整治任务。由此建立起"部门统筹、属地组织、条块结合、共同负责"的监管机制。

2016 年 5 月 26 日，安徽省政府印发《安徽省互联网金融风险专项整治工作方案》，对省互联网金融风险专项整治工作领导小组、分领域专项整治联合工作办公室、各市的落实整治方案工作领导小组以及各部门的职责分工进行了细化和具体落实。在这一方案的具体指导下，安徽互联网金融行业监管组织体系逐渐搭建起来。

2017 年，《国务院机构改革方案》对我国金融监管体制改革做出了重大部署。同年 7 月成立了国务院金融稳定发展委员会，2018 年 4 月中国银行业监督管理委员会与中国保险业监督管理委员会合并。改革后的金融监管框架表现为"一委一行两会一局"的体制结构。从 2018 年下半年开始，随着各地金融监督管理局密集挂牌、银保监会和央行的"三定"出炉，互联网金融行业的监管体制得到了进一步明确。具体表现为由央行负责行业监管总体定调和审慎监管，银保监会负责搭建制度框架和行为监管，各地金融监管局负责机构监管和整改、验收、备案，而互联网金融协会负责行业自律（图 10－2）。

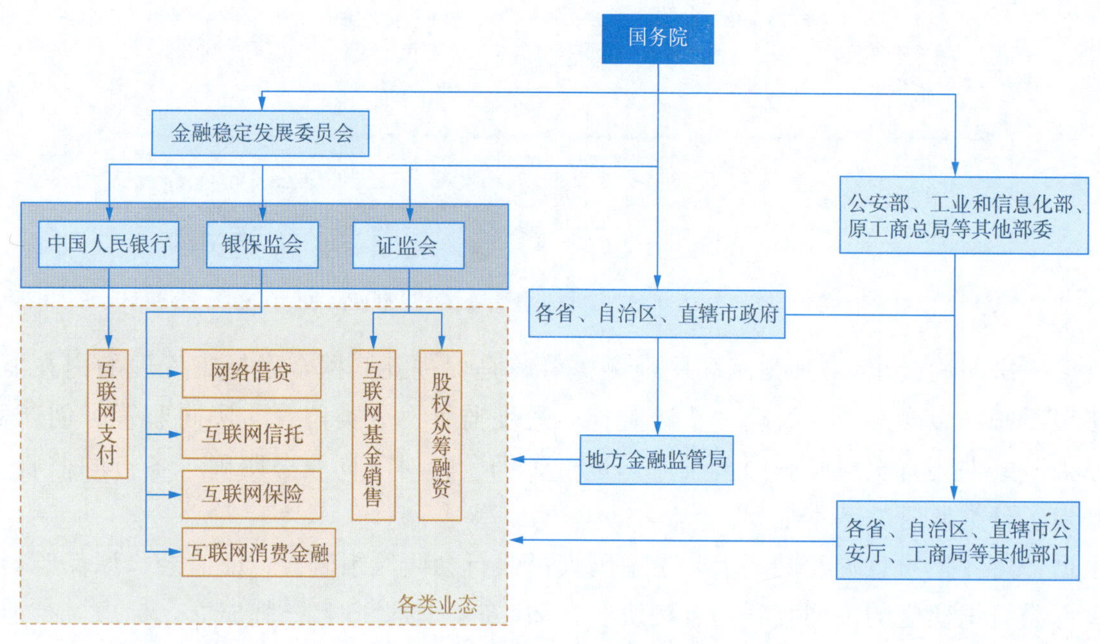

图 10－2 互联网金融监管框架

二、互联网金融监管政策相继出台

如前所述，作为第一份具有影响力的互联网金融监管文件，《指导意见》不仅明确了分类监管的基本框架，更重要的是，首次明确了对互联网金融的监管思路，即在“鼓励创新，支持互联网金融稳步发展”的前提下，应遵循“依法监管、适度监管、分类监管、协同监管、创新监管”的原则，科学合理地界定各业态的业务边界及准入条件，落实监管责任，明确风险底线，保护合法经营，坚决打击违法和违规行为。随后，包括安徽在内的多个省市相继下发了促进互联网金融规范发展的文件，对互联网金融自设资金池、非法集资、捆绑销售、不实宣传等行为进行明文约束。例如，安徽省 2016 年 1 月出台的《关于进一步做好防范和处置非法集资工作的实施意见》明确提出，要严格控制互联网金融企业特别是 P2P 网贷平台工商注册登记、网站备案和申领增值电信业务经营许可。而对于已经登记注册的 P2P 机构，要求其坚持平台功能，不准直接或间接归集资金和发放贷款，不准代替客户承诺保本保息，不准销售理财、资产管理、基金、保险或信托产品，不准从事股权众筹业务和股票配资业务，不准从事非法集资和吸收公众存款等违法违规活动。总体来看，这一阶段的监管主要采取了“负面清单”模式，一方面为互联网金融行业发展确立了底线思维；另一方面也为行业发展预留了创新的空间。

监管层面的鼓励态度在一定程度上刺激了行业的高速发展，然而与此同时，“爆雷”、跑路等互联网金融风险案件也开始呈现高发频发势头，尤其是 2015 年底“e 租宝”事件的爆发，让监管层意识到，以 P2P 网贷和众筹为代表的某些互联网金融业态发展已经偏离了正确的创新方向。2016 年 4 月，国务院办公厅发布了《互联网金融风险专项整治工作实施方案》，提出要“明确各项业务合法与非法、合规与违规的边界”，做到“有序化解存量风险，有效控制增量风险”。在这一思路的指导下，方案对 P2P 网贷和股权众筹业务、通过互联网开展资产管理及跨界从事金融业务、第三方支付业务和互联网金融领域广告等四类重点问题的整治工作进行了具体部署，提出了六类整治措施。随后，《P2P 网络借贷风险专项整治实施方案》《股权众筹专项整治工作实施方案》《互联网保险专项整治实施方案》《互联网资管及跨界金融专项整治方案》《非银行支付机构专项整治方案》等一系列文件密集出台，随着监管规则不断明确，互联网金融行业正式进入了严格监管时代。

2016 年 8 月 24 日，原银监会发布《网络借贷信息中介机构业务活动管理暂行办法》，对网贷行业做出了系统的制度安排和规则设定，主要内容包括：明确网贷机构是信息中介而不是信用中介，不允许网贷机构吸收存款、设立资金池进行非法集资等；明确网贷机构是小额分散、线上经营的模式；明确网贷监管的“双负责”机制和各主体的监管责任。在随后的一年时间里，《网络借贷信息中介机构备案登记管理指引》《网络借贷资金存管业务指引》和《网络借贷信息中介机构业务活动信息披露指引》相继问世，P2P 网贷行业“1＋3”（一个办法，三个指引）监管框架体系就此形成。此后，“信息中介”“备案”“资金存管”“信息披露”等成为 P2P 网贷行业监管的关键词。

2017 年 6 月，中国人民银行等 17 个部门联合印发《关于进一步做好互联网金融风险专项整治清理整顿工作的通知》，不仅要求“整改期间，从业机构存量不合规业务要逐步压降至零，不得新增不合规业务”，而且要求各省领导小组“采取有效措施确保整治期间辖内互联网金融从业机构数量及业务规模双降”。此后，“零增长”（不得新增不合规业务）、“清零”（存量不合规业务要逐步压降至零）和“双降”（从业机构数量及业务规模双降）成为互联网金融监管的核心词。客观地说，这三项规定的确发挥了降低行业风险敞口、加快行业出清的积极作用，但这种高压严控、“一刀切”的做法也在一定程度上影响了行业的进一步发展。

2017 年 12 月 28 日，《关于做好 P2P 网络借贷风险专项整治整改验收工作的通知》（57 号文）正式出台，网贷行业进入整改验收阶段。“57 号文”不但对下一步的整改验收工作做出了详细的计划，明确了验收标准和具体的整改与备案时间表，还要求网贷机构要“回归信息中介本质，坚持小额分散功能，定位线上经营模式，建立合理定价机制”，同时对债权转让、风险备付金、资金存管等 11 项关键性问题做出进一步的解释说明。在备案延期、行业前景不明的情况下，这份具有较强可操作性的“57 号文”的出台无疑给市场注入了一针强心剂，机构备案指日可期，行业发展前景开始明晰。紧随其后，安徽、江苏、浙江、上海、广州、深圳等地相继出台整改验收细则，尽管各地出台的细则在内容上存在着某些差异，但总体精神与“57 号文”保持着高度一致。

2018 年 2 月 26 日，安徽省互联网金融风险专项整治工作领导小组办公室下发了《关于做好 P2P 网络借贷风险专项整治整改验收工作的通知》，同时发布《关于整改验收过程中部分具体问题的解释说明》以及《P2P 网络借贷风险专项整治整改验收工作指引表（机构自查用)》，根据验收通知，安徽省此次整改验收及后续备案登记工作共分为四个阶段：2018 年 3 月 15 日之前各网贷机构提交整改验收申请；2018 年 4 月底之前完成主要机构的整改验收工作；2018 年 5 月底之前完成个别难度极大、情况极其复杂的机构相关工作；机构备案工作将分批进行，具体时间安排由省整治办研究确定，最迟于 2018 年 6 月底前全部结束。

然而，网贷机构的备案并未能如约而至。2018 年 3 月 28 日，全国互联网金融整治办下发了《关于加大通过互联网开展资产管理业务整治力度及开展验收工作的通知》（29 号文），要求加大力度整顿通过互联网开展的资产管理业务。“29 号文”明确提出互联网资管业务属于特许经营业务，未取得金融牌照不得从事互联网资管业务，同时强调“未经许可，依托互联网以发行销售各类资产管理产品等方式公开募集资金的行为，应当明确为非法金融活动”“未经许可，依托互联网发行销售资产管理产品的行为，须立即停止，存量业务应当最迟于 2018 年 6 月底前压缩至零”“对于未按要求化解存量业务的机构，应明确为从事非法金融活动，纳入取缔类进行处置”。这份措辞严厉的“29 号文”对于许多正在冲刺备案的网贷机构来说，不啻是突然降下的一座大山，清理违规的资管产品成为当务之急。

备案再度搁浅，互联网资管整治力度加强，风雨飘摇的 P2P 网贷行业在 2018 年年中又迎来了一轮狂风骤雨式的“爆雷”潮。与以往“爆雷”潮不同的是，来自平台借款人的各类恶意逃废债现象十分突出。8 月 8 日，全国互联网金融整治办下发了《关于报送 P2P 平台借款人逃废债信息的通知》，加大打击恶意逃废债行为，并推进恶意逃废债借款人信息纳入征信系统和“信用中国”数据库。在危机时期，这一具有威慑力的举措对于保护网贷平台出借人的合法权益、保障互联网金融行业良性运行和发展起到了积极作用。

为了督促网贷机构合规经营，加强风险管控，回归信息中介本质定位，同时能够稳妥有序地化解存量风险，引导行业良性退出，2018 年 8 月 13 日，全国网贷整治办出台了《关于开展 P2P 网络借贷机构合规检查工作的通知》（63 号文）和《网络借贷信息中介机构合规检查问题清单》（网贷 108 条），启动了网贷行业的合规检查工作。“63 号文”明确将采取“机构自查与自律检查、行政核查压茬推进、有序展开，交叉核验”的方式，重点围绕 10 个方面进行合规检查（图 9-8）。与“63 号文”同时下发的“网贷 108 条”，包括禁止性规定、风险控制要求、出借人与借款人的保护义务、信息披露要求、重点领域的监管要求和存量限制等六大方面，共 108 条细则。此次 108 条合规检查清单的出台，除了细则本身要求更加明确以外，更重要的意义是，从全国层面统一了检查标准，避免了地区性的监管套利。

第二节　互联网金融发达地区的监管经验借鉴

如前所述，目前我国互联网金融行业已构建起“中央—地方”双层监管、多部门协调配合的监管体制。在互联网金融发展的初期，由于各地发展水平不一，本着先行先试的态度，充分发挥了地方金融监管因地制宜的作用。以北京、上海、深圳、杭州等为代表的互联网金融发达地区在监管方面取得了丰富的成果和经验。

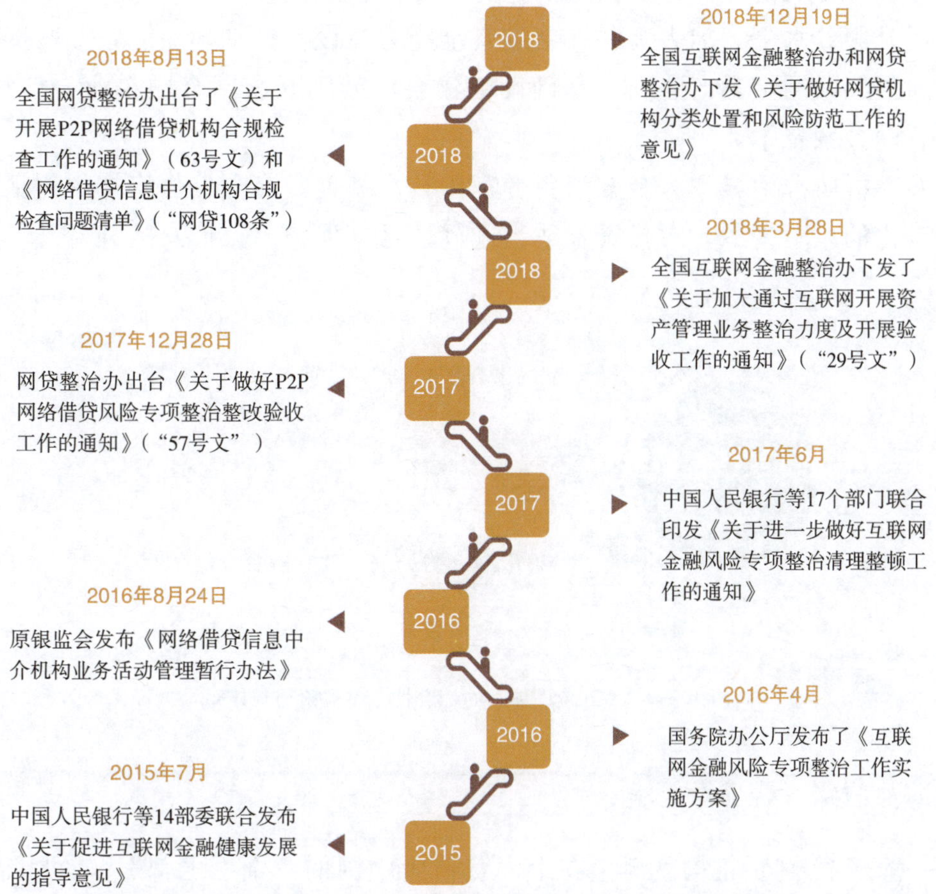

图 10-3　2015—2018 年互联网金融监管文件

一、北京互联网金融监管经验

作为全国的政治、经济和文化中心，北京吸引了众多互联网金融企业，这为北京市互联网金融监管带来了挑战，同时也为监管的先行先试提供了契机，无论是监管理念、制度建设，还是监管技术、监管方式，北京都走在全国的前列。总体来看，北京通过构建“五位一体”的综合性金融风险防控体系（图 10-4），有效地提升了互联网金融风险监测预警能力，进一步完善了互联网金融监管机制：

第一，前移防控关口，构建大数据监测预警体系。北京市建立了打击非法集资监测预警平台、企业图谱分析平台和非法集资线索举报平台，这三大平台联合两家金融科技公司，运用大数据手段，通过一企一档，建立互联网金融发现、预警、化解和移送四大机制。

第二，加强数据分析，开发建设网贷业务监管系统。该监管系统以区块链技术为底层技术支撑，解决金融活动信任难题，逐步形成对互联网金融领域全覆盖的监管长效机制。

第三，探索行业标准，引导网贷行业自律规范发展。推动实施“1＋3＋N”的网贷行业监管北京模式，“1”是成立网贷行业协会并建立党组织，发挥“自律＋党建”的综合作用；“3”是采取产品登记、信息披露、资金托管三大监管理念与监管措施；“N”是采取建立行业大数据平台、行业托管平台、加强行业培训、加强行业自查、对风险企业约谈等一系列措施，督促行业合法合规经营，保护金融消费者的合法权益。

第四，提升服务水平，加大互联网金融安全能力建设。推动建立北京互联网金融安全示范产业园，加强互联网金融产业安全基础设施建设，鼓励互联网金融企业与信息安全企业，共同研发互联网金融技术。

第五，发动群防群治，加大金融消费者宣传教育力度。充分发挥媒体的传播力，为广大群众进行常态化的风险警示，对投资者适当进行教育，保护广大群众的利益。

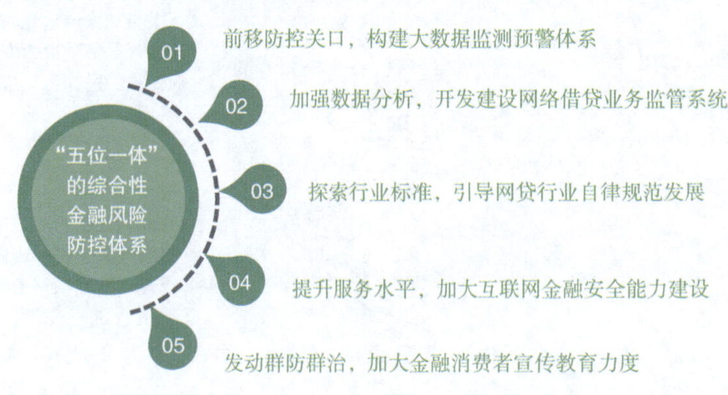

图 10－4 "五位一体"的综合性金融风险防控体系

二、上海互联网金融监管经验

国内第一家 P2P 网贷机构就诞生在上海，作为中国的"金融之都"，与北京一样，上海聚集了众多金融机构，也孕育了众多新锐互联网金融公司，在互联网金融监管方面一直走在全国前列，通过先行先试积累了丰富的经验。

（一）重视制度建设

上海非常重视对互联网金融行业的制度建设。2011 年 3 月，上海出台了《关于促进本市第三方支付产业发展的若干意见》。2014 年 8 月，上海金融办、上海经济和信息化委员会共同发布《关于促进本市互联网金融产业健康发展的若干意见》。上海市互联网金融监管机构积极响应国家政策的指引，在网贷行业专项整治过程中，率先明确 P2P 验收、整改规则，向各辖区下发了《上海市网络借贷信息中介机构合规审核与整改验收工作指引表》（168 条），加快了上海 P2P 备案进程。2018 年 8 月 28 日，上海互联网金融整治办正式部署启动 P2P 机构合规检查相关工作，仅次于北京之后，并在 11 月份启动了行政核查程序，于 2019 年初率先完成了合规检查的收尾工作。

（二）完善配套措施

由于起步较早，上海的互联网金融行业相应也就较早地经历了平台"爆雷"潮，一些大平台如快鹿系、中晋系的"爆雷"让上海较早地认识到，在处理互联网金融风险时需要多方力量的介入，尤其是法律力量的介入。据上海浦东新区人民法院公布的材料，该院受理的涉及互联网金融纠纷数量从 2016 年的 329 件增加到 2017 年的 568 件，互联网金融机构主体亦由 2016 年的 27 家增加到 2017 年的 41 家，纠纷的内容已从单纯的网络借款逐渐向互联网股权众筹、互联网消费金融等方向发展，纠纷的内容趋向多样化和复杂化，涉及互联网金融纠纷的案例呈现爆发式增加。针对这一现象，2018 年 8 月上海成立了专门的金融法院，明确将非银行支付机构网络支付、网络借贷、互联网股权众筹等纳入其案件管辖的具体范围。随后仅三个月的时间，上海金融法院就收案约 1600 余件，收案诉讼总金额超 200 亿元，已超出过去几年上海两个中级人民法院受理金融案件的年均收案数量。此外，针对非法吸收公众存款、集资诈骗等涉众型非法集资犯罪新情况、新问题不断呈现，为提高办案质量和效率，2018 年 12 月，上海发布了《涉众型非法集资案件办理指南》，对惩治非法集资犯罪的一般原则、非法集资行为罪与非罪的界限等 12 项做出司法解释规定。这些法律手段的运用，对违法犯罪行为形成了极大的威慑力，从而净化互联网金融行业发展环境。

三、深圳互联网金融监管经验

相较于北京和上海，深圳的互联网金融发展起步较晚，但发展速度较快，在互联网金融监管方面也呈现出了不少亮点。例如，在全国率先制定 P2P 网贷（14 张基础报表）、小额贷款（12 张基础报表）、交易场所（17 张基础报表）等新兴金融行业监管报表体系；建立网贷从业人员违规违纪信息共享平台，记录从业人员的违规违纪信息，并与接入成员单位共享；率先建设了地方金融监管信息系统，充分利用区块链、云计算、大数据等新技术手段实现监管科技的创新；等等。

（一）监管理念更具包容性

作为中国的改革创新“桥头堡”和经济“开山工”，开放、包容、创新的思想一直深深地根植于深圳文化，这些思想也同样体现在深圳互联网金融监管领域。在互联网金融发展初期，深圳市相继出台了《深圳市人民政府关于充分发挥市场决定性作用全面深化金融改革创新的若干意见》和《深圳市人民政府关于支持互联网金融创新发展的指导意见》等一系列文件，规划建设深圳福田、罗湖和南山三大互联网金融产业园区，大力推动民营金融和互联网金融集聚创新发展、开放发展，吸引更多网络金融业态落户集聚。截至 2015 年底，第三方支付、网络借贷、众筹融资等互联网金融企业已超过 2200 家，由此深圳成为国内互联网金融最发达、最活跃的城市之一。

（二）应用监管科技，打造风险监测预警体系

监管科技是高效解决监管和合规要求的新技术，可有效防范化解系统性金融风险。对监管科技的有效利用，是深圳互联网金融监管的最主要特色。早在 2016 年互联网金融监管初始之时，深圳市金融办便率先立项开发了金融风险监测预警平台、地方金融监督信息系统两大核心监管科技系统。其中，金融风险监测预警平台构建了七个子系统，包括金融风险监测预警系统、非法集资核心建模系统、舆情信息采集系统、线下数据采集系统、非法集资案件信息管理系统、举报线索管理系统和数据管理系统，通过强化金融风险监测分析，提升主动发现、提前预警金融风险的能力；地方金融监管信息系统设计了 P2P 网贷蜂巢（COMB）指数、小额贷款公司 CAMEL＋RR 监管评级体系和交易场所 FORCE 指数，对相应机构开

展风险评价，对 P2P 网贷、小额贷款公司、交易场所等新兴金融业态进行非现场监管。该系统重点打造了七个子系统，通过备案登记、监管督导、数据报送、数据储存、风险预警、企业评级、协同处置等功能，实现对地方金融业态的日常监管及企业一企一界面的全息画像。值得一提的是，这些系统均采用了新一代区块链技术，利用 VP、NVP 节点的分布式管理，以及 PBFT 的共识机制和 CA 的智能合约，确保监管数据的实时报送、不可篡改。

2017 年 12 月，深圳市金融办与腾讯公司签署战略合作协议，联合开发基于深圳地区的金融安全大数据监管平台。2018 年 7 月，灵鲲金融安全大数据平台正式上线。与此同时，深圳市金融办与腾讯双方共建的金融安全监管科技实验室宣布揭牌成立。灵鲲金融安全大数据平台的上线标志着深圳市地方金融风险监测预警体系进一步完善。在试运行期间，该平台已对深圳 25 万多家从事金融业务的企业做了初步分析，并对其中的 11354 家做了重点分析，识别出多家风险企业。灵鲲的数据主要来源于深圳市 40 余个行政管理单位的政务数据和腾讯平台自身的海量数据，该平台通过运用多源数据融合技术，能够对 P2P、投资理财、外汇交易等 10 多个金融类别的识别与风险指数计算，对发现的高风险平台及时向政府相关部门进行预警，做到对金融平台的识别全、预警快，真正实现针对非法金融活动的“打早”和“打小”。

图 10－5 深圳市金融风险监测预警中心

四、江苏省互联网金融监管经验

江苏省是经济大省、金融大省和互联网应用大省，发展互联网金融有着非常好的基础，为了顺应互联网金融发展趋势，江苏省互联网金融监管不断创新监管手段，规范互联网金融行业发展。

（一）出台网贷平台巡查制度，规范行业发展

在互联网金融行业发展之初，江苏省互联网金融协会出台了《网络借贷平台巡查制度（征求意见稿）》，是全国首创性的网贷平台巡查制度，该巡查制度采用培训、监督、走访等多种形式，对江苏省网贷企业的重点环节、重点业务、重点岗位风险状况进行抽查，从而建立了对网贷平台企业的全方位、多层次的巡查体系。

2018年网贷行业进入了整改验收阶段，江苏省互联网金融监管部门为进一步开展互联网金融行业专项整治工作，督促整改落实不完全、不彻底、不充分的网络借贷平台加快整改，江苏省互联网金融协会7月4日发布了《江苏省互联网金融平台线上巡查管理暂行办法（征求意见稿）》，意味着江苏互联网金融平台将接受线上巡查监管。线上巡查管理制度适用于在江苏省辖区内注册运营，并从事网络借贷、互联网资管等业务的互联网金融平台。线上巡查主要对互联网金融平台标的、舆情、信息披露、其他重大异常事项等进行监测（图10-6）。线上巡查可实现对P2P网贷平台常态化线上监督，有助于形成行业预警的长效机制，做到风险及时发现、预警与纠偏。

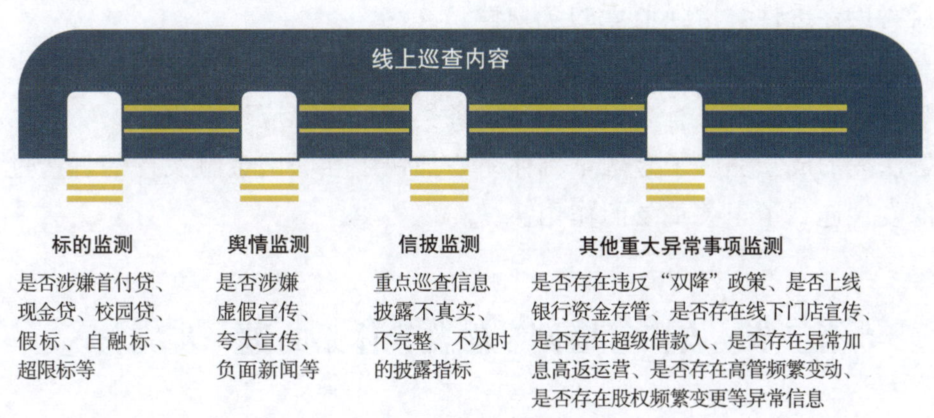

图10-6 线上巡查制度

（二）应用监管科技，上线P2P网贷自律管理系统

伴随着国家自上而下的网贷行业专项整治有序推进和平台由外及内的自律自纠，网贷行业良币驱逐劣币的势头已明显占据主导地位，不良劣质平台陆续淘汰出局，存量风险和增量风险得以有效缓释。尽管网贷备案延期，但网贷合规自律不延期。在行业整治期间，为进一步巩固江苏省网络借贷业态专项整治成效，借助于最新监管科技对网贷平台个体风险实行“早识别、早预警、早处置、早化解”的穿透式管理，全面夯实网贷行业自律基础，在江苏省人民政府金融办的直接领导和推动下，经过江苏省互联网金融协会、江苏交易场所登记结算有限公司、存管银行等多方力量探索创新和通力协作，江苏省P2P网贷自律管理系统于2018年7月10日正式上线投产运行。该系统在上线之初，江苏省已有31家网贷平台（银行存管已经正式上线）书面申请接入该自律管理系统，已有8家网贷平台进入运营技术测试阶段。

P2P网贷管理系统的设计紧紧围绕着行业专项整治，为解决江苏网贷业态问题提出既顺应行业发展又辅助行业监管的综合解决方案。该系统是对江苏省网贷行业监管模式的一次探

索和创新，既有助于建立合适的网贷业态监管体系，也顺应了行业健康发展的需要。

五、小结

综合北京、上海、深圳、江苏等地对互联网金融监管经验来看，主要有以下几点值得我们借鉴：

其一，重视对互联网金融风险的早期预警监测。北京构建的五位一体综合性金融风险防控体系中第一道防线就是运用大数据构建风险监测预警机制；深圳自主研发了金融风险监测预警系统；江苏上线了 P2P 网贷自律管理系统。由此可见，发达区域对构建早期预警机制非常重视，同时，通过该机制来及时防范化解互联网金融风险隐患，保护投资者利益，维护社会稳定。

其二，运用监管科技规范互联网金融行业的发展。北京运用区块链技术开发建设网贷业务监管系统；深圳联合国内互联网领军企业腾讯公司，共同打造出灵鲲金融安全大数据平台，可为及时有效识别和化解互联网金融风险、整治金融乱象提供支撑，从而缓解监管的时滞性，提升监管的穿透性，增强监管的统一性。

其三，重视对风险处置机制的完善。随着互联网金融风险问题的集中爆发，各类新型金融犯罪案件频发，传统法院心有余而力不足，各类特色法院应运而生。

上海金融法院的成立完善了金融审判体系，加快了互联网金融案件的诉讼过程，对规范互联网金融的发展起到了至关重要的作用。

第三节　安徽互联网金融监管体系的进一步完善

一、当前安徽互联网金融监管面临的主要问题

（一）长效监管机制尚未建立

纵观我国互联网金融行业发展历程，在一定程度上可以说存在着“治乱循环”的现象，这导致互联网金融风险专项整治工作迟迟不能完成，P2P 机构备案一推再推。究其根源，主要是互联网金融监管上位法缺失，顶层设计不足，长效监管机制未能建立起来，现阶段的监管仍表现出运动式执法的模式，重打击，轻防范，不能做到真正从源头上管住风险。这主要表现在：

一是行业发展的上位法缺失。互联网金融的诞生与发展具有显著的创新性，原有金融法律框架很难适应其发展需要，单纯地依靠政府发文或出台部门规章等形式进行监管，容易导致监管行为短期化，行业发展方向一直难以明确。

二是地方金融立法缺失。从安徽省来看，虽然地方金融监管组织架构正逐步完善，但一直未能在法律层面明晰地方金融监管机构对互联网金融监管的具体职能，这导致地方在落实互联网金融监管的过程中，对违法违规行为的公司和责任人员缺少有力的处罚手段，只能采

取责令整改、通报批评等行政手段，监管的有效性和权威性严重不足，对违规行为难以形成震慑。

三是监管协调机制不足。如前所述，当前我国互联网金融监管基本建立了多部门参与、中央和地方“双线多头”的监管模式。从制度设计来看，这种模式能够有利于实现监管的协同、全覆盖和穿透式等要求，但由于在我国目前的金融监管权力体系中，对中央事权和地方事权的权限划分并不明确，统筹协调的工作机制及常态化的信息沟通交流机制建设不足，从而导致监管职能分散、监管边界不清，容易引发多头监管和监管缺位并存的现象。

（二）地方金融监管短板问题较为突出

在当前中央和地方“双线多头”的互联网金融监管模式下，根据属地组织原则，对互联网金融机构的日常监管和整改、验收、备案等工作，均由各地方负责。由于互联网金融业态多、机构多、业务复杂、风险隐患大，给地方金融监管部门带来了较大的压力，使得原有的短板问题更加突出。具体到安徽，这些短板问题主要集中在以下几个方面。

一是监管科技应用水平低。互联网金融的核心是技术进步带来金融业态的新变化，这不仅对基于传统金融业态的监管法律形成了极大挑战，同时也要求金融监管层必须改变思路，利用监管技术创新，针对互联网金融的特点采取有更为积极的整体性应对方式。如前所述，国内互联网金融相对发达的北京、上海、深圳等地都积极利用监管科技，开发互联网金融风险预警和日常监管平台，以区块链、大数据、人工智能等前沿科技来监控网贷平台的状态，及时预警平台可能发生的问题，从而降低监管成本，提升监管效率。受人才和科技等多方面的限制，目前安徽省对互联网金融的监管仍采取传统手段，AI、大数据、云计算、区块链等技术尚未能应用于地方监管领域。尤其是地方金融风险监测预警平台建设的滞后，缺乏对互联网金融风险的早期识别和动态监测预警，使安徽互联网金融监管仍处于被动应对的状态。

二是互联网金融监管专业人才匮乏。作为互联网技术与金融的整合，互联网金融对复合型人才的需求较大。由于江浙沪的人才虹吸效应，安徽很难吸引到高层次的互联网金融人才。另外，由于地方金融监管部门挂牌成立时间短，人手不足，且大多数人员来自政府相关部门，缺乏必要的金融背景，更不用说互联网金融专业背景了。

三是监管资源配置不均衡。长期以来，基于规模、成本、有限监管资源使用效率等的限制，监管当局对少量的大型、公众类和系统性金融机构的监管投入了较多的监管资源，而对为数众多但小型分散的地方非正规金融和新型金融组织投入的监管力量则显不足。此外，监管资源在省市级层面较为集中，而省市级以下行政单元的监管力量相对不足，基层工作开展乏力。

二、进一步完善安徽互联网金融监管体系的对策与建议

（一）加快互联网金融立法，优化顶层设计

互联网金融的立法可以从以下三个不同层面着手，先易后难，抓紧推进。

第一个层面是指传统金融领域的立法。对于可划归于传统金融范畴的部分，应通过立法

研究，结合互联网金融的特性，对原有金融法律法规修订、增补并完善，将互联网金融归入传统高效力层级的法律法规之中，弥补互联网金融监管法律漏洞。一是在行为监管方面，明确不同模式下互联网金融企业的管理人员准入、业务准入、市场准入条件；二是对信息披露的层级、范围、披露主体进行明确的规定；三是加快推进《非存款类放贷组织条例》《非法集资处置条例》等法律顶层设计的出台。

第二个层面是指互联网金融领域的专门立法。对于互联网金融行业特有的、无法划归传统金融监管法规的问题，设立独立专门的监管法律规章，对如网络技术、数字签名、电子合同、黑客攻击处罚等特有部分做出明确规定，填补监管空白。

第三个层面是指地方金融立法。安徽要尽快将互联网金融监管纳入地方金融监管局的职责范围。同时加快地方金融立法进程，可借鉴山东、河北等地方金融立法经验，专门制定一部地方性法规，对安徽省地方金融组织及其活动做出适度监管规范，进一步明确地方金融监管部门对互联网金融的监管职责和执法权限。现阶段可先推出“地方金融监管条例”，等条件成熟后再上升到法律层面，制定专门的地方金融监管法规。

（二）健全地方金融监管机制，补齐监管短板

一是科学合理划分中央与地方的金融监管权责，厘清中央与地方金融监管事务的边界。在科学界定地方金融监管职责和风险防范处置责任基础上，进一步完善中央与地方条块相结合的监管工作机制，强化中央金融监管部门督促和指导地方金融监管工作的责任。充分调动中央与地方的积极性，实施穿透式监管和一致性监管，推动审慎监管和行为监管协同发力。

二是建立地方金融监管协调常态机制。充分发挥地方政府在统筹协调地方金融监管事宜方面的积极作用，进一步完善和强化行业自律规范。切实改变当前“一事一议”的工作方式，建议由地方政府、中国人民银行、银保监会、证监会等派出机构为领导成员单位，公检法、发展和改革委员会、财政、税务工商等部门共同参与，成立专门的地方金融监管协调领导小组，由分管金融工作的副省长任组长，领导小组办公室设在中国人民银行合肥中心支行，具体负责推动监管协作，通过联合发文共同制定规则，定期发布信息，建立金融监管信息收集、共享的平台，联合开展检查监督和风险排查等方式，共同监管和处置区域性金融风险，构建安徽地方监管协调的常态机制。同时对现有行业自律规范进行不断的完善与强化，以充分发挥行业自律组织在规范行业发展上的积极作用，推动建立安徽省互联网金融行业新秩序。

三是强化监管科技应用，打造互联网金融风险监测预警体系。借鉴北京、上海、深圳等发达地区的经验，强化监管科技应用，提升监管对互联网金融风险态势感知和技术防范能力，增强监管的专业性、统一性和穿透性。由于互联网金融信息数量庞杂分散，应由政府牵头建立起用于互联网金融信息采集分析的“虚拟大数据中心”，收集互联网金融机构及平台的基础信息、征信信息、交易信息等。以大数据为依据，充分利用云计算、区块链等互联网技术，检测互联网金融产品和模式的生命周期，科学预测各机构平台可能发生的风险影响范围及深度，支撑互联网金融摸排及查补，做到穿透式监管和前置式监管。

四是创新地方金融监管模式，探索开展“监管沙盒”试点。国际经验表明，“监管沙盒”

是监管科技领域中相对成熟、已有探索的解决方案，在英国、澳大利亚等国家相继取得进展。目前国内以北京为代表的多个地区也正在积极尝试推进这一金融监管的创新模式。安徽也应加大沟通协调力度，向国家争取先行先试政策，争取国家金融监管部门支持，在省内互联网金融活动区域和领域开展“监管沙盒”试点，对参与沙盒试验的金融科技创新产品采取灵活的监管措施，探索实践功能监管和行为监管。

五是加强地方金融监管的人才队伍建设。一方面要根据工作需要配备足够的监管人员，充实监管力量；另一方面通过内训外引，充分利用省里的人才引进政策，吸引互联网金融领域的高端人才和具有地方金融监管经验的专业人才，密切与高校合作，加大培训力度，此外也可通过挂职交流等方式，提高监管人员的业务能力。

专栏 10－1 监管沙盒

监管沙盒是把监管主体和创新企业都装到一个盒子里，同时在线、同频共振。在沙盒中，监管者通过沙盒接口接入创新链，利用云计算、大数据、人工智能、区块链等技术支持提供监管指导，及时获取数据和信息反馈，为企业“画像”，并进行风险和可行性评估。在新技术驱动场景嵌套的创新链式发展和新版块轮动过程中，由于金融科技创新的多维度、宽领域和技术性强等特性，监管往往“看不懂”“跟不上”，不能在早期进行及时有效的引导规制，等风险累积到一定程度或者事故发生时再来“一刀切”，不但会打击市场创新，也不利于监管效能的充分发挥。而监管沙盒的制度设计能改变监管“慢半拍”的情形，实现监管与创新的协调共振：监管机构与创新者同时在线，可以通过“聊天室”、研讨会、行业论坛沙龙等方式了解创新企业最新动态，学习金融科技企业的新技术和产品理念，升级监管理念、改造监管技术手段、收集创新企业提供的信息和数据……监管与创新协调共进的监管沙盒能有效避免“摆钟式”监管，为科技初创企业提供较稳定可预期的动态监管指引，为金融科技初创企业赋能。

第十一章　安徽互联网金融行业自律机制的构建与完善

互联网金融是不断发展的新兴事物，优势在于技术创新，运用新技术提升金融服务实体经济的效率，与此同时，互联网金融也保留了金融风险隐蔽性、传染性、突发性和较强的负外部性的特征，再加上互联网固有的特质，其风险的波及面更广、扩散速度更快、溢出效应更强。大多数新兴的互联网金融从业机构缺乏风险的洗礼，风险意识、合规意识、消费者权益保护意识淡漠，近两年来，频繁爆发的一系列风险事件，对行业的声誉和社会形象造成了很大的负面影响，规范互联网金融发展已经成为社会各界的广泛共识。

如果单纯依靠法律制度进行规范，其漫长的立法周期难以跟上互联网金融的飞速发展。一方面，其间诸多风险难由立法直接规制；另一方面，有些创新难免会与硬法规范冲突，阻碍行业发展，监管部门有限的执法手段也难以应对各种违规行为的多样化。互联网金融经营模式变化之快，可能使对其的硬法治理陷入“计划跟不上变化”的困境。而相比传统硬法，软法特别是行业自律规则由各行业共同体为行业自身量身定制，有助于引导行业良性发展。设立行业自律协会，通过完善的自律规则和管理制度对硬法缺失及缺陷进行补充，可以取得有效的治理效果。互联网金融市场的长期健康发展需要政府监管和行业自律二者之间相互协同。

2015 年 7 月，中国人民银行等十部委联合发布了《关于促进互联网金融健康发展的指导意见》（银发〔2015〕221 号），明确规定组建中国互联网金融协会，加强行业自律。2016 年 8 月出台的《网络借贷信息中介机构业务活动管理暂行办法》也肯定了行业自律的重要性。随着中国互联网金融协会的成立，全国各地也先后成立了网络借贷行业协会或互联网金融协会进行自律管理。

安徽省互联网金融协会成立于 2017 年 1 月，作为地方性行业自律组织，其承担着制定地方互联网金融竞争管理规则和行业标准、促进从业机构业务交流和信息共享、建立行业自律惩戒机制等重要职责。自成立以来，该协会始终坚持政治引领、注重党建工作、推动行业自律、规范行业发展、加强国际交流、促进跨界合作，打造创新、发展、规范的互联网金融行业交流合作平台。

第一节　2018 年安徽互联网金融行业自律情况

2018 年是互联网金融行业的整治合规之年。随着监管层面的收紧，市场格局也在发生着快速而深刻的改变。行业自律是对行政监管的有益补充和有力支撑，也是创新监管的重要内容。如果行业自律能够充分发挥作用，行业发展有序规范，从业机构审慎合规经营程度高，则有利于营造效率更高、方式更灵活的监管环境，提高监管的弹性和有效性。反之，一旦潜在风险过度累积和暴露，会迫使监管部门降低监管容忍度、强化监管刚性，采取更为严格的监管理念和监管措施。如何将政府监管、行业自律、机构自我约束有机结合，成为摆在行业发展面前的重要课题。

2018 年 1 月 31 日，安徽省互联网金融协会组织召开网络借贷行业自律规范工作 2018 年第一次会议。会议就 2018 年安徽省互联网金融协会筹建网贷委员会的工作进行了计划和分工，同时明确了安徽省网贷机构依法合规的经营思路，拉开了 2018 年行业自律工作的序幕。

一、积极配合互联网金融风险专项整治，不断完善自律管理

自 2016 年 5 月安徽省风险专项整治工作正式开展以来，协会积极协助监管部门，落实并圆满完成主管单位指派的各项任务，同时派驻专员协助互联网金融整治办工作，建立起高效的信息沟通与交互渠道。

（一）全面开展网贷机构自律检查工作

2018 年 9 月，安徽省互联网金融协会（以下简称“协会”）向全省 P2P 网贷机构下发《关于开展 P2P 网络借贷机构自律检查的通知》，正式展开机构自查工作。在此期间，协会特邀请北京金诚同达（上海）律师事务所、安徽大华会计师事务所专家针对网贷机构自律检查进行了详细的查前培训，同时安排专人电话解答自查相关事宜，收集自查报告等资料，于 10 月 8 日前完成全部自查工作。

为确保自查成效，自查工作完成之后第二天，协会即刻启动自律检查现场工作，分别从平台基础信息、财务资料、系统后台数据、制度资料等四个方面切入，突出对红线十条重点问题的排查，同时围绕《网络借贷信息中介机构合规检查问题清单》（108 条）进行穿透式检查，现场督促网贷机构及时整改。历时三个月，至 2018 年 12 月 28 日现场检查工作全部结束，共计核查全省 41 家网贷机构，累计发现违规事项 421 项，为后期行政核查及政府有关部门决策提供了扎实有效依据。

（二）制定行业自律规章制度，引领行业良性发展

继 2017 年组织起草《安徽省网络借贷自律管理规范暂行办法》以来，协会又于 2018 年 8 月出台了《安徽省网络借贷退出指引》。该指引旨在规范、指导工商登记注册地在安徽省的网络借贷信息中介机构平稳有序终止网贷业务、退出网贷行业，保护各方合法权益，有效防范化解风险，维护金融和社会稳定。

二、积极推进互联网金融平台合规建设

2018 年 3 月 15 日，协会召集安徽网贷平台以及律师事务所相关负责人共同举办了“网络借贷平台相关法律合规事务座谈会”。协会秘书长刘庆太重点介绍了安徽省内互联网金融整治工作开展的形势、目前省内网贷行业的基本运营情况以及协会调研成果，同时要求各家

网贷机构要重视整改工作，做到牢固树立合规意识，认真研读整改文件，积极配合省市整改验收。同时，协会展开对会员单位合规、双降情况抽查，并在现场指出被抽查机构未合规问题，要求其对照省互联网金融整治办《关于印发安徽省 P2P 网络借贷风险专项整治整改验收工作指引的通知》（皖互联网金融整治办〔2018〕2 号）等文件尽快进行整改。

三、稳步推进网贷行业信息报送工作

为实时把握行业发展状况，敦促平台健康规范发展，协会于 2017 年底正式上线网贷信息报送平台，报送的运营数据包括涵盖贷款余额、企业余额、自然人余额、借款人数、出借人数、平均借款期限、平均借款利率、逾期金额等。数据体现了网贷平台业务、产品和用户的总体情况，客观真实地反映了平台运营状况以及网贷行业整体的资金流向、行业风险等。监管部门对系统对平台数据进行实时监控，并进行分析和预警，及时排查违法违规平台，有效防范行业风险，对行业未来规范发展具有重大意义。

平台上线前后，协会多次召集会员单位进行集中培训，确保报送信息真实准确。平台投入使用后，安徽省网贷行业统计监测功能不断完善。截至 2018 年 12 月，平台共接入网贷平台 23 家，成交余额 30.12 亿元，占我省网贷行业成交余额的 92%。同时，协会按月对报送数据进行统计分析，形成分析报告，为行业自律监管及研究工作打下坚实的基础。

图 11-1　安徽省互联网金融协会数据报送系统培训会议

四、开展行业研究，加强互联网金融知识普及，营造健康的舆论氛围

（一）开展行业调研，了解行业现状

为扎实做好行业研究工作，了解互联网金融行业现状，2018 年，协会相继前往安徽省内 33 家金融科技及相关服务支持企业进行走访调研，其中会员单位 23 家，非会员单位 10

家，对于省内互联网金融行业进行全面摸排，为后期开展自律工作提供了良好的基础。

（二）组织编写安徽省互联网金融行业发展报告

为真实反映行业现状，自 2017 年 12 月 12 日理事大会通过后，协会委托安徽大学经济学院、合肥工业大学经济学院编撰《安徽省互联网金融行业发展报告（2017）》，并于 2018 年 5 月正式编写完成。作为安徽省互联网金融行业出版的第一本官方报告，为做到尽量真实全面地反映安徽省互联网金融行业发展历程及现状，编写组走访调研了大量会员单位，同时与安徽省人民政府金融工作办公室、中国人民银行合肥中心支行进行多次沟通，获取了大量的意见和建议。报告通过对行业政策和统计数据的梳理分析，阐述了安徽省互联网金融的发展环境、发展历程与现状，归纳总结相关风险与挑战，并对行业未来趋势与前景进行展望，为监管部门、从业机构和社会公众深入了解安徽省互联网金融发展情况提供数据支持和资料参考。

2018 年 6 月 12 日由协会邀请，原安徽省银监局、安徽省证监局、原安徽省保监局、中国科学技术大学、安徽财经大学派出的领导和专家组成会议评审组，圆满完成了报告的评审工作。安徽省金融工作办公室、中国人民银行合肥中心支行、安徽大学、合肥工业大学、徽商银行等有关单位领导出席了本次评审会议。会上专家评审组对协会主导编写的《安徽省互联网金融行业发展报告（2017）》给予了充分肯定和高度评价。该报告出版后，亦获得业内同行及社会民众的普遍认可及好评。

（三）普及互联网金融知识，开展互联网金融知识进校园活动

为持续推动互联网金融消费者教育，帮助大学生群体提高金融风险防范意识，树立正确的投资观和消费观，协会在合肥工业大学定向金融专硕学生中，开展“安徽省互联网金融监管与行业自律”专题讲座，在讲座中刘庆太秘书长基于我国互联网金融的发展历程和安徽省互联网金融行业现状，梳理了我国以及我省互联网金融行业监管政策的变迁，并从安徽省互联网金融协会工作实际出发，分析了互联网金融行业自律的重要性与紧迫性，现场气氛热烈，受到师生们高度评价（图 11－2）。

图 11－2　协会秘书长走进合肥工业大学课堂

（四）营造健康的舆论氛围

在互联网金融行业逐渐进入问题平台高发、政策不断加码的阶段，行业负面舆情不断积累，在一定程度上造成投资人的恐慌。为营造积极健康的舆论氛围，在开展行业自律检查、风险整治的同时，协会对市场舆情动态保持高度关注，积极回应有关自媒体不实报道，力争守住不发生重大舆情的底线。2018 年 11 月 3 日，协会针对会员单位高管边控的不实言论向公众发表声明进行澄清，维护了行业稳定。

五、加强金融科技的国际跟踪研究和交流

2018 年 3 月 22 日，协会组织会员参加中国互联网金融协会会长李东荣在中国人民银行合肥中心支行举办的“金融科技发展与监管”讲座。李东荣会长围绕多维度理解金融科技、金融科技主要模式和类型、国际金融科技监管趋势、我国金融科技（互联网金融）发展现状、完善我国金融科技监管等五个方面详细阐述了科技给金融行业带来的发展以及对金融科技监管的探索（图 11 - 3）。

图 11 - 3　李东荣会长“金融科技发展与监管”讲座

2018 年 3 月 28 日，协会秘书长刘庆太应浙江大学互联网金融研究院邀请，赴北京参加中英联合研究课题“金融科技监管：国际实践与中国机遇”研讨会，旨在对中英两国金融科技监管框架进行深入研究，为双方金融监管部门提供政策建议。

2018 年 5 月 17 日，协会再次应浙江大学互联网金融研究院邀请，一行 5 人赴上海参加 2018 年韦莱韬悦亚太金融科技论坛。此次论坛邀请来自中国、美国、英国、日本、印度、新加坡、印度尼西亚、哥伦比亚等十几个国家和地区知名企业高层管理人员共计 300 多人。各方专家就金融科技业务、组织与人才方面做了深入的交流和探讨。2018 年 11 月 14 日，刘庆太秘书长应邀参加首届 Money 20/20 中国大会。全球 40 多个国家金融科技领域的领导

者、投资者、创新者共聚一堂。作为全球规模最大的支付、金融科技及金融服务领域创新大会，议题涵盖普惠金融、颠覆性科技、新时代零售和商业、监管与合规等，为参会者带来崭新的视角与讯息。

六、扩大协会队伍，进一步加强会员管理与服务的主动性，搭建交流平台

（一）积极发展新会员

截至 2018 年 12 月末，协会共收到入会申请 21 家，其中教育科研单位 2 家、金融科技单位 2 家、小额贷款 1 家、网贷 15 家、客服行业 1 家。为保证协会会员单位质量，优化协会内部生态环境建设，协会秘书处认真组织对申请单位事前审查工作，实地前往中国科技大学、安徽财经大学、科讯金服等单位进行调研与复审，并根据实际调研情况对有关单位进行分类，辅助常务理事会进行决策。

（二）开展会员活动

协会联合合肥工业大学，邀请监管部门主管人员、知名专家学者、行业资深从业人员，为会员单位开展互联网金融方向系列讲座，提升从业人员专业能力。为打造积极拥抱监管的行业氛围，帮助网贷会员在合法合规的框架下更好地开展业务，协会举办专题会议，邀请安徽省网贷整治工作办公室领导和会计师、律师事务所等第三方中介机构向网贷行业会员传达最新政策要求，帮助网贷会员合规经营。为促进我省互联网金融行业精神文明建设，鼓励行业从业人员积极参加各种文体活动，丰富精神生活，增强向心力和凝聚力，创造健康活泼的工作氛围和环境，协会组织举办了第一届安徽省互联网金融协会游泳比赛，展现了各会员单位昂扬向上、积极进取的精神面貌，获得了参与单位的一致好评。

七、积极推进长三角互联网金融一体化建设，促进区域间合作交流

为响应国家长三角一体化行动计划、探索打造长三角互联网金融生态圈，协会于 2017 年与上海、浙江、江苏互联网金融协会组织建立常态化沟通，2018 年以来继续深化长三角地区间合作，完善沟通机制。协会以部门为单位，保持信息通畅，互通有无，密切协作，建立起部门间常态化沟通机制，密切配合参与长三角互联网金融行业相关工作。

2018 年 6 月 27 日，协会受浙江大学互联网金融研究院邀请，带领会员单位参与了由剑桥大学商学院新兴金融研究中心（CCAF）发起的 2018 年全球网络新兴金融行业调研。调研活动促进了安徽省互联网金融机构与发达区域先进机构的交流学习，同时拓展了与国内、国际区域间合作渠道，进一步推动了安徽省互联网金融行业在更高层次上的发展进步。

2018 年 7 月 30 日，协会受上海互联网金融行业协会邀请，携会员赴沪参加长三角互联网金融行业协会秘书长联席会议，探讨研究合力打造功能互补、优势叠加、特色明显的长三角金融科技集聚生态圈，共同推进长三角区域互联网金融行业工作。

八、强化自身建设，稳步提升内部管理水平

（一）完善协会治理框架

为更好地在互联网金融领域各分行业开展工作，协会持续已有专业委员会治理框架，并根据行业需要和协会会员具体需求尝试构建各类专业委员会。一是健全网贷委员会（筹）内部工作框架。为了更好地服务我省网贷行业，发挥网贷委员会（筹）的行业示范引导作用，由协会秘书处提议，2018 年第一次网贷委员会讨论通过，在原有委员会框架下，新设立行业标准、自律巡查、技术、行业教育与活动四个专业小组，分别从小组负责领域开展有关工作。现已召开专业小组会议三次，完成了“安徽省互联网金融风险警示教育宣传月”活动策划。二是联系组建人才与行业研究委员会。为加深行业研究，给行业发展提供路径，同时更好地服务会员单位，提供有效保障，协会积极与中国科技大学管理学院、安徽大学经济学院、合肥工业大学经济学院、安徽财经大学金融学院对接，联合四所一流高等院校，拟成立人才与行业研究委员会，现已达成初步共识。

（二）开展自查自纠，优化内部控制

一是严控财务管理。协会在严格把控财务审批流程的同时，依据《安徽省互联网金融协会财务管理制度》，梳理财务账目，做到账目清晰准确，并聘请第三方会计师事务所对 2017 年度财务报表进行审计。二是严格保密管理。协会在认真贯彻落实《安徽省互联网金融协会保密制度》的基础上，对秘书处员工反复强调秘密重要性，严格把控保密程序。单独设置保密电脑，做到涉密文件不联网、敏感文件需加密。三是调整责任分工。为了更好地开展协会工作，优化部门配置，协会本着能力、专业与工作内容匹配、对口的原则进行了内部分工调整，并为防范突发应急事件在重要工作事项建立 AB 角工作制度，确保协会日常工作有条不紊地开展。四是建立工作汇报机制。为避免沟通问题造成工作失误，协会建立了与省金融办、中国人民银行合肥中心支行分管处室的日常工作报送机制，深入强化主管单位对协会日常工作的主管督导，确保协会不断在行业发挥“正能量”。

九、切实加强协会党的建设，始终以党建引领和促进各项工作

（一）调研会员党团建设

为了更好地开展协会党建工作，牢固树立党在互联网金融行业的领导作用，打通党建工作的最后一公里，协会向会员单位发起了支部工作调研畅议，全面摸排了协会会员党支部建设情况，重点针对没有支部的会员单位开展党建工作。

（二）认真组织理论学习

为了贯彻落实党的十九大精神，学习领会习近平新时代中国特色社会主义思想，秘书处严格执行党的理论学习计划，同时积极组织考试测评，以考代学，不断提高学习质量。

（三）积极开展党员活动

为纪念中国共产党诞辰，2018 年 6 月 29 日上午，协会组织会员单位优秀党员代表前往

合肥市蜀山烈士陵园开展“纪念中国共产党成立 97 周年”活动。中国农业发展银行、银联商务等 12 家会员单位参与了本次活动。

第二节　完善安徽互联网金融行业自律工作的相关建议

做好行业自律是建设互联网金融监管和风险防范长效机制的重要内容，同时也是推动互联网金融高质量发展的有力举措、是建立完善互联网金融生态环境的有效抓手。纵观发达国家及兄弟省份的互联网金融行业自律，安徽省行业自律尚有较大的拓展空间。

一、加大科技投入，完善信息报送平台披露功能

虽然 P2P 网贷信息报送平台于 2017 年底投入使用，但在实际落实中，仍有部分 P2P 网贷机构经营数据未能接入平台，接入平台的机构报送数据中亦存在错误与遗漏现象。未来，协会可将全省正常运营网贷机构增补至信息报送体系，并对前期数据报送中产生的争议项、易错项、不足项进行修改、备注、补充。鉴于目前各平台的信息披露尚不够全面，协会应该要求会员从信息披露指标的广度和深度两个层面，进行更加细致透明的披露，确保信息披露的真实性、完整性、准确性、动态性。

同时可以考虑加大科技投入，在现有平台信息报送基础之上，利用大数据等现代信息技术，提高数据收集效率，辨别数据真实性，分析潜在风险，找出数据相关性，深入挖掘隐藏在海量信息后的风险信息。增加和完善数据综合统计监测、风险预警、信用信息共享等功能，不断提升互联网金融风控水平。

二、进一步完善行业自律组织的管理与服务职能

一是竭力配合监管部门做好互联网金融风险整治工作。互联网金融风险专项整治工作已经进入关键时期，为贯彻落实全国互联网金融风险专项整治下一阶段的工作部署和要求，促进互联网金融规范健康可持续发展，协会应继续加大对互联网金融风险整治工作力度，并不断深入强化，全力以赴，助力我省互联网金融行业整改完成，早日进入常态化监管阶段。二是推进 P2P 网贷平台日常巡查工作。为防范目前频发的网贷平台风险事件，提前做好事前预警工作，协会拟采取网上巡查、日常监督、现场走访等多种形式，重点涵盖人员、资金、安全等各方面，定期、不定期对平台进行日常巡查，并根据巡查结果对网贷平台进行风险分类。异常问题一经发现及时向有关监管部门报送，并向被发现单位示警。力争及时发现并处置各类突发风险事件。三是修订增补行业自律规范。拟修订现有信息报送有关自律管理办法，增补中国互联网金融协会《借贷合同要素》《互联网宣传规范》至安徽省行业自律规范，严格要求有关行业会员单位对照执行，研究探索我省《互联网金融行业专业岗位要求》等规范。切实加强我省互联网金融行业规范管理，通过行业自律，引导行业稳定、健康发展。

三、发挥专业委员会作用

一是成立人才与行业研究委员会。人才委员会设立之后，可由委员会着手建立安徽省互联网金融行业人才智库。为后期协会行业研究工作提供智力支持。二是探索互联网金融行业从业人员培训工作。为了更好地开展互联网金融行业专业教育，提升行业队伍综合素质和专业性，可以与全国各知名院校接洽，优先从风控、财务、科技方面着力，组织安排相关培训工作。三是建立互联网金融专业人才实习基地。为适应行业发展需要以及院校教学需要，深入拓宽人才选拔渠道，充分发挥学校和企业双方的优势，向行业输送专业人才。由协会在会员单位中择优选择，建立校企通道为安徽省互联网金融行业输送专业人才。

在未来，安徽省互联网金融协会将以党的十九大精神为指引，按照中央关于深化党和国家机构改革的总体方向和推进社会组织改革的具体要求，以高度的政治责任感和使命感，以时不我待、只争朝夕的工作状态，创造性地开展各项工作，努力将安徽省互联网金融行业自律提升到崭新的水平。

案 例 篇

案例一 徽商银行：聚焦融合 创新思变

一、徽商银行互联网金融基本情况

2014 年徽商银行已将互联网金融业务提升到全行发展战略的高度，并确定了打造“融合互联网基因和传统银行优势、双核驱动的，构建线上线下一体化服务体系、普惠大众的，聚合共享同业金融资源、竞合共赢的，符合审慎监管要求的创新型、开放式互联网金融服务平台”的发展路径。从 2014 年至今，徽商银行互联网金融经历了移动化萌芽（2014 年）、快速发展（2015—2018.06）、差异化发展（2018.06 至今）三个发展阶段（图 12 - 1）。

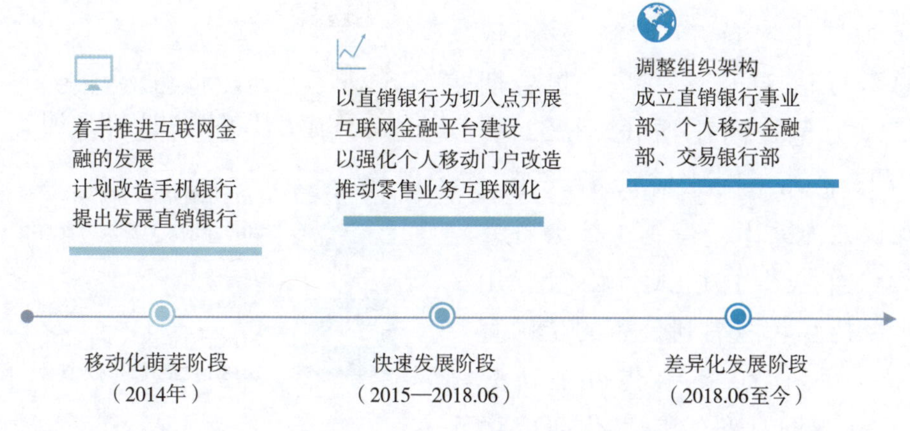

图 12 - 1 徽商银行互联网金融业务发展历程

2014 年，徽商银行着手推进互联网金融的发展，开启移动化萌芽阶段。将互联网金融提升到全行发展战略的高度，积极布局互联网金融服务平台，计划改造手机银行，并提出发展直销银行的理念。

2015 年至 2018 年 6 月，徽商银行的电子银行业务迈入了新台阶，进入了快速发展阶段，形成了以直销银行为切入点开展互联网金融平台建设，以强化个人移动门户改造推动零售业务互联网化的发展路线。2015 年 1 月 26 日，徽商银行直销银行“徽常有财”正式上线，并不断进行版本的更新，向互联网贷款、互联网账户与支付、互联网资管及互联网财富管理四大业务板块推进，搭建差异化的互联网金融平台；手机银行业务也不断完善，2018 年徽商银行个人移动金融门户 4.0 版本正式上线，致力于建成一个具有多渠道、综合性、客户体验一致的移动化综合服务体系。截至 2017 年末，徽商银行的互联网金融业务客户已达 1000 万户，资产达 120 亿元，贷款 30 亿元，为互联网金融业务寻求差异化发展路径奠定了基础。

从 2018 年 6 月开始，徽商银行互联网金融发展进入了差异化发展阶段。徽商银行对组织架构做出了调整，将电子银行部分拆成直销银行事业部和个人移动金融部，同时成立了交易银行部，并在直销银行事业部下成立了大数据部。直销银行部的成立有利于直销银行探索更加独立的运营机制、明晰的市场定位以及灵活的业务模式，打造轻资产、平台化银行。例如，在互联网贷款方面，由于自建风控系统条件不成熟，徽商银行采取了借力发展的战略，一方面通过与新网银行合作，引入新网银行相对成熟的风控系统；另一方面通过积极构建场景，与多方合作一起设计业务模式，实现多样化的风控机制。个人移动金融部的成立将推进手机银行不断提高账户的智能化水平，在客户体验上形成差异化的竞争力，不断夯实徽商银行在经营区域内的移动金融客户基础。交易银行部的成立将推进交易银行朝着交易性、平台化、轻资本化的方向发展，是持续开展互联网金融业务新的突破口。大数据部的成立拟对行业数据进行深度处理，提供客户画像，进行精准营销。

徽商银行互联网金融发展如火如荼，截至 2018 年末，直销银行客户已达 1559 万户，各类贷款投放总额达 200 亿元，资产总额达 160 亿元，同比增长 33.3%；手机银行签约客户总数已达 319.57 万户，报告期内交易 9472.41 万笔，同比增长 28.22%，交易金额达 3819 亿元，同比增长 57.81%。直销银行的发展尤为突出，得到了社会各界的认可，连续三年获得直销银行创新应用奖，连续两年保持互联网周刊公布的全国直销银行第三位，并在 2018 年获得中科院《互联网周刊》和中国社科院信息化研究中心联合颁发的“2018 年度最具影响力直销银行”称号（图 12－2）。

图 12－2　徽商银行直销银行获奖图

目前，徽商银行在互联网金融领域确定了“以客户为中心，以直销银行为抓手，虚实结合，产品互补，双向营销，协同发展”的阶段性发展目标，通过促进线上线下业务、区域内区域外平台的有机结合，打造徽商银行互联网金融整体格局。徽商银行借助“徽常有财”（直销银行）及个人移动金融服务门户（手机银行）两大移动平台，积极布局互联网金融。“徽常有财”以加强“五化”建设为重心、以“聚焦、糅合”为目标，创新互联网金融服务模式，致力打造极致的客户体验，满足客户多元化的金融需求。手机银行从客户的核心需求出发，改变传统银行对账户、结算、储蓄、投资、融资等各类金融产品面向客户的组织方式，通过移动金融门户建设以客户高频交易为核心的综合产品群，满足客户各种场景化金融需求；为了给客户提供更好的服务体验，徽商银行于 2018 年进行组织架构调整，成立交易银行部，交易银行部是对徽商银行互联网金融业务的完善，以开展对公业务为主，致力于打造一站式的金融服务。

二、直销银行

徽商银行直销银行发展是以加强“移动化、数据化、平台化、场景化、合作化”建设为重心，以“聚焦、糅合”为目标，以创新互联网金融服务模式，促进普惠金融为发展方向，寻求机制体制突破，依托不断完善的信息系统建设，培养专业的大数据与分析能力，占据核心优势，持续丰富互联网存、贷、汇、理等产品，重点打造互联网贷款、互联网账户与支付、互联网资管及互联网财富管理四大业务板块，探索轻资产、低成本的业务发展模式，满足客户多元化的金融需求。

（一）徽商银行直销银行建设历程

1. 零售银行2.0：传统零售银行直销银行化改造模式

2015 年 1 月 26 日，徽商银行直销银行“徽常有财”上线，定位于创新型跨区域个人综合金融服务平台，是徽商银行开展互联网业务导入各类目标客户的端口（图 12 - 3）。随着“徽常有财”财富类产品的陆续发行，网络借贷资金存管业务的正式发布，消费类贷款的不断创新以及“慧生活”业务的推出，“徽常有财”的业务模式愈加丰富，引领直销银行发展新趋势。

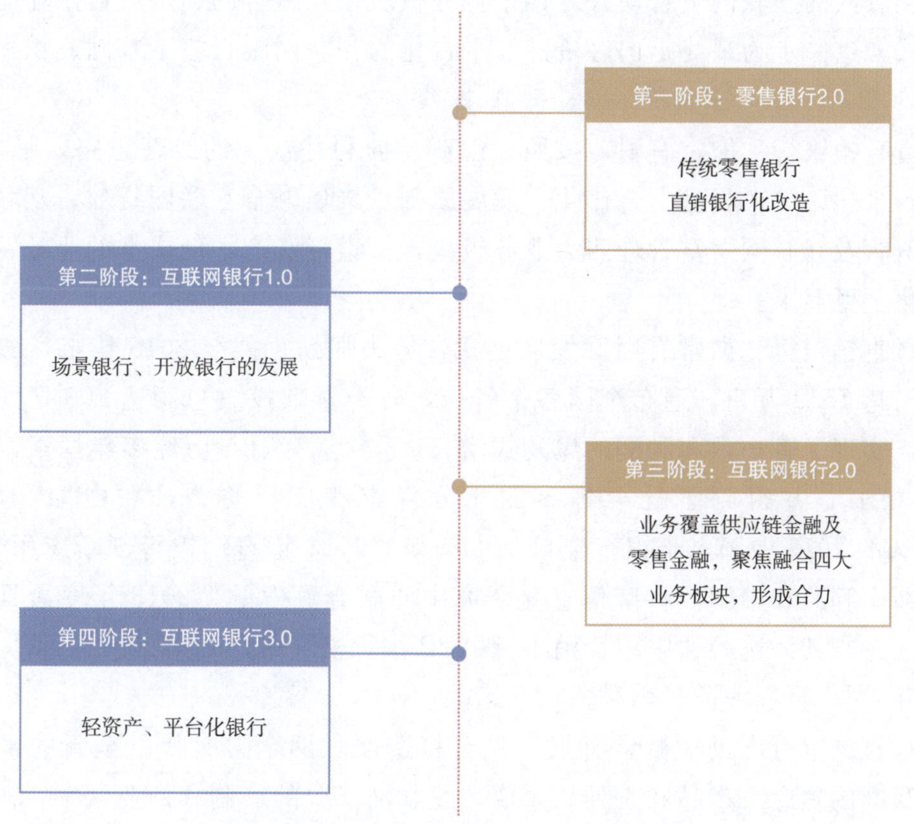

图 12 - 3　徽商银行直销银行“徽常有财”2015—2019 年发展历程

2. 互联网银行1.0：场景银行、开放银行的发展模式

徽商银行直销银行以“徽常有财”为依托，通过促进线上线下业务、区域内区域外平台的有机结合，打造徽商银行互联网金融整体格局。

“徽常有财”产品体系在此阶段有重大突破。2017 年 3 月，徽商银行直销银行“账户＋”产品体系正式上线，为大中院校、大型物业、电商平台、财富管理平台、交通旅游行业等多种场景提供底层账户服务、资金存管、支付结算、财富管理、网络信贷等综合金融产品，形成在账户服务基础上的多种行业互联网金融综合解决方案。2017 年 6 月，财富类产品“天机智投”上线，是国内第一家直销银行推出智能投顾平台。2017 年 10 月，“一元”享花产品上线，这是全国第一家直销银行自建生态的互联网金融产品，是互联网个人消费信贷领域的一大创新。

徽商银行直销银行开始探索互联网资管业务模式，培养互联网贷款、互联网资管、互联网账户与支付、互联网财富管理四大业务板块基础能力，保持先发优势，形成核心竞争力。

3. 互联网银行 2.0：业务范围覆盖面广，聚焦融合四大业务板块

徽商银行直销银行“徽常有财”历经了零售银行直销银行化改造和场景银行两个发展阶段后，进入了第三个发展阶段，形成了以互联网贷款为核心业务前沿阵地，通过“账户＋贷款”向互联网贷款提供底层支撑，发展互联网账户与支付，再依托互联网贷款获取优质资产，形成资产池，并穿透债权打包，采取投资、撮合、流转等形式进行表外经营，创新获取低资本消耗类收入的互联网资管模式。四个业务板块相互融合的、形成自循环能力的互联网银行 2.0 模式，进一步为最终走向轻资产、平台化的互联网银行打下基础、积累能力。

4. 互联网银行 3.0：轻资产、平台化银行

徽商银行直销银行“徽常有财”按照“创新与创利并重”的经营思路，坚持“轻型化”“平台化”“场景化”“数据化”“合作化”发展原则，聚焦融合互联网贷款、互联网账户与支付、互联网资管及互联网财富管理四大业务板块，探索轻资产、低成本的业务发展模式，满足客户多元化金融需求。

徽商银行直销银行“徽常有财”发展迅猛，势头强劲，截至 2018 年末，徽商银行直销银行账户数已达 1559 万户，遍布全国各个省份，各类贷款投放总额达 200 亿元，净利润突破了 2 亿元，实现了客户数和利润的爆发式增长。“徽常有财”历经多年探索，已形成自己独有的发展模式，并得到了社会各界的充分肯定和广泛赞誉，在中国金融认证中心（CFCA）评选的 2018 中国电子银行金榜奖中获得“2018 年直销银行创新应用奖”；获得中科院《互联网周刊》和中国社科院信息化研究中心联合颁发的“2018 年度最具影响力直销银行”称号，并在其评选的“中国直销银行 APP 排行榜”中位列第二。

（二）徽商银行直销银行“徽常有财”特色业务

徽商银行直销银行借助“徽常有财”平台打造互联网金融时代下全新的银行运作模式——引入互联网的理念、产品和工具，采取“互联网＋”的机制和商业效率，树立银行系互联网金融品牌。

1. 精准发力，不断完善理财类产品

“徽常有财”针对不同的客户群体，搭建了种类丰富、收益可观的投资理财类产品。目前主推三大理财类产品：一是一分起存、随存随取的类余额宝产品“聚宝盆”；二是固定期限的高收益理财系列“摇钱树”；三是靠挡计息储蓄类产品“存钱罐”（图 12-4）。

"聚宝盆"业务

对接华安汇财通基金和国寿安保货币基金，客户可以根据产品收益的高低等自由选择。产品具有随存随取、实时到账的特点，能够为资金流动性需求强、风险偏好中性的客户提供余额理财服务。

"摇钱树"业务

徽商银行携手基金、保险、券商及信托公司等金融机构推出的具有固定期限、高收益的产品集合。徽商银行"摇钱树"业务提供多项收益稳定、期限灵活的投资产品供客户选择，利用徽商银行优质的金融资源向客户提供安全、稳定、高收益的投资选择。

"存钱罐"业务

面向风险偏好较弱的客户，是一款人民币储蓄产品，靠档计息，存期内可随时支取本金。相比传统存定期存款提前取现的利息损失，根据存款期限按最大化结转利息，最大程度地保护了客户收益。

图 12-4 "徽常有财"财富类产品

2. 突破创新，开发新型信保网贷产品

"徽常有财"依托徽商银行充足的资本优势、出色的风控能力和独具的银行电子账户体系，和主流保险公司合作开发了新型信保网贷产品，打造行业内"双第一"，构建直销银行信保贷平台。以"钱袋子"为代表的信保网贷产品是全国第一家直销银行全线上流程的信用贷款产品，同时在业内第一次采用了符合电子签名法相关规定的电子签名服务。

信保网贷产品对电子合同采用国际先进的哈希算法，合同签署流程清晰、透明。"安心签"系统让身处异地的合同签署各方可以及时、便捷、安全、高效地完成合同签署全过程，降低了传统纸质合同在寄送、保管过程中的篡改、丢失风险，其提供了安全、公平、公正、公开的交易环境，切实保护了各参与方的权益。

3. 场景融合，创新提供多维服务

"徽常有财"充分借鉴优秀互联网企业的先进经验，广泛搜集互联网客户的意见和建议，持续快速迭代，不断贴近客户需求、提升客户体验。积极构建集约、高效的互联网化新型服务体系，打造了专属手机客户端和网站，开通了"徽常有财"微信公众号，7×24 小时客户服务热线，全天候满足客户需求。

除针对不同需求客群的丰富财富管理产品，"徽常有财"结合不同场景，在支付结算、资金存管、互联网信贷方面全面开花。

在支付结算方面推出"集薪宝"产品，通过电子账户资金归集功能，实现间接代发企业薪资，为客户每月自动实现薪资增值；在全国创新打造了"嵌入式"资金存管新模式，推出"POS 贷"产品，依据客户需求设计产品，做到真正的金融普惠；2015 年 12 月上线的"及时贷"互联网信贷产品，在直销银行产品线创新中具有里程碑式的意义。

4. 行业争优，建立专业智能的产品体系

“徽常有财”通过采用聚焦特定场景和行业，推出了超小额信用贷消费场景的创新模式“享花”。享花是一款将直销银行的账户能力与互联网信贷能力叠加的创新型信用支付工具。客户通过该平台，以个人信用提前获取产品使用权，通过知名厂家直销让利、银行信贷，客户以最低的支付资金获取最大的商品效用。这是全国第一家直销银行首推的自建生态互联网消费金融产品。

徽商银行直销银行以创新为驱动，避免行业同质化，积极布局智能投顾领域，开展了卓有成效的探索和实践。2017 年 7 月 21 日，徽商银行直销银行“天机智投”正式对外发布，是国内首家推出智能投顾的直销银行，标志着徽商银行财务管理业务迈入了人工智能时代，打破了传统投资顾问门槛高、投顾难的尴尬局面，解决了用户投资产品时迷茫无助的痛点，为互联网客户提供精选推荐、调仓提示、一键跟投和收益分析等全流程体验，打造高效、智能、便捷、场景融合化的智能移动金融服务。“天机智投”基于大数据和机器算法，实现客户的精准画像、组合配置和动态再平衡，一键跟投、一键调仓、一键定投及个性化的收益分析，颠覆了传统的客户体验。“天机智投”上线不到半年，就已服务客户 2 万余人次，实现交易量 3.42 亿元。

5. 发挥优势，提供全面持续的账户能力输出

在场景化发展过程中，徽商银行直销银行提出“账户＋”产品体系的概念。2017 年起，发展重心转向依托电子账户体系优势，紧抓各行业移动化、O2O 模式转型机遇，以向平台客户提供账户服务、资金存管、支付结算等服务为切入点，叠加输出聚合支付、财富产品、互联网信贷等有竞争力的综合金融产品体系，形成在账户服务基础上的多种行业互联网综合解决方案。

“徽常有财”充分发挥电子账户体系的优势，基于网贷平台资金存管项目经验，为不同客群提供“账户＋”的行业解决方案。根据传统电商场景衍生出的更多互联网服务形态以及线上支付结算需求，为政府机构、大型企业、互联网金融平台和电商平台等客群提供定制化、全面化的银行账户体系及支付结算服务，为合作平台提供创新的“跨界化”服务模式。例如“徽常有财”与万科物业合作开发了万科业主贷款，与汽贸城合作开发了“N＋2＋C”模式的汽车贷款，加大了“账户＋”的拓展力度。

徽商银行直销银行“徽常有财”上线 4 年时间，服务了 1558 万名客户，跻身中国直销银行排行榜前三名。这四年，“徽常有财”快速成长，陆续上线了“聚宝盆”“摇钱树”“好基汇”“享花”“存钱罐”等多种产品，不断完善服务，收获了客户信任，品牌价值迅速提升。相比于同阶段上线的南京银行“你好银行”具有投资类产品较为丰富、存款产品起存金额低、客户覆盖面广等明显优势，但生活服务类产品比较单一，需进一步丰富。

三、手机银行

徽商银行手机银行秉承开放、共享、智能、互动的设计理念，以账户管理为核心，融合“花、赚、借、还”等多个场景，连接跨银行、跨账户、跨行业多种产品和服务，是为智能

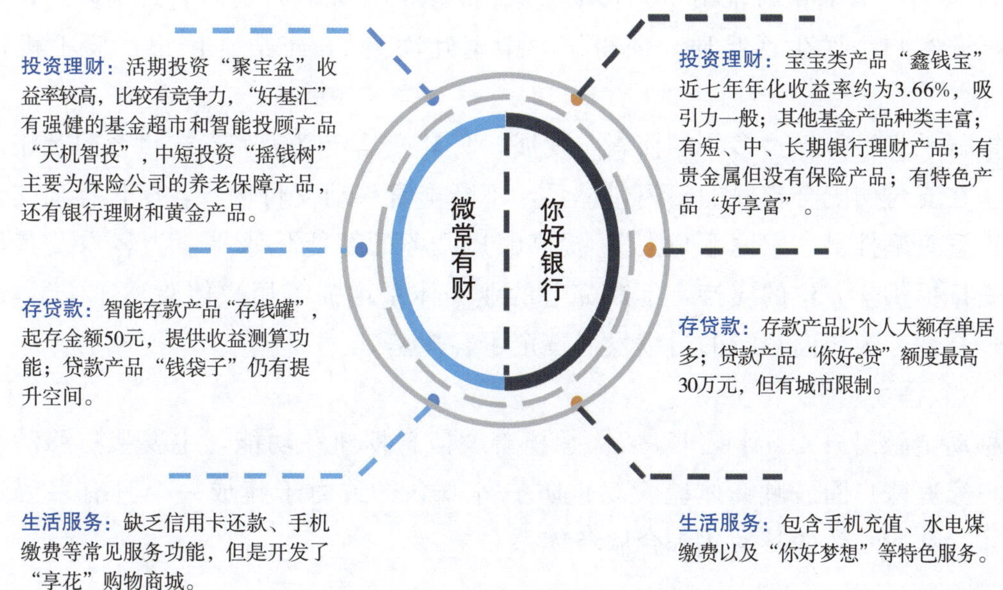

图 12－5 “徽常有财”与“你好银行”对比

手机及移动终端用户量身定制的移动金融服务平台，它具有账户查询、转账汇款、缴费支付、投资理财、信用卡还款等强大的金融服务功能，还创新推出网点地图、转账汇款实时到账、家庭账户圈、智慧账户等丰富的特色服务。

（一）手机银行发展历程

徽商银行手机银行于 2012 年 12 月 27 日上线，将传统的线下业务线上化，开启了移动互联网时代。2014 年，徽商银行推进互联网金融的发展，计划改造传统手机银行，丰富手机银行业务，致力为客户提供“更专业、更智能、更便捷”的服务体验。2016 年 2 月，手机银行全面升级，以打造开放式平台、融入情景化理念为方向，采用了全新的系统架构，从应用场景、客户互动、客户体验以及安全机制方面进行了突破性的改进，实现了手机银行三账户融合功能，对本行借记卡、他行借记卡、本行信用卡、直销银行电子账户在手机银行 APP 上完成统一管理，实现从“徽商银行的手机银行”到“客户的手机银行”的实质性转变，迈出了徽商银行打造业内领先的个人移动互联综合金融服务平台的第一步（图 12－6）。

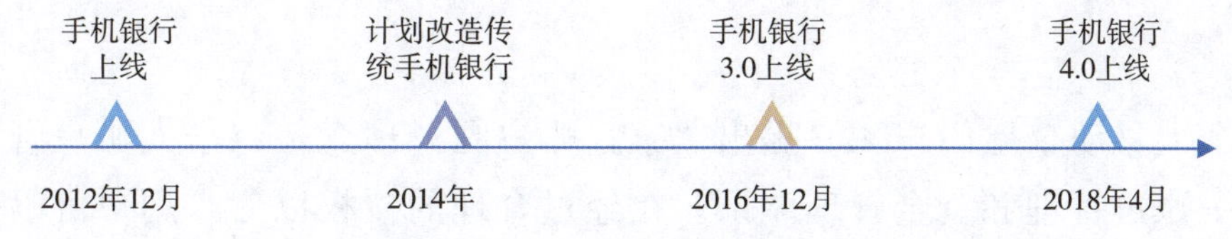

图 12－6 手机银行发展历程

2016 年 12 月 28 日，徽商银行个人移动金融门户（手机银行 3.0）正式上线。主推超级账户、超级支付终端、云端银行、云 Key 手机 U 盾四大金融创新，聚焦超级账户与超级支付终端，将科技创新与移动金融完美整合，是徽商银行运用科技金融技术的重大创新，也是徽商银行 APP 从移动应用到金融门户、从产品交易到客户体验的又一次重大突破。

2018 年 4 月，徽商银行推出个人移动金融门户 4.0，以客户关系管理为脉络，从用户体验入手，提升客户金融生活品质，获得了“中国互联网 20 年最佳用户体验手机银行”的殊荣。

徽商银行手机银行经过多年的探索与发展，将其产品定义为兼具支付系列及账户管理系列的产品。在支付侧配合银联的云闪付体系，不断丰富移动支付场景，简化移动支付操作体验；在账户管理侧推出“家庭账户圈”，提高账户服务的智能化水平，为客户及其家庭的终身的财务安排提供全方位的支持，不断完善的业务体系增强了用户体验，守住了域内客户，增强了客户黏性，为徽商银行的后续发展奠定了客户基础。

（二）个人移动金融门户 4.0

个人移动金融门户 4.0（图 12－7）承担着“信息枢纽”功能，主要聚焦移动端，提出了智能账户家庭账户圈、顺畅体验、双重防护等概念，致力于建成一个具有多渠道、综合性、客户体验比较一致的移动化综合服务体系。

图 12－7 个人移动金融门户 4.0

1. 全家账单统一管理

徽商银行个人移动金融门户 4.0 提出“家庭账户圈”理念，将个人账户管理升级为以家庭为单位的统一账户管理和资金管理体系。在经过合理的授权以后，用户可以建立一个家庭主账户及多个关联账户，形成统一的资金管理体系。用户可以随时掌握全家财务状况，实现与家庭成员间的资金归集、汇集家庭零散资金。为客户提供了极大的便利，不用再为向在外地求学子女寄付生活费、为双方父母代缴水电燃气费、还信用卡等事情烦恼。

2. 智慧账户串联金融生活

在线上业务链中，徽商银行提出“智慧账户”的概念，通过多账户签约、综合账单、定时转账、智能资金归集等便捷功能，以及定期理财、余额消费、智能还款等应用场景化产品，将一个客户的单张卡片、单个账户升级为场景化、智慧型的全能账户群，提升客户金融生活品质。

在线上线下的互动中，徽商银行向客户开放网点服务资源的“查询”“预约”“在线叫号”和“大额现金取款”等部分使用功能，而且用户在APP端可以自行选择网点，提升了客户的使用体验，方便了工作人员及时调整工作安排。

3. 顺畅体验带动精准营销

个人移动金融门户4.0版本提出顺畅体验带动精准营销。客户的服务体验是推动营销的关键因素，4.0版本不再是以分析抓取的客户信息做精准营销，而是通过识别为客户带来顺畅体验的高频场景，来判断可以为客户提供的额外服务。

徽商银行个人移动金融门户4.0对客户需要的高频场景做了众多入口。查询账单时，在结果页面的下方将会显示出“转账”“买理财”“打回单”等项目入口，节省了反复切换菜单的时间；转账时，输入收款账号后，会及时显示出收款账号所属银行信息，减少了用户输入或查找银行选择菜单带来的不便。

4. 双重防护，持续完善移动端安全体系

为保障客户权益、提高交易风险防范透明度，徽商银行个人移动金融门户平台引入互联网身份识别、互联网反欺诈产品，推出账户安全险及“安全锁”（图12-8），加强在线客户识别，推进安全防护体系升级，在业内率先开展了移动端数字证书安全应用的探索实践，实现“安全+无感”的用户体验，实现移动支付产品便捷性与安全性的“双赢”。

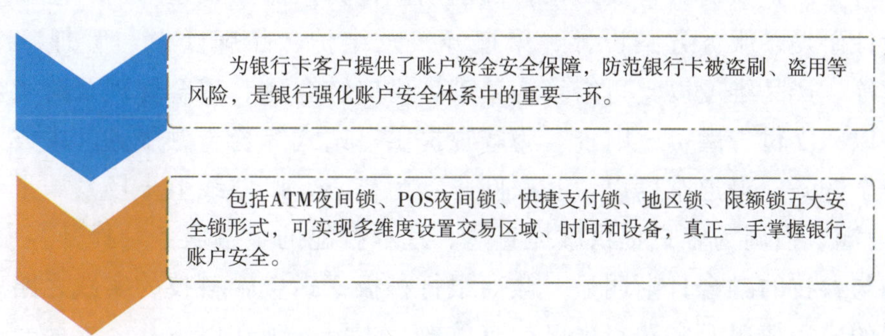

图12-8　账户安全险及安全锁介绍

四、交易银行

在互联网金融分流商业银行传统存、贷、汇业务的趋势下，商业银行必须融入互联网思维，形成内外部资源共享与资讯交换的机制，发展互联网技术和平台以服务传统业务。徽商银行除了大力发展手机银行和直销银行，正在把交易银行作为互联网金融业务发展的新突破口，积极探索交易银行的发展模式。2015年，在分行进行试点，成立特色交易银行部；2016年，将交易银行产品对接跨境电商平台，推出“交易+支付+融资”的产品体系，实现互联网化；2017年，在总行层面筹备交易银行部；2018年，交易银行部正式成立（图12-9）。

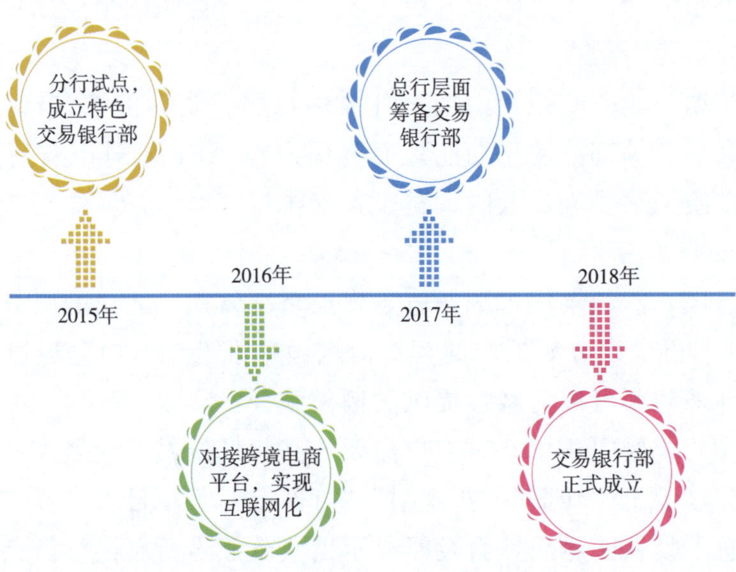

图 12-9　交易银行发展历程

徽商银行对交易银行的定位，主要是秉承交易导向的理念，打造一站式的金融服务。以既有的金融产品体系，加上交易场景的延展，整合外界非金融服务（保险、税务、物流等），实现内外贸一体化、本外币一体化、线上线下打通的全景式的一站式服务的愿景。而且，徽商银行交易银行针对招投标场景和电商场景进行了探索和实践。

在业务定位方面，徽商银行交易银行部前期定位为产品与渠道部门，主要职责为交易银行类产品的设计研发、服务方案设计、渠道开发及维护、品牌建设与管理、产品培训及推介、业务管理等。产品维度以支付结算为基础，供应链金融、现金管理及跨境金融三大业务板块为主线，以“支付＋融资＋财资”为客户提供一站式综合金融服务解决方案，强调服务客户生产运营全链条；渠道维度以“互联网＋”为核心，以“线上＋场景＋平台”深度拓展“智慧金融”内涵，强调为客户提供敏捷直达、远程智能的金融服务，提升客户体验。

随着金融与科技的融合日渐明显，徽商银行积极探索金融科技的实践之路以及新技术在交易银行领域的应用情况及实践，也已初有成效，主要表现在以下几个方面：

一是上线供应链系统运营，打通了“1＋N”保理业务的线上渠道。一方面，在线即时实现卖方对应收账款的转让和买方对应收账款转让的确认等操作，核心厂商通过线上传递的信息可以与徽商银行掌握的卖方融资信息即时交叉验证，使得整体贸易背景易于把控，操作风险相对较小；另一方面，卖方企业直接从企业网银端发起提款申请，无须每次放款均向银行提供纸质借款申请材料，一次授信，随用随借，便捷高效。通过线上提款模式，放款响应在 1 小时以内，放款效率大大提升。

二是搭建小企业金融服务平台，为小企业提供一站式综合服务。该平台实现了一个平台（覆盖企业网银，集成现金管理，推出小企业特点个性化产品体系）、两个服务渠道（PC 和移动端）、三类特色金融产品（涵盖了“存、贷、汇”主要业务）、四项功能模块（金融服务、增值服务、渠道服务、信息服务）。

三是总分行层面均成立互联网金融团队，对金融科技高度重视，已着手交易银行行内系统整合及线上渠道、移动渠道建设的规划工作。

五、总结

徽商银行在互联网金融发展进程中，始终紧扣客户体验，根植互联网基因，不断推进各项业务数字化、移动化、平台化、智能化，抢占发展制高点，利用大数据决策、自动化运营、标准化产品和灵活组装搭建互联网金融平台，形成了“以直销银行为抓手，开拓互联网市场；以手机银行体系为保障，守住自己的主业；以交易银行为推手，提升综合金融服务能力，建立核心竞争力”的发展思路，成为互联网银行的典范。

直销银行作为徽商银行互联网金融业务的主力军，紧紧抓住电子账户特点，将传统零售银行向线上弱认证账户体系的直销银行化改造，并不断完善业务模式，不断丰富嵌入的场景，将四大业务板块聚焦融合，形成比较优势，避免同质化竞争，在差异化中实现价值提升。手机银行积极融入互联网金融理念，不仅实现了传统线下业务的线上化，还引入了智能账户、全场景覆盖的概念，完全可以不依托于线下网点而单独存在，颠覆了网点业务边界，增强了域内客户黏性，提升了品牌核心竞争力。交易银行是徽商银行布局互联网金融新的发力点，现正处于转型升级的进程中，不断进行业务聚焦，以全国的视角嵌入新的场景，以“互联网＋”、物联网、区块链、大数据等新兴科技赋能于金融服务，致力打造涵盖对公、对私业务的一站式金融服务平台。

徽商银行将持续聚焦互联网金融领域的发展，站在更高的视角，以更长远的生态思维来打造互联网银行，实现渠道、产品、流程、服务等全方位的融合发展；践行普惠金融，以客户需求为出发点，拓展场景化服务，丰富金融产品，通过平台一站式满足更多客户的多元化金融服务需求。

案例二　华安证券：布局金融科技　推动业务转型

一、公司简介

华安证券公司前身是1991年成立的安徽省证券公司，是安徽省第一家专营证券机构。2001年，在整合原安徽省证券公司、安徽证券交易中心证券类资产的基础上，成立了华安证券有限责任公司，是安徽省最早设立的综合类证券公司。此后，公司又经历了综合治理和多次增资扩股，2012年整体变更为股份制公司。2016年12月6日，公司首次公开发行股票在上海证券交易所挂牌上市（股票代码：600909）。截至2018年上半年，公司总资产466亿元，所有者权益125亿元，共有营业部141家、分公司15家，各项业务以安徽省为基础，辐射全国主要地区。公司是华富基金的主发起人和第一大股东，控股华安期货公司，参股安徽股权服务集团和中证报价系统公司，全资拥有华富嘉业、华富瑞兴和华安新兴，初步建立起集团化发展框架。

公司聚焦规范化、专业化、综合化、规模化的发展战略，坚持以客户为中心、以服务实体经济为使命，持续提升专业能力和服务水平，持续深化业务转型和管理升级，整合财富管理、投资银行、资产管理、直接投资等业务资源，协同参控股公司和合作伙伴，致力为客户量身打造综合化的投融资解决方案。二十余载深耕细作，公司证券经纪、投资顾问等业务稳居行业领先地位，投资银行业务在IPO、并购重组、再融资、新三板挂牌等方面经验丰富，资产管理业务形成了以固定收益为主的经营风格、产品投资业绩位居行业前列，新三板做市、主经纪商等创新业务也各具发展特色和竞争优势。近五年来，公司在行业分类评级始终保持A类A级（全行业截至目前只有14家），连续三年获得安徽省政府颁发的“金融机构支持地方经济发展业绩考核”一等奖。

近年来互联网金融的发展对券商造成了很大的冲击，华安证券紧跟行业发展动向，重点打造“华安徽赢”APP，并积极构筑自媒体、开立第三方平台公众账号（包括官方微信公众号、头条号、微博号、抖音号）。在华安证券的精耕细作下，互联网金融方面已初见成效。在发展互联网金融的过程中，华安证券也获得诸多荣誉（图13－1）：获得券商中国颁发的

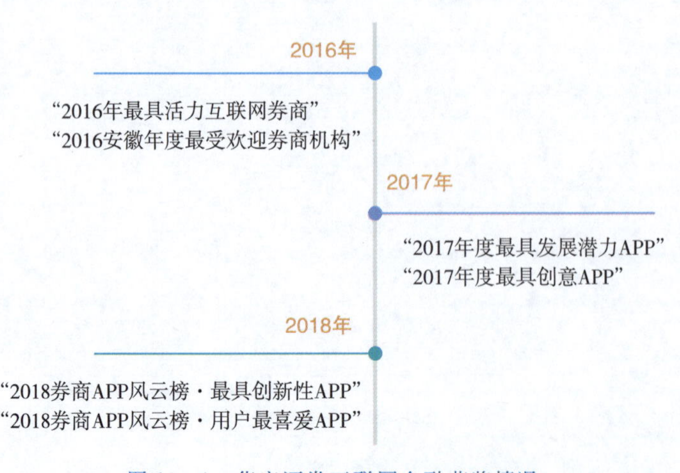

图13－1　华安证券互联网金融获奖情况

"2016 年最具活力互联网券商"，新浪网颁发的"2016 安徽年度最受欢迎券商机构"；获得 2017 年新浪网颁发的"2017 年度最具发展潜力 APP""2017 年度最具创意 APP"；在 2018 年新浪财经主办的"券商 APP 风云榜"评选活动中，获得"2018 券商 APP 风云榜·最具创新性 APP""2018 券商 APP 风云榜·用户最喜爱 APP"两项荣誉。

二、互联网金融业务发展现状

近年来，由于大数据、人工智能的快速发展，计算处理能力的提升以及相关算法模型的进步，大量金融机构开始加快互联网金融布局。华安证券积极拥抱互联网，2014 年底取得业内首批互联网证券业务试点资格后，围绕证券业务线上化、外部互联网平台合作和互联网品牌建设与用户运营等方面进行了积极探索。在业务线上化方面，华安证券战略性地打造"华安徽赢"APP，使其成为连通线上线下的一站式综合理财服务平台。在互联网平台合作上，先后与证券垂直领域以及具有金融属性互联网平台展开合作，丰富了公司获客手段，积累了一定的客户资源。在互联网品牌建设与用户运营上，先后开立"华安证券"微信、今日头条、雪球号等第三方平台公众账号，构筑了自媒体传播矩阵，并持续生产投放高质量内容。在搜索引擎、应用商店等方面进行了关键字优化，并在重大事件和节日有序组织了运营活动，提升了公司和"华安徽赢"互联网子品牌的品牌影响力和客户满意度。同时抓住公司立足安徽、面向全国的具有区域特色券商的定位，在投顾业务、赋能线下营业部等细分领域重点发力。另外，华安证券积极推进投教基地产品化工作进程，持续丰富基地配套产品线，加强投资者教育的同时积极宣传华安证券的品牌形象。

（一）华安徽赢

1. 华安徽赢发展历程

华安徽赢 APP 自 2016 年 12 月正式发布以来，截至 2018 年，已经开发了 1.0～5.0 五个版本，在各券商 APP 中综合排名为 42 位。目前华安徽赢主要业务种类包括智能投资服务工具、智能客服、线上产品销售、线上投顾产品、互联网运营与引流合作等。相比 2017 年，2018 年公司互联网金融业务发展以"赋能与链接"为战略方向，以实现智能化、线上线下联动为目标，陆续上线了智能投资服务平台、Level－2 行情、指南者投顾模拟盘等功能，打造了具有华安特色的产品线。

2018 年末，华安徽赢 APP 进行了 PC 端的补充，实现了手机端和 PC 端的联动性。在发展过程中，始终牢记开放平台的定位，围绕平台、产品、服务、渠道四个方面深挖业务场景，始终把推动线上与线下互动、连接用户和服务作为产品设计的核心。在财富管理方面，华安徽赢成功搭建了与投资者之间的桥梁，"投顾微店""指南者"的上线为投资顾问提供了线上展业平台，让更多的投资者享受到更为专业的投顾服务；"筹码分布""相似 K 线""龙虎榜"等投资辅助工具为客户提供了更多投资帮助。

2. 华安徽赢特色功能

2018 年 8 月，为了更加全面地满足投资者需求，徽赢"赢·智能"系列产品上线，"智能诊股""持仓诊断""客户画像""智能客服"全新亮相，这是华安徽赢积极拥抱金融科技、践行“智能化与赋能连接”理念的新成果，是构建公司专业化、智能化、场景化的金融服务平台的重要里程碑。“赢·智能”系列作为本次徽赢 5.0 版本重点打造的智能投资服务系统，推出的四大智能工具成为大众的聚焦点。

（1）赢家智投是华安徽赢全新推出的智能投资服务系统，围绕“互动服务、决策、响应”，为客户提供更深度和更智能的投资辅助（图 13－2）。

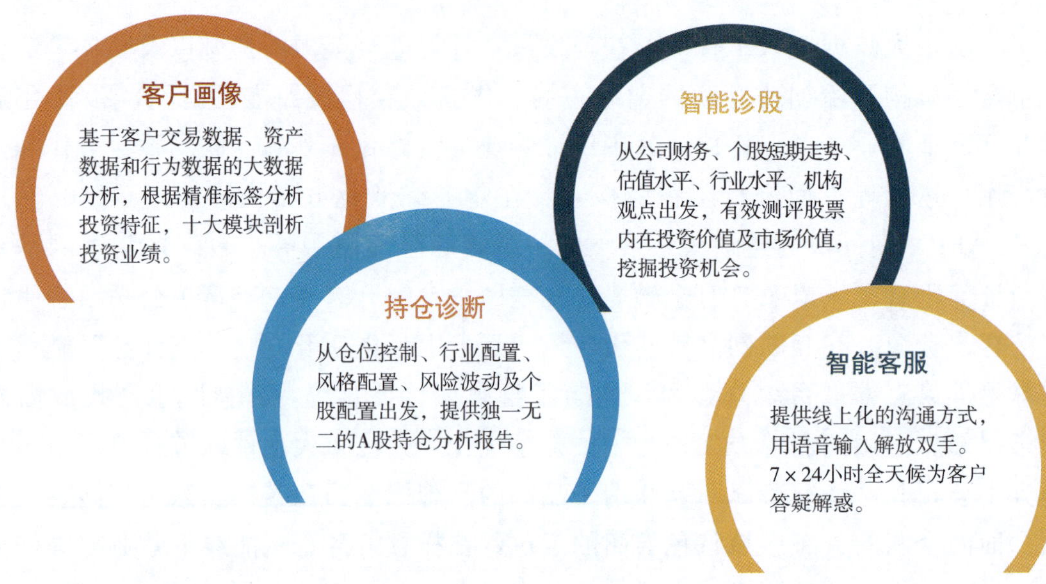

图 13－2　赢家智投四大板块

（2）Level-2 行情：通过十档行情、分时博弈、委托队列、逐笔明细、分价统计等五大功能实时揭示买一、卖一前 50 笔委托明细，实时跟踪盘面筹码，实时统计超大单、大单、中单、小单在分时走势中的资金流向趋势，从而监视资金流向，捕捉盘口语言（图 13－3）。

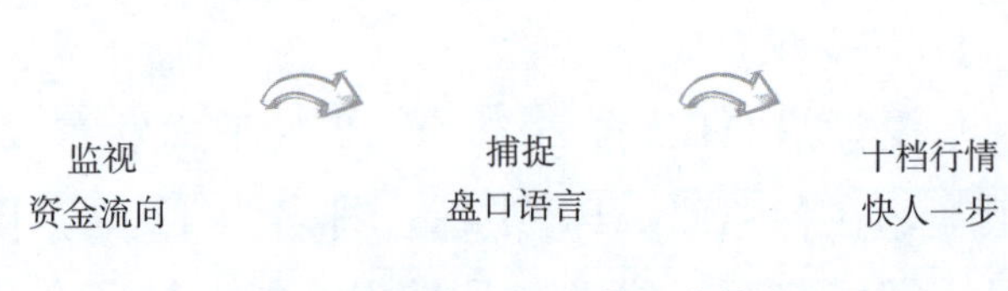

图 13－3　Level-2 行情三大特点

（3）指南者是一款投顾模拟组合产品，该产品从收益率、择时、选股、回撤、胜率、业绩评级等多维度评价投顾专业投资能力，用户可免费关注模拟盘，根据自身需求选择付费订阅。在签约期间，客户可以随时浏览模拟组合的全部信息。徽赢 APP 将会以消息推送、短信等方式给用户送达模拟组合的调仓信息。

华安徽赢通过公募基金、资产管理、收益凭证、银行理财等服务产品以及场景化的产品规划，在手机端中针对客户不同需求、年龄层次、工作类别、风险偏好先进行一次推荐，若客户点击相关产品浏览，再进行推荐优化，从而实现从炒股理财的标准化平台向数字化、智能化投资服务系统的重要转变（图 13－4）。

（二）互联网投教基地

互联网投教基地以投教网站为主体、手机客户端为辅助，并通过微信、微博等平台宣

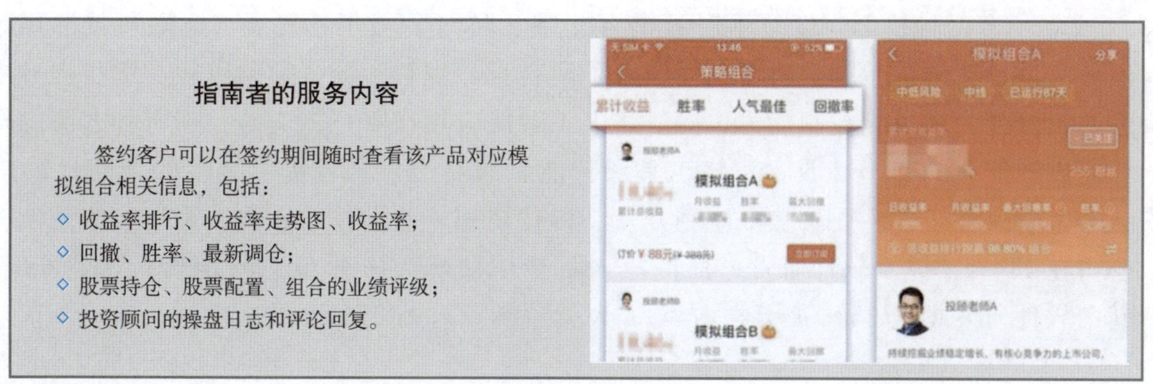

图 13-4　华安徽赢 APP“指南者”内容介绍

传。互联网投教基地官网作为全面信息展示和模拟体验平台，投资者可随时访问参与华安学堂、华安讲堂、华安播报、名家观点、模拟体验等特色栏目。

2018 年以来，华安证券互联网投教基地积极推进投教产品宣传推广工作，持续开展投教活动，丰富投教产品种类（图 13-5）。目前上线的互联网投教基地主要包括华安学堂、产品展示、专家讲堂、互动沟通、政策法规、实体基地、模拟体验等多元化投教模块。2018 年基地通过公司官网、微信公众号、微博、头条号及各类投教活动等渠道，使投教产品和活动覆盖面达 6.5 万人次。通过公司省级互联网投教基地、微信公众号“华安证券”和微信订阅号“华安证券微投教”发布各类投教活动 238 篇，活动预告 65 篇，风险警示 59 篇，投教知识宣传 243 篇。公司各部联动组建讲师团，通过线下专题讲座、线上录制相关投教课程、制作投教小视频等方式制作并发布各类讲座投教视频音频 307 余部，初步建设完成了基地线上线下打造互动学习、精品展示、资源共享、辐射所有投资者的投教平台。

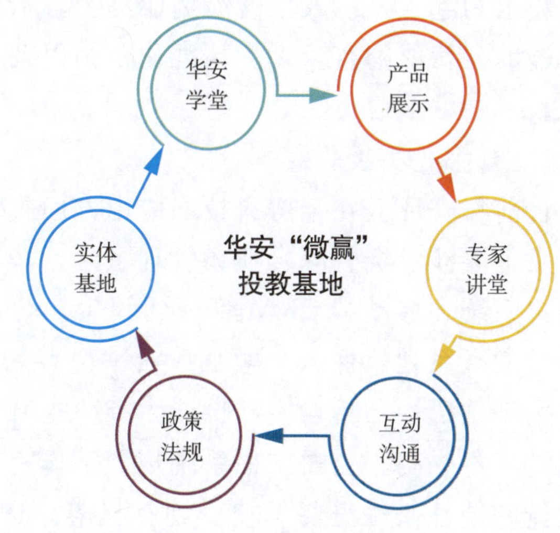

图 13-5　华安“徽赢”投教基地内容展示

华安证券开展互联网投教工作有四大策略：一是做好新业务知识普及、传授投资方法、风险提示等基本工作；二是细分客户类别，建立多层次、多主体的投资者教育体系；三是充分利用互联网高效、便利、形象的特点，增强与投资者的交流、互动；四是建立完善证券纠纷投诉处理机制。互联网投教基地仅仅是华安证券投教工作的一个新开始，下一步公司还将进一步提升互联网投教的外延和内涵，逐步开发动漫、微电影、视频、课件等多种形式的投资教育产品，使投教更具趣味性和互动性。

三、推动金融科技赋能

为了积极适应互联网金融的发展、为中小投资者提供更加优质的服务，华安证券于

2018 年成立了金融科技部，以技术层面全力支撑互联网金融业务发展。金融科技部以为投资者服务为宗旨，利用数据分析帮助投资者了解自身、理解市场、控制风险，逐步提升中小投资者的投资能力和风险控制能力；同时将人工智能应用在账户、交易、理财和客服的全面升级，提供智能化的交易工具、策略工具和智能客服，给投资者提供更多的帮助。2018 年华安证券金融科技工作主要聚焦在应用开发、科技规划、前沿技术、数据管理与应用四个方面。公司在 IT 人才以及软件研发方面的投入不断增加，2018 年信息系统投入达到 6808 万元，其中软件研发投入 2500 万元左右，IT 人员薪酬投入 1427 万元左右。

（一）业务模式探索

华安证券主要从四个方面开展探索业务模式变革：一是通过系统规划加强公司 IT 建设的自主可控能力，提高信息系统建设效率和资源利用率；二是逐步推进自主研发，实现业务部的需求并向其提供新产品，同时对于证券业务方面，在基金优化上以量化投资为辅助，强化学习算法，构建最符合市场需求的基金模型；三是对公司的数据资产进行梳理整合，发挥数据的最大价值，比如定期对客户名单进行删选，透过理财和投顾建立的数据挖掘客户，根据客户的风险偏好，配置合适的投顾老师，做好对客户流失的分析；四是加大新技术金融科技的应用，探索人工智能、云服务。通过上述四个方面加快布局华安证券人工智能版图，以客户需求为起点，以人工智能为驱动力，持续推动各领域的融合性，打造集智能客服、智能投资辅助、智能财富管理、精准化营销以及智能营销辅助为一体的一站式综合金融理财服务平台。

（二）金融科技应用

目前华安证券在金融科技的应用方面主要是采用自主研发与合作开发相结合的模式，自主研发主要涉及资管综合业务管理平台、华富嘉业项目管理系统、资产托管部项目、统一企业门户系统和移动端 CRM 管理驾驶舱、智能资产配置、招聘网站、MOT 等；合作开发主要涉及徽赢系列软件、金融服务云、企业智能分析平台、数据仓库。但目前仍存在以下问题：大型系统性项目自主建设能力有待提升；大数据、人工智能技术与证券业务的融合程度有待进一步提高；公司层面系统规划工作有待完善，需逐步实现部分模块的企业级共享；开发人员和硬件条件需要尽快得到补充等。因此，华安金融科技部规划有序推进数据治理项目，保证数据安全和数据质量，不断提升数据使用价值。推进基于微服务底座的金融服务云建设，实施现有应用系统的微服务化改造。基于现有智能应用，挖掘历史数据价值，建立智能应用场景模型库，形成不同业务领域的决策支持体系。结合总体战略和金融科技规划协调推进公司信息化建设，提升公司金融科技水平。

华安证券金融科技以“大后台、大中台、小前台”为发展方向，从客户结构、客户需求出发，对数据资产进行有效利用，提升数据化的广度和深度，挖掘数据价值，更好地建设华安证券互联网平台，满足线上线下的业务需求，带动业务发展，未来实现“三化”，即服务智能化、业务专业化、客户专属化的突破性探索。

四、总结

在互联网产品设计和功能建设中，华安证券始终坚持以客户需求为出发点，以客户体验为中心，以数据分析指导业务开展，小步试错、快速迭代。同时注重后端系统的整合，不断提质增效。近年来，华安证券战略性地打造“徽赢 APP”，使其成为连接公司资源和客户需求的主要平台，使交易型客户获得更好的体验、财富管理型客户获得更多有价值的服务。紧跟行业动态，围绕如何为客户创造价值去构建科技证券服务体系，打通公司的业务、牌照、客户资源，形成以客户为中心的一个账户、一系列产品、一揽子综合服务体系。重点建设智能化投资服务平台，实现为客户赋能与后台“智慧运营”；通过数据分析完善客户画像，通过算法模型和机器学习优化匹配引擎，为客户提供智能化的资讯、投资和理财服务；同时，华安证券作为安徽省首家互联网投资教育授牌券商，上线了多维度立体式互联网投教基地，为投资者答疑解惑。

在未来较长一段时间内，APP 仍然是券商转型的重要载体，是连接公司资源与客户需求的主要平台，不仅仅是前端，部分中台的查询管理功能也需要向移动端转移，以满足线下分支机构的业务开展和公司敏捷管理的需求。综合业务服务能力成为券商核心竞争力的重要体现。券商 APP 必须要适应这一趋势，建设成为券商各系列业务、产品、服务的输出载体，能够准确把握并有效响应客户的需求，形成一点接入、全程响应的全业务链服务模式。以经纪业务为起点，带动资管业务、信用交易业务等各项业务的专业资源整合，为客户创造价值。

案例三　银联商务安徽分公司：综合支付　创造价值

银联商务股份有限公司安徽分公司经中国人民银行合肥中心支行批准，于 2004 年 3 月 10 日成立，主要从事线下、互联网以及移动支付的综合支付与信息服务，其总部设在上海，为中国银联控股子公司。银联商务安徽分公司互联网金融业务主要分为三大板块：互联网收单支付、互联网融资理财和大数据业务。三大板块的协同发展主要得益于其多年在收单市场的深耕，为互联网金融业务的拓展提供了系统的业界经验以及海量的数据基础，使得“获客活客”更加高效便捷。同时，收单支付业务的线上发展也更为迅速，2018 年银联商务安徽分公司也因互联网收单支付业务，荣获中国人民银行合肥中心支行颁发的“2018 年安徽省移动支付便民示范工程优秀单位”奖项。

一、银联商务安徽分公司互联网金融基本情况

作为省内最早从事收单及电子支付服务的机构之一，银联商务安徽分公司围绕自身最为擅长的“收单及支付”开始发展互联网金融业务，经过多年耕耘和积累，到 2018 年末，收单业务服务商户达 62 万户、累计布放各类终端 38 万台，互联网支付业务已累积合作商户约 4000 户，累计产生交易额上千亿元，业务发展遍布全国。2018 年，银联商务安徽分公司收单业务共产生交易额 6000 亿元，互联网支付业务共产生远程支付交易额 283 亿元，其中主动性支付 180 亿元，代收、代付业务 93 亿元，其他业务 10 亿元。

在收单支付业务上，银联商务主要通过对设备的智能化改造进行业务的互联网化重塑，在传统 POS 的基础上打造了“全民付”产品系列（图 14－1）。发展初期，银联商务推出“金融 POS 收单”产品，实现了资金最快当日结算、MIS 收银一体化的功能；之后又在 POS 基础上推出快捷支付——“全民付移动支付”，将软件应用轻量化，嵌入第三方 APP 中，只要是安装了该 APP 的手机就可与银联商务收银终端配合使用完成面对面近场支付，也可在 APP 内下单，输入 POS 通支付密码完成线上远程支付；随着市场的变化、金融科技的推动，银联商务又针对个体工商户、小微商户等开发“全民付”收银台，该产品可与智能手机或者平板电脑连接，使得收单移动化成为现实；近年来，人工智能、大数据在金融行业不断普及，也使得银联商务主动升级产品，为其产品加入“智能”元素，推出“全民付”智能终端，它不同于单一收银功能的传统 POS 机，不仅能够一站式受理各类支付方式，还可供商户从银联商务开放应用市场下载各类行业应用，通过个性化定制满足商户的多样化经营需求，形成了“线下终端＋云端应用”的线上线下一体化金融服务生态圈，“全民付”智能终端不仅助力了商户零门槛向互联网化、智能化经营转型，也成为银联商务以金融科技手段推动商户经营转型升级的有力抓手。

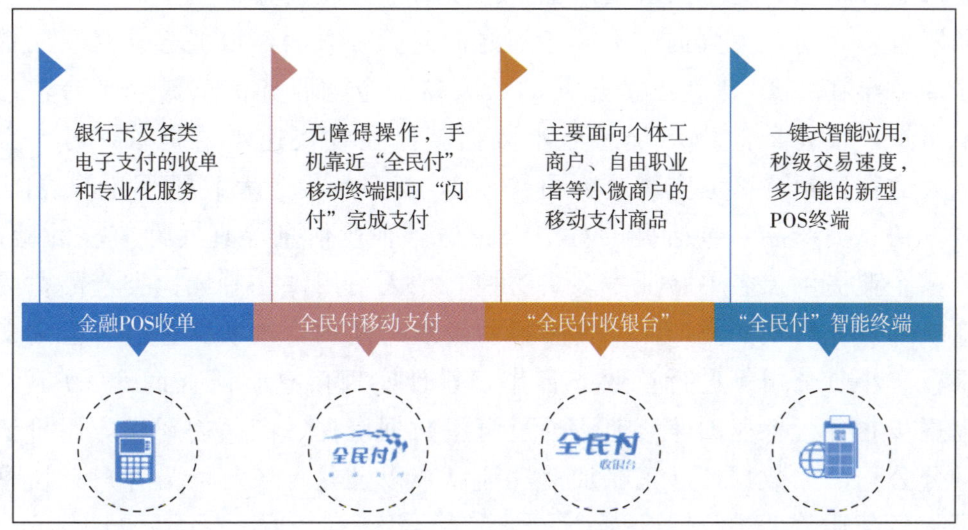

图 14－1 银联商务收单支付产品

具体来看，“全民付移动支付”主要分为“全民付近场支付”和“全民付远程支付”，远近结合的支付模式真正实现了支付的移动化，也填补了大多数支付机构在非面对面支付业务的空白。其中，近场支付主要包括全民付收款扫码、全民付付款扫码和全民付免密支付；远程支付包括 APP 支付、H5 支付、公众号支付、PC 网关支付和小程序支付五种方式，商户只需要一次对接，即可搞定多种支付（图 14－2）。

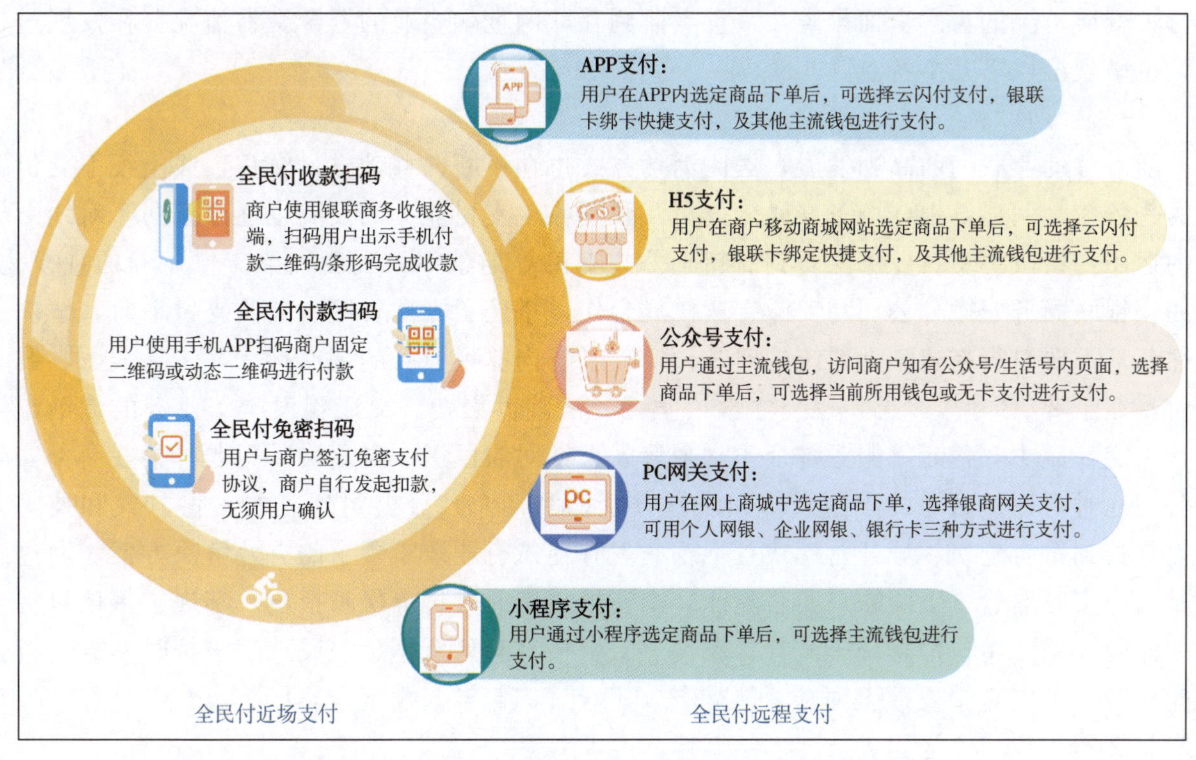

图 14－2 银联商务“全民付移动支付”

收单支付业务积存的交易流水数据也给银联商务互联网金融业务的进一步发展提供了契机，互联网融资理财、大数据分析业务随之而起。一方面，依托移动互联网等金融科技手段，银联商务早在2013年就已搭建起“天天富”金融服务信息撮合平台，让海量中小微商户足不出户，仅凭日常POS交易流水数据就能在线快速申请贷款。另一方面，利用海量的金融大数据，银联商务安徽分公司在2018年开始投产大数据业务，结合市场需求，开发多种数据信息类产品：包括提供对个人身份、企业信息等真实性核验的验证类产品；为互联网金融企业提供黑名单验证、多头防控、个人信用评分等风控类产品；为银行提供睡眠卡智慧唤醒业务的唤醒类产品。在一年的发展时间内，银联商务已与省内多家保险公司、商业银行、小贷公司等进行了业务合作，累计实现信息验证查询80万笔。个性化的定制方案也逐步在各行各业加速落地，通过海量数据挖掘、产品创新和应用价值输出，银联商务安徽分公司的大数据产品正在加速反哺商户以及各行各业，为客户轻松享受大数据红利架起了一条条通道。

二、银联商务安徽分公司互联网金融发展特点

面对互联网金融行业的快速发展以及商业价值的不断显现，银联商务安徽分公司也跃跃欲试，通过多种举措积极融入互联网金融大军。一是，为凸显互联网金融业务在银联商务安徽分公司的战略地位，把互联网金融业务作为重要支柱板块写进2018—2020年三年规划；二是，在分公司管理部门下成立互联网金融小组，在各地市设立互联网金融专员；三是，为防范风险，在分公司内部设立专门的互联网金融风险监测岗，对已经上线的互联网金融商户进行了资质情况的再次全面排查，并重点监测互联网金融企业的资金交易情况。在发展过程中，也呈现出以下几个特点。

（一）支付业务下沉，线下、线上支付融合

随着移动互联网的高速发展，居民消费方式也在不断向移动支付转移，线上线下支付融合的趋势较为明显，银联商务安徽分公司互联网收单支付业务的发展也逐渐偏向于对线下场景的运用，将收单支付业务融合到商超、公共支付等场景中，实现收单支付业务的规模化。例如，银联商务安徽分公司与安徽省非税局合作，搭建了安徽省统一公共支付平台，解决了以往各地需要自行搭建缴费系统的问题，实现了省内非税业务的一点接入，包括线下、线上支付，截至2018年末，已实现公立学校学费、法院诉讼费、交通罚没款等业务的缴纳，累计产生交易额1.3亿元，服务群众700余万人。针对农民工“讨薪难”问题，银联商务安徽分公司通过对建筑领域的不断摸排和认真分析，利用总、分公司现有的支付方式和技术力量，寻找到符合建筑领域经营模式且不改变现有建筑行业政策要求的有效解决方案。通过系统及账户实时监管、工资账户实名验证、工资批量实时代付等保障措施，实现了多项目资金统一监管、施工单位信息统一监管、农民工工资核算有所依据、农民工工资按时发放、省去中间环节、工资直接发放至对应个人，该项目自2015年上线至今，已累计发放工资11.41万笔，金额达11.75亿元。

（二）丰富融资理财，助力普惠金融

银联商务安徽分公司互联网融资理财业务的开展主要依托总部开发的“天天富”平台，

近年来，“天天富”平台产品逐渐丰富，形成了集融资、理财、生活一体化的服务，平台的日益完善也带动了银联商务安徽分公司互联网融资理财业务规模的增加，截至2018年末，银联商务安徽分公司“天天富”平台已发展用户4000户，2018年该平台贷款发生额达10亿元，融资余额近3亿元，理财发生额达6.3亿元。在理财业务中，平台上不仅有“超级捷算”“天天有利”“日日生金”等面向中小微商户和个人用户的自有在线理财服务，还提供了银行、基金等代销服务以及部分券商在线开户入口；在融资业务中，针对中小微商户日常经营中应急资金需求的各种场景，量身定制了融资租赁、联名卡、商户贷三大类产品，针对个人用户提供了低费率、高额度的消费贷款产品（图14-3）。

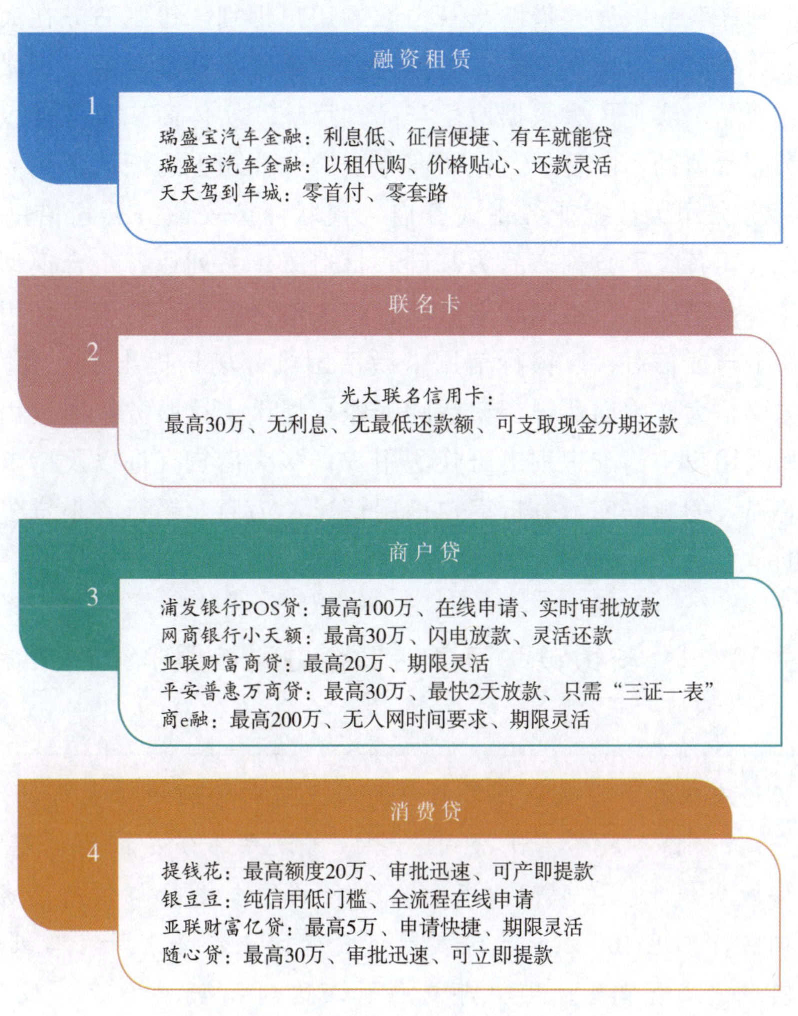

图14-3 银联商务融资类四大业务

“天天富”平台巧用“加、减、乘、除”法使普惠金融成为可能。运用“加法”拓宽了金融服务宽度：通过平台为众多商家、银行、证券、基金等搭建了一条融资理财的“高速”通道；运用“减法”简化了金融服务的流程：充分运用互联网技术将传统的融资理财等金融服务从线下全面迁移到线上；运用“乘法”提升了金融服务的质效：通过大数据、云计算等前沿技术，降低了信息不对称，提高了供需匹配性和服务可获得性，扩大了金融服务覆盖面；运用“除法”有效降低了金融服务风险：通过大数据平台以及遍布市场的客户经理的现场实地巡检等措施，从各个环节筑起了金融风控的坚固防线。

在普惠金融建设方面，银联商务安徽分公司也是国家精准扶贫的重要力量。安徽分公司依托总部建设的“全民惠农——一起来扶贫”项目，通过“全民惠农”APP，为农户搭建了面向全国的农产品电商销售平台，帮助了省内各地市政府、农企、农民销售优质或者滞销的农产品。2018 年，平台上线了安徽地区 40 多户农民商户，帮助农民将当地特色的农产品，包括茶叶、鸡蛋、苹果等销往全国各地，扩大了农产品的销售渠道，增加了农民的收入。

（三）深耕金融科技，提供数据产品

依托广泛的数据来源和维度，借助自身精准的用户识别，银联商务在大数据业务中先后推出了数据金融、数据魔方、数据鹰眼、数据运营、睡眠卡精准激活、小微企业评估、移动支付风控等一系列产品，实现了大数据应用产品“反哺”实体商户及各类企业。

随着大数据产品价值的不断释放，银联商务安徽分公司也逐渐认识到大数据业务带来的红利，2018 年安徽分公司大数据业务正式开启。银联商务安徽分公司借助自身累计的大量银行卡数据，以总公司各类大数据产品为基础，打造了一系列业务组合模型，实现了对持卡人进行精准的画像。模型产品包括睡眠卡激活、多头借贷查询、持卡人信用评分等，针对目前小贷、网贷产品不与征信对接、银行信用卡激活困难等场景提出了一套完善的解决方案。睡眠卡激活业务主要是为省内商业银行激活睡眠账户提供支撑服务，通过用户数据分析，进行深度画像，从睡眠用户中精准识别出可唤醒用户；多头借贷查询以及持卡人信用评分也都是基于自身积累的强大的数据库，分析客户信用情况，为商业银行、小贷公司等信贷业务的贷前审查提供帮助。

专栏 14－1　安徽银联商务借助金融科技服务个体工商户

银联商务股份有限公司安徽分公司经中国人民银行合肥中心支行批准成立于 2004 年 3 月 10 日，为银联商务股份有限公司在安徽省设立的分支机构，是中国银联控股的，专门从事安徽省线下、互联网以及移动支付的综合支付与信息服务机构。目前，安徽银联商务拥有员工近 400 人，已经实现了自营网点在全省所有二级地市及县域的全覆盖，业务实现全省全覆盖。2018 年交易总额达到 5745.4 亿元，服务商户接近 60 万家。银联商务安徽分公司是整个银联商务系统中最早拥抱互联网金融的公司之一。随着移动互联网技术的普及和支付宝、微信支付等新兴支付方式的迅速发展，传统银行卡收单的模式受到巨大冲击，银联商务安徽分公司却发现了其中的机会，主动接触和利用第三方支付企业的端口优势，借助自身线下收单渠道推动业务发展。近年来，安徽银联商务发展势头强劲，2018 年在银联商务体系内实现综合绩效排名第一的成绩。

巨大的业务量为银联商务安徽分公司提供了丰富的数据来源。不同于传统机构，银联商务掌握着大量中小微企业和个体工商户的交易流水信息，借助大数据和人工智能技术，搭建了“天天富”普惠金融服务平台，连接各银行、证券、基金、保理、租赁等40多家金融机构，形成了开放式的金融产品提供方与商户之间的交易撮合服务平台，为安徽银联商务近60万中小微商户提供包括融资、理财、租赁、信用卡等在内的一站式金融服务，2018年安徽银联商务金融业务发生金额共71亿元，其中“天天富”业务发生金额4亿元左右。基于普惠金融服务平台，安徽银联围绕个体商户突出的资金周转问题，推出了多款普惠金融产品。第一，银联商务联合中金同盛推出“商e融”产品，通过大数据技术和风险控制模型对商户的流水信息进行分析，在极短的时间内就能够确定商户的融资额度和贷款利率，为商户提供金融服务；第二，银联商务安徽分公司针对支付结算造成的商户回款周期问题，推出“快速结算”产品，以商户在途回款为抵押，通过大数据明确授信额度，为商户提供短期、灵活的资金服务，该业务截至2018年底累计成交额达到66.6亿元；第三，借助银联商务“银杏大数据服务平台”，使用大数据和人工智能技术，在贷前、贷中、贷后等各环节提供了独具特色的大数据解决方案，该项业务服务于安徽省内多家小贷公司，在帮助金融机构有效控制风险的同时，使得更多的中小微企业能够享受到普惠金融服务，2018年完成信息验证、信用查询80万笔。

案例四 新安左右贷：固本根源夯基础 拥抱监管促发展

一、新安左右贷介绍

（一）新安左右贷基本情况

安徽新安左右贷金融服务有限公司（简称新安左右贷）于 2014 年 3 月 14 日正式成立，是安徽新安资本运营管理有限公司的全资子公司，实缴注册资本 5 亿元，公司下设 P2P 平台于 2014 年 7 月 1 日正式上线（图 15－1）。

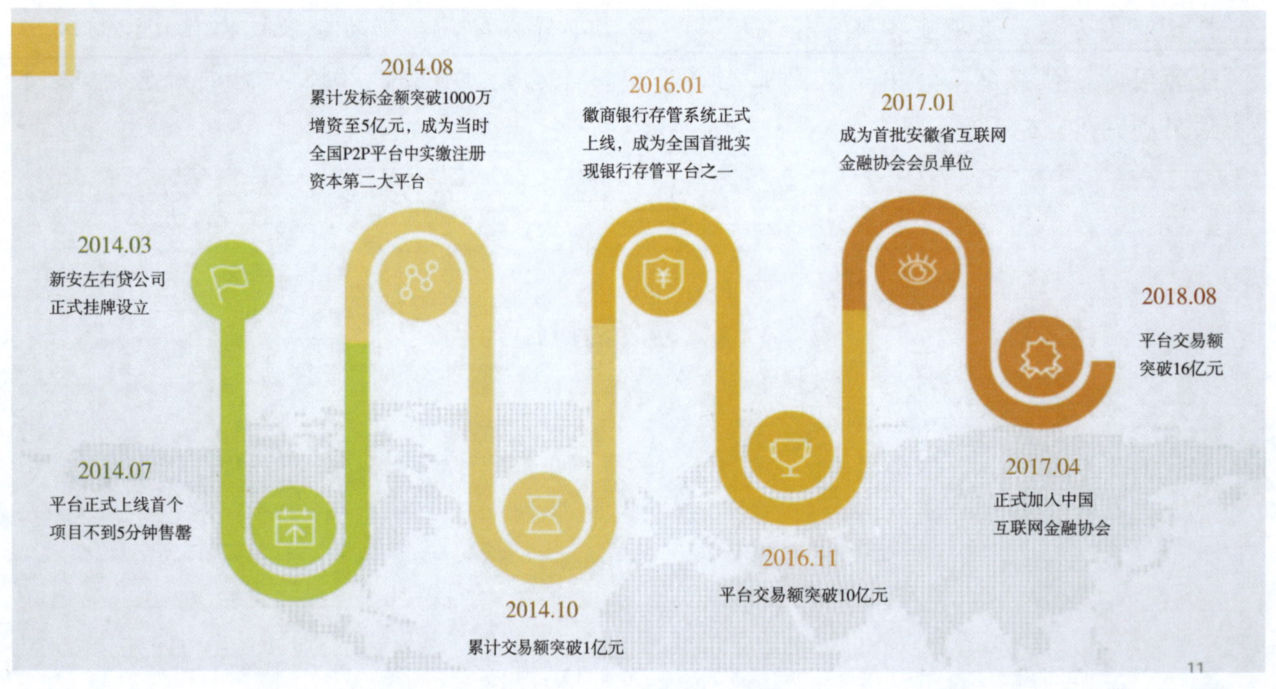

图 15－1 新安左右贷发展历程

新安左右贷现有从业人数总计 41 人，其中本科学历 32 人，占比 78%，年龄 25～40 岁 36 人，占比 88%。公司实行现代化企业管理模式，即企业所有权、经营权分离原则和决策权、执行权、监督权三权分立原则。设立审计督查部，负责公司审计、督查工作；设立项目风险评审委员会，负责对公司的风险进行独立、客观的审查及指导。在经营层面，设立信息技术部、风险管理部、法律事务部、市场业务部、运营服务部、资金财务部和行政人事部七个职能部门，建立了统一、高效的组织体系和工作体系（图 15－2）。

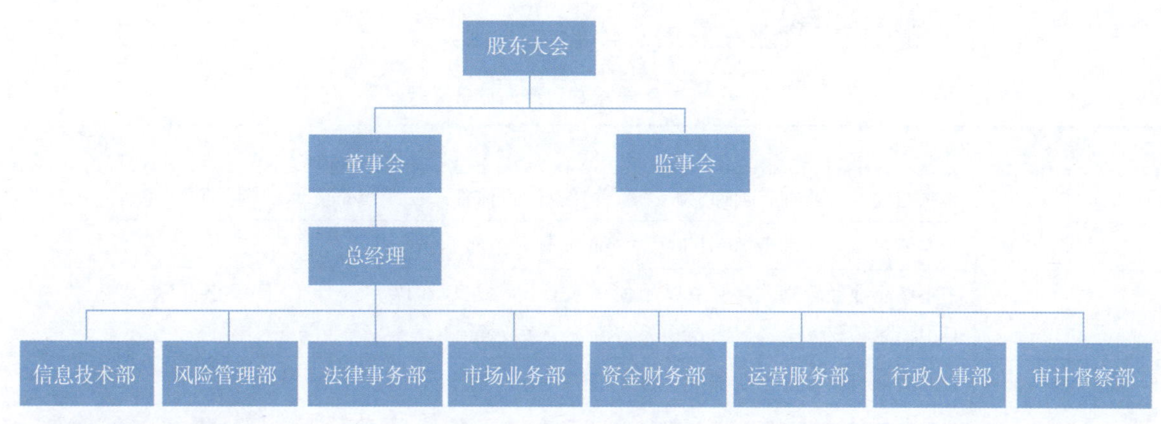

图 15-2 新安左右贷组织架构

截至 2018 年末，新安左右贷累计借贷金额达 167704.2 万元，累计借贷笔数达 2512 笔，累积出借人数达 5461 人，注册用户数量达 19324 人，兑付率达 100%，人均累计投资额达到 30.6 万元。其中，2018 年度出借人数为 1008 人，出借笔数达 11119 笔，出借金额为 32418.5 万元，为出借人赚取收益达 1811.6 万元。

新安左右贷众多投资者以女性投资者居多，占比 52%，投资用户年龄大部分集中在 18～50岁之间，占比 75%，近一半投资人来自安徽，其余部分投资人来自山东、江西、湖南、湖北等其他省份。新安左右贷借款用户主要为小微企业、个体工商户和企业主，所借资金主要用于经营周转、扩大生产、采购设备和承包工程。

（二）新安左右贷产品及业务现状

新安左右贷本着“合规为纲”的原则，现主推安业宝业务。安业宝为小微企业或企业主提供经营贷款（全款住宅抵押），包括小微企业、个体工商户、经营规模较小、人员结构简单、财务运作一般的企业主（店、厂、公司），方便其经营周转、扩大生产、采购设备、承包工程用款等。在审批中根据对企业的经营情况和财务状况进行调查分析、对抵质押物进行调查评估、实际资金需求、风险缓释措施、风险限额、企业及企业主整体负债等综合因素与客户协商确定授信方案，最终确定客户的贷款额度。

安业宝是新安左右贷核准合作方推荐的房产抵押业务，经新安左右贷严格审核通过后与借款人办理相关协议，如有逾期，优先由安徽新安融资担保股份有限公司（已履行完毕法律法规需办理的相关手续）履行担保义务，合作方无条件担保，作为第二重保障。历史用户损失为零，可靠性远超同行业可投资项目。上述项目具有众多特点，如：①安全，100%有抵押资产，借款人提供优质房产借款，每笔借款均办理抵押登记；②透明，借款人信息、抵押品信息全面透明，各类证件原件照片均展示；③安心，如果发生逾期，由担保公司履行担保义务，3 天内资金全额到账。

根据新安左右贷 2018 年运营报告，截至 2018 年 12 月 31 日，新安左右贷累计借贷金额 16.77 亿元，借贷余额 25085.61 万元，借贷余额笔数 697 人，累计借贷笔数 2512 笔，累计出借笔数 46195 笔，2018 年新安左右贷平台注册用户数量 19324 人，为出借人赚取收益

1811.6万元（表15-1）。新安左右贷当前出借人、借款人数量、借贷余额维持在稳定态势（图15-3），2018年新安左右贷业务发展总体较为平稳。

表15-1 新安左右贷产品业务现状

业 务	现 状
安业宝	小微企业或企业（有抵押的）主经营贷款，目前唯一在线产品，余额24935万元
安信宝	个人消费贷款，已于2017年7月停止发标，余额202.5万元
安盈宝	中小微企业经营贷款，但由原始债权人转让，已于2017年8月12日停止发标，2018年3月14日由原始债权人全部回购，全部结清，余额0元
安鑫宝	企业大额借款，已于2016年7月停止发标，余额0元
安车宝	二手车抵押贷款，仅上线5笔共72万元，2016年10月上线，11月停发，2017年2月全部结清，余额0元

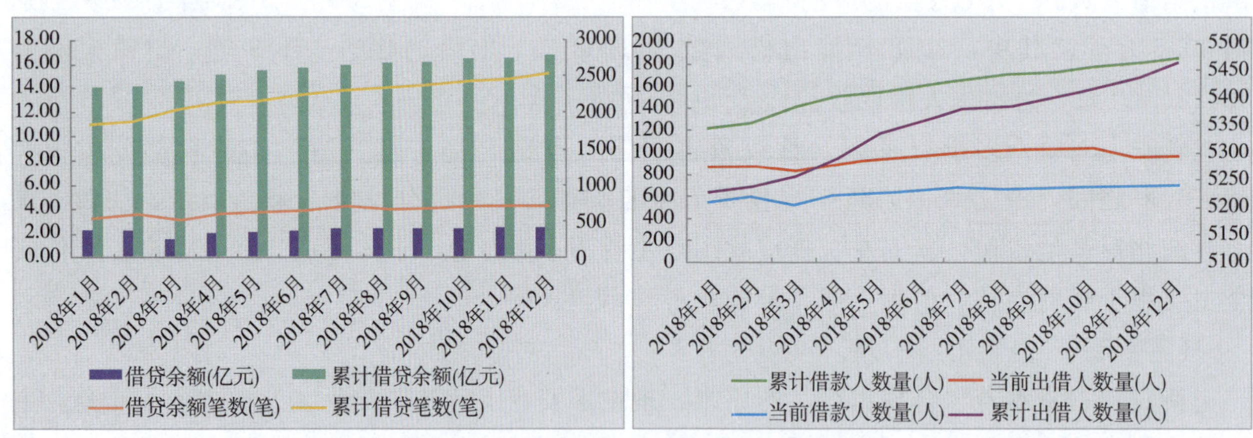

图15-3 2018年新安左右贷业务发展情况

综合来看，新安左右贷稳健发展离不开其自身优势和积极探索，主要有如下方面：①股东实力雄厚，协同优势突出；②拥抱合规，稳健发展，积极应对行业低迷期；③强强联合，积极布局金融科技。

二、股东实力雄厚，协同效应突出

南翔集团旗下设有新安银行、新安金融、新安资本三大金融板块，其中新安银行是安徽省首家也是唯一一家民营银行；新安金融集团是当前安徽省规模最大的混合所有制企业，涵盖投资管理、基金管理、资产管理、小额贷款、典当、融资担保、融资租赁、信息科技、互联网金融等经营业态，为安徽省内首家成功挂牌新三板的综合性类金融控股集团，于2015年在“新三板”挂牌，是安徽省最大的综合性类金融集团之一；新安资本于2015年6月29日成立（由安徽新安金融集团股份有限公司存续分立而来，安徽新安金融集团股份有限公司成立于2011年7月，成立时注册资本30亿元），注册资本11.2亿元，由南翔万商（安徽）物流产业股份有限公司联合安徽省铁路发展基金有限公司、安徽皖通高速公路股份有限公司、芜湖市建设投资有限公司、国营芜湖机械厂等十多家国有、民营知名企业共同发起成立，这些成绩彰显了南翔集团在金融领域的布局与地位。在此契机下，作为南翔集团布局普惠金融生态链中一环的新安左右贷，南翔集团的金融生态将为其提供保障。

新安左右贷在成立之初，股东就展现对其发展的信心，为其注册 5 个亿的实缴资本，位列全省第一，在全国居于前列（图 15 - 4）。

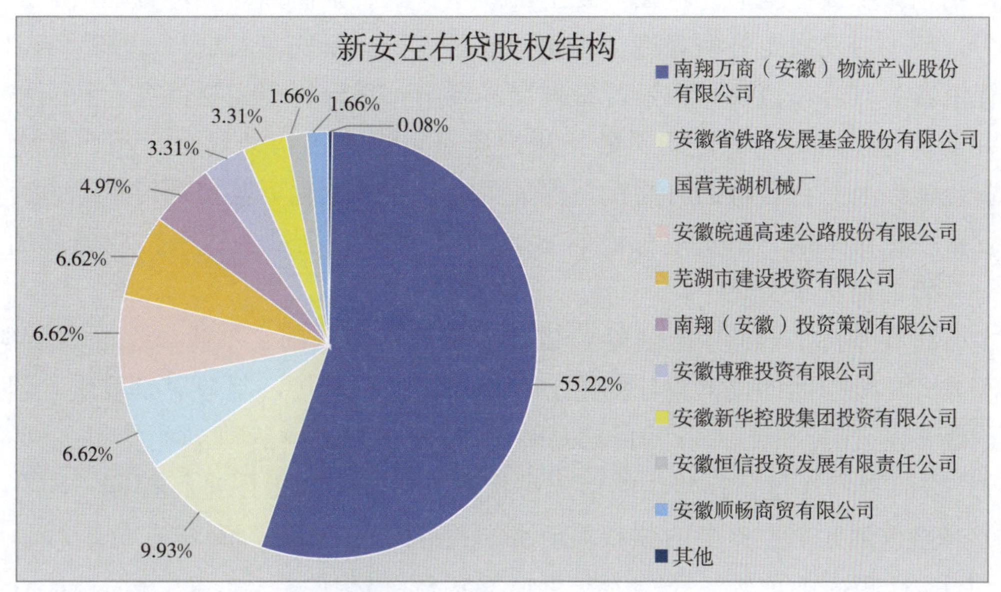

图 15 - 4　新安左右贷股权结构

在经营战略方面，新安左右贷一直秉承支持小微企业、布局普惠金融的初衷，重点发力服务小微企业的产品，在这方面，新安左右贷拥有着巨大的集团优势：

首先，南翔集团的主营业务是以“光彩大市场”为代表的“商贸物流服务”，在 8 个城市的商业物业中，进驻商家达 3 万户，就业 20 多万人，年流水 700 亿元，并且集团具有天然链接与服务几十万家的中小商贸企业的功能，拥有着无与伦比的“天然线下流量”和“独有的风控数据”。

其次，新安左右贷作为南翔集团布局普惠金融生态链重要的一环，新安金融集团旗下的新安小贷会配合新安左右贷业务的开展。新安小额贷款股份有限公司（简称“新安小贷”），由安徽新安金融集团股份有限公司联合五家民营企业在 2012 年成立，注册资金为 5 亿元，目前为全省规模最大的小额贷款公司。新安小贷主要产品有：①农户小额贷款，提供与种植、养殖业以及高科技农业生产经营相关的贷款服务；②个体工商户贷款，满足个体工商户经营过程中的资金周转需要，包括流动资金、固定资产购置、项目启动资金、临时填仓资金；③小微企业贷款，解决小微型企业流动资金短缺问题；④青年创业贷款，为农村青年、返乡农民、民营企业第二代创业人及大学生提供创业资金扶助。由此可见，新安左右贷与新安小贷在业务的服务对象上十分拟合，同时，新安小贷对同一法人或自然人的贷款额度为 5 万元至 2500 万元，而新安左右贷的监管上限为个人 20 万元、企业 100 万元，因此，新安小贷可以为新安左右贷的业务开展提供强有力的支撑，在新安左右贷不能完全满足个人或公司的贷款需求时，新安小贷可以介入，进行补充兜底，从而增加了新安左右贷的客户群，发挥了集团内部的协同效应。

三、拥抱合规，稳健发展，积极应对行业低迷期

随着近年互联网监管的日益明晰与趋严，新安左右贷一直秉持着“合规为纲，风控为本”的经营纲领，积极拥抱监管，在合规上，杜绝自融、虚假标的、拆分期限、设立资金池等违规行为，使平台发展走势朝着更合规化的道路前行。新安左右贷自 2015 年 12 月 7 日便率先与存管银行签订合作协议，由银行管理交易资金，平台管理交易信息，从而将用户资金与平台自有资金完全隔离；平台既不触碰用户资金，也无权调动资金，从而杜绝了挪用资金、建立资金池以及平台自融的可能性，保证了交易业务全程可监控和可追踪，为用户的资金安全增设了一道防火墙。新安左右贷于 2016 年 1 月 7 日全量上线平台业务，成为全国首批实施银行存管的网贷平台之一。

新安左右贷在坚持平台的中介属性、以优质资产端为基础、不脱离金融本质的前提下，通过互联网方式压缩中间的成本，让供给方和需求方进行对接，制造规模效应，创造行业应有的价值。新安左右贷在《网络借贷信息中介机构业务活动管理暂行办法》实施后，于 2016 年 9 月 13 日起即通过债权转让的形式对借款人借款余额上限进行控制，均在 100 万元以下，对于《整改通知书》提出的债权转让形式不符合要求，新安左右贷进行了整改，自 2017 年 8 月 12 日起，新安左右贷停止发布债权转让融资项目（安盈宝产品）。对于存量安盈宝产品，新安左右贷与有关当事人进行沟通协商，原债权人同意提前回购全部未到期的安盈宝产品债权，并于 2018 年 3 月 12 日至 2018 年 3 月 14 日全部提前兑付给投资人，截止到 2018 年 9 月 16 日，新安左右贷平台待收的存量业务中，尚未出现超过监管规定上限（个人 20 万元、法人 100 万元）的借款，均符合监管要求。并在 2017 年 9 月 1 日上线了出借人分级管理以及风险评估措施，对出借人做如下限制：①未做风险评估的客户，禁止投标；②根据风险评估结果，将出借人分为积极型、稳健型、保守型三类管理并设置规则（表 15-2）。

表 15-2 三类出借人管理规则

出借人类型	可投资项目	具 体
积极型	可投资平台所有项目	平台累计投资余额限额 1000 万元，超过限额后每笔投资需本人电话确认
稳健型	可投资平台所有项目	安信宝产品累计投资余额不超过 15 万元；平台累计投资余额不超过 200 万元
保守型	可投资安信宝以外的项目	安信宝不予投资；安车宝产品累计投资余额不超过 10 万；平台累计投资余额不超过 50 万元

新安左右贷对出借人实行分级管理，设置可动态调整的出借限额和出借标的限制，切实贯彻小额分散的普惠金融经营理念。

2017 年 8 月 25 日，原银监会发布了《网络借贷信息中介机构业务活动信息披露指引》后，新安左右贷于同年 12 月底率先完成了明确要求披露的全部 14 项月度运营指标，成为安

徽省为数不多的完成了明确要求披露的全部月度运营指标的 8 家平台之一。

2018 年 8 月 13 日，在 P2P 网贷风险专项整治工作领导小组办公室发布《关于开展 P2P 网络借贷机构合规检查工作的通知》，并发布《网络借贷信息中介机构合规检查问题清单》后，新安左右贷就由董事长余静牵头，自各部门抽调人员，组成专项小组针对监管要求进行业务排查。9 月 17 日，新安左右贷就正式向省、市整治办及安徽省互联网金融协会递交了纸质版《安徽新安左右贷金融服务有限公司自查自纠报告》，是安徽省首家递交报告的平台。10 月 10 日，新安左右贷积极参加了中国互联网金融协会在天津举办的“P2P 网络借贷会员机构自查自纠工作会”，细化自查自纠材料并完成报送。

2018 年 10 月 31 日，新安左右贷合规工作迎来两大进展：一是由市整治办委派的联合调查小组已顺利完成对新安左右贷的检查，并出具《P2P 网络借贷风险专项整治现场检查事实确认书》；二是新安左右贷正式向中国互联网金融协会递交关于《P2P 网络借贷会员机构自查自纠问题清单》（简称“119 条”）的证明材料。根据“协会自律标准及规则”和“一个办法、三个指引”，新安左右贷准备了 13 份统计数据表、审查报告、审计报告、制度证明材料、问题清单等文档，同时开始准备迎接协会方面的核查。

同日，中国人民银行、银保监会、证监会联合发布《互联网金融从业机构反洗钱和反恐怖融资管理办法（试行）》，同年 11 月 20～21 日，新安资本监事孙涛赴北京参加由中国互联网金融协会主办的“互联网金融从业机构高管人员反洗钱”培训班，为了让业务人员对监管动态建立更清晰的认识，12 月 3 日，新安资本、新安左右贷全体员工汇聚一堂，共同深入学习互联网金融反洗钱知识。

新安左右贷凭借着坚持合规、配合监管的态度和不懈的努力，在合规方面获得了一定的成绩。大型第三方网贷资讯平台网贷之家根据《网络借贷信息中介机构业务活动信息披露指引》要求，通过客观公正的评分机制，在 2018 年 3 月，评选和发布了信息披露排行榜 TOP100，新安左右贷位列其中；网贷经营信息 TOP20 排名中，新安左右贷位列全国第 8；在网贷项目信息 TOP20 排名中，新安左右贷位列全国第 6。在 10 月 18 日发布的《网贷平台信披 TOP60 排行榜》中，新安左右贷名列第 27 位，在备案信息等 7 个评分模块中均有良好表现。

由此可见，新安左右贷一直坚持拥抱监管、合规前行的发展路线，紧跟行业监管步伐前行，因而也取得了一定的成绩，为后期的发展奠定了一定的基础。如今，随着行业监管政策的逐渐落地，行业优胜劣汰的市场格局将持续加剧，行业也面临着规范化、集中化的发展趋势。在这种背景下，优质合规的平台有望得到更好的发展。新安左右贷保持着合规为本、稳中求进的发展初心，紧密配合监管政策的要求，在合法合规基础上，积极探索金融创新和技术创新，开展与微言科技的合作，大力布局金融科技，打造更为安全、专业的互联网金融平台。

四、强强联合，积极布局金融科技

互联网金融平台不仅要在合规的前提下运营，还需运用先进科技和管理技术，提升效率，才能更好地赋能实体经济。

在新金融、新生态下，大数据、云计算、人工智能、区块链等前沿信息技术推动着金融服务的转型与升级，如今，科技影响着实体经济、金融业态的发展，而科技本身也需要金融强有力的助推，传统金融与金融科技的融合已是大势所趋。其中，P2P 网贷平台通过与金融科技公司的合作，有如下优点：①大数据精准获客。大数据精准获客带来成本下降及效率提升，有效消除了资源错配，提升了资金配置的效率。P2P 网络借贷通过网络平台，将借款人与信誉良好的筹资人进行配对结合，盘活了社会资金，优化了资金的配置，实现 P2P 网贷平台运营优化。②智能风控。智能风控提供借贷全生命周期管控，包括贷前、贷中和贷后服务。贷前阶段主要对客户进行身份的识别，并根据客户多维信息对客户进行风险评级，并给予授信额度；贷中阶段主要对客户进行维护，及时发现客户异动状况，并采取相应措施降低客户的逾期违约率；贷后阶段主要是对逾期客户催收的阶段，即对逾期的客户采取相应催收策略，提升回款率，降低违约率。智能风控在金融信贷领域主要的应用场景包括贷前反欺诈、贷中信用评级以及贷后催收。当前 P2P 网贷平台与金融科技融合成果较为突出的是陆金所 KYC 系统与拍拍贷魔镜系统。陆金所 KYC，即“投资者适当性管理体系”，结合传统金融业务风险管理技术与互联网大数据、机器学习、人工智能等新技术，通过对金融资产风险进行准确分类，对投资者进行风险承受能力分类，按量化模型对两者进行匹配；同时该系统辅之以清晰、完整、全流程的信息披露以及投资者教育体系，实现资产和资金的精准匹配和产品全生命周期风险管理，最终实现将合适的产品卖给合适的投资人，保护投资者的合法权益。

伴随着新兴技术在金融行业的深入应用，科技对于金融的作用被不断强化，创新性的金融解决方案层出不穷。2018 年 12 月 18 日，新安左右贷与新金融科技领先服务商微言科技签署了战略合作协议，这意味着新安左右贷将引入科技力量、提升科技能力作为重要的战略举措。微言科技成立于 2017 年，获得软银投资，并且有较为出色的团队背景，实战经验较丰富，多数成员参与了陆金所、小赢科技等互联网金融行业优质平台的建设。今后，双方将在系统升级、产品设计、反欺诈、风险模型、大数据挖掘等更多方面展开更为深入的合作。

在当前市场形势下，为了顺利完成从目前传统金融向新时代的智慧金融的转型，新安左右贷提出了“三新”的未来发展方向。首先，树立“新”目标，在保障合规的前提下，力争成为全国领先的网贷平台；其次，引进“新”技术，通过和金融科技公司的强强联合，引入新的科技力量；最后，打造“新”布局，在风险可控的基础上，进一步进行资产端的多元化布局，以更丰富灵活的方式为小微企业造血。

网贷行业发展了十多年，在经历了粗放式的发展之后，逐渐趋于理性和冷静，行业进入了规范发展的新阶段。新安左右贷，在股东背景、资产类别、利率控制和管理规范上与行业发展方向相吻合。此外，对于金融机构来说，最核心的基础依然是风险控制，金融科技正是用技术力量提升风险识读的能力。微言科技的数据获取、准入规则、反欺诈策略、风险谱模型、授信政策、额度策略等，可以帮助新安左右贷建立起银行级的风险管理体系，进行策略优化，更稳健地控制风险。

五、总结

2017 年网贷行业经历井喷式增长后，2018 年受行业大波动、宏观经济走弱、监管严格要求双降等因素影响，网贷行业进入历史最动荡的一年，但 2018 年也是网贷行业初见曙光的一年，备案已经发展到后期阶段，众多平台纷纷退出网贷行业，与此同时仍有一些优秀的平台，努力改善经营结构，转换业务发展方向，不断向合规靠拢，艰难地在网贷行业中求得生存。新安左右贷凭借专业的管理团队、健全的风控措施以及强大的集团支撑三大优势，依托大股东南翔集团的资源优势和雄厚的资金支持，遵循行业发展规律和市场运行规则，以“合规为纲，风控为本”为核心纲领，以“普惠大众、合规运营”为经营理念，努力落实中央的合规要求，致力于为中小微企业服务，肩负起了一家民营企业的社会责任。

2018 年，面对行业发展面临的重重困境，新安左右贷稳扎稳打，放慢步调，努力拥抱监管，坚持合规前行，不断夯实自己的基础，大力引进高端人才，组建专业的领导团队，积极完善自身，寻求新的发展，牵手金融科技公司，打造了更为全面的风控体系。

参考文献

[1] 曹淑艳，张凝琛．P2P 在线借贷平台借款效率的影响因素研究［J］．电子商务，2017（11）：55－56，73.

[2] 陈诚．《网络借贷资金存管业务指引》对 P2P 借贷的影响及解决策略研究［J］．中国市场，2018，986（31）：53－54.

[3] 陈春瑾．互联网金融生态圈信用风险的生成及防范［J］．金融经济，2018（24）：12－14.

[4] 陈皓．徽商银行探索互联网金融的发展路径［J］．中国银行业，2016（12）：65－67.

[5] 陈勇俊，张璇．对互联网支付进行金融行为监管的研究［J］．上海金融，2018（4）：93－95.

[6] 从宝辉．互联网金融与信息主体权益保护：典型案例视角［J］．内蒙古金融研究，2018（12）：20－24.

[7] 谷振磊．P2P“跑路潮”原因及监管对策分析［J］．金融理论与教学，2016（6）：38－41.

[8] 韩颖．P2P 网络借贷平台综合评价分析［J］．经济论坛，2017，569（12）：38－43.

[9] 张龙捷．论我国互联网财产保险发展研究［J］．新经济，2018（7）：52－53.

[10] 徽商银行直销银行徽常有财天机智投正式发布［J］．金融科技时代，2017（8）：90.

[11] 李淑锦，陈达．中国 P2P 借贷平台借款人信用风险评估［J］．杭州电子科技大学学报（社会科学版），2018，14（3）：5－13.

[12] 黎来芳，牛尊．互联网金融风险分析及监管建议［J］．宏观经济管理，2017（1）：54－56，70.

[13] 刘畅，徐卓婷．关于 P2P 网络贷款信用风险的研究——兼对 Lending Club 平台的实证分析［J］．农村经济与科技，2018，29（24）：102－103.

[14] 刘新海．百行征信与中国征信的未来［J］．清华金融评论，2018（11）：100－102.

[15] 惊鸿．群雄逐鹿消费金融市场　创变思维主沉浮［J］．互联网周刊，2017（21）：26－28.

[16] 毛瑞丰．区域性金融风险早期预警体系研究——以安徽省为例［J］．金融经济，2014（20）：123－125.

[17] 孟娜娜，蔺鹏．监管沙盒机制与我国金融科技创新的适配性研究——基于包容性监管视角［J］．南方金融，2018（1）：42－49.

[18] 莫易娴，谭振辉．P2P 网贷平台评级制度设计缺陷分析［J］．上海立信会计金融学院学报，2017（5）：52－64.

[19] 邵智宝．小额信贷技术的应用发展［J］．中国金融，2018（24）：46－48.

[20] 武文全．我国互联网金融的发展与监管研究［J］．中国经贸导刊（中），2018（35）：38－39.

[21] 肖丽君．积极推进对互联网金融的规范管理［N］．金融时报，2018－01－23.

[22] 杨青，黄俊杰，肖立伟．互联网金融创新及监管政策发展探索［J］．上海金融，2018（2）：62－66.

[23] 姚海放．治标和治本：互联网金融监管法律制度新动向的审思［J］．政治与法律，2018，283（12）：14－24.

[24] 张丹丹．黑龙江省互联网金融风险的政府监管研究［D］．哈尔滨：哈尔滨商业大学，2017.

[25] 余波．互联网金融税收征管问题研究——以 P2P 网贷平台为例［J］．中国财政，2018（18）：60－61.

[26] 赵阳．证券经营机构互联网证券业务发展模式评价研究［J］．金融监管研究，2018，81（9）：99－113.

[27] 周敏．安徽省 P2P 网贷平台运营现状及发展对策研究［J］．河北工程大学学报（社会科学版），2017，34（4）：38－41.

[28] 周双，刘鹏．我国互联网金融风险化解与监管体系创新研究［J］．新金融，2017（3）：43－47.

[29] 周小燕．互联网金融风险的防范对策［J］．焦作大学学报，2018，32（4）：64－66.

[30] 朱健齐，欧誉菡，黄淋榜．金融体系的现状分析与政策解读——基于贯彻十九大精神为背景［J］．汕头大学学报（人文社会科学版），2018，34（9）：7－14，96.